学び・未来・NGO

NGOに携わるとは何か

若井晋・三好亜矢子・生江明・池住義憲 編

新評論

未来を担う若い人たちへ

読者の皆さまへ

本書の出版を機に、2001年６月、編者を中心に「学び・未来・ＮＧＯシンポジウム実行委員会」が結成されました。すでに同年12月までに、３つのシンポジウム・講演会を開催し、本書の分担執筆者グループをはじめ、さまざまなＮＧＯや関係者とともに、私たちの現在と今後の課題・目標について議論を深めることができました。とくに今回の米国同時多発テロ事件が起きた９・11以降の国際潮流を重大事として受けとめ、社会の底辺に押しやられた南の多くの人々と、北に住む私たち自身の問題として、今後も継続的に「下からのグローバリゼーション」がもたらす新しい世界像の構築に向けて、さまざまな場で、さまざまな人々とともに具体的な対話の場を広げてゆきたいと思います。

当実行委員会は、平和、人権擁護、異文化理解などのさまざまな運動がダイナミックに行き交うゆるやかな「知のプラットフォーム」として、引き続き活動を続けて参ります。（当実行委員会発行のニューズレター「学び・未来・ＮＧＯ」をご希望の方は、下記事務局または分室までお申し込み下さい。また、当実行委員会ホームページもご利用下さい）。

2002年１月

「学び・未来・ＮＧＯシンポジウム実行委員会」事務局

●事務局　東京大学大学院医学系研究科
国際地域保健学教室内（担当：市川）
〒113-0033　東京都文京区本郷７－３－１
Tel.03－5841－3698／Fax.03－5841－3422
E-mail : masao@m.u-tokyo.ac.jp
●分　室　（株）新評論編集部
Tel.03－3202－7391／Fax.03－3202－5832
E-mail : shrn@po.jah.ne.jp

【http : //sapporo.cool.ne.jp/jira 48】

当実行委ニューズレター創刊号

心と目を開いて見よう
——推薦のことば

本書は、非政府組織（ＮＧＯ、Non-governmental Organization）の組織と活動について、日本で最初に掘り下げた概説書である。

二一世紀、とりわけその前半期は、ＮＧＯの存在と、その活動が問われる時代である。ところで、いったい、ＮＧＯとは何であるのか。日本国民の大半は、残念ながら、その意味や役割、否、その存在自体さえも、あまり知らないのではないか。米国や西欧諸国に比べて、その存在と活動は、決して広く活発とはいえない。したがってまた、労苦の中で活動している組織や人々の姿は、世論の中ではほとんど取り上げられない。日本国内だけでなく、東南アジアなどの社会の底辺層の中で、さまざまな苦難とたたかいながら活動しているのであるが。

戦後日本の社会は、所得統計で見れば、世界で最も平等化した社会であった。だが、その反面で、それまでの日本社会を支えてきた家族共同体、さらには地域共同体も、解体してしまった。たしかに、それに対応する地域の組織体などが作られたが、この不況の中で、さらにはその組織体をめぐる問題性のゆえに、必ずしも安心できる状況ではない。

ところで問題は、さらに国際的な姿勢である。日本は豊かになったが、東南アジア、さらにアフリカに眼を拡げると、貧富の差は眼を閉ざしたいほどである。衣はもちろん、その日の食にも飢えている。国民意識の中で育った日本では、異国の貧しさにあまり関心がない。グローバリゼーションの中で、日本の立ち遅れが論じられる中で、二一世紀はＩＴの時代等と声高に叫ばれたりしているが、貧しい国々、貧しい人々との差は、大きくなる一方である。

こうした中で、ＮＧＯの活動は一層の拡大を求められている。その資金がいかにして確保されるか、そこでの働き手がいかにして育てられているか。

それをめぐる情報が広く知らされ、多くの人々が関心を深めることを願ってやまない。本書はこの要望と必要に、対応しようとするものである。

二〇〇一年二月

隅谷三喜男

はしがき

本書の目的・問題設定

現在、急速な勢いで「グローバル化」（Globalization）が進行している。とくに経済の「グローバル化」は世界的規模で貧富の格差を広げている。「グローバル化」の最大の問題は、それが上からの、強者からのそれであって、止まらない歯車のように世界を動かしているという現実である。すなわち、一握りの金持ちや大国、多国籍企業、あるいは国際通貨基金（ＩＭＦ）、世界銀行（世銀）、世界貿易機関（ＷＴＯ）といった国際機関が地球規模で経済的・政治的支配を拡大させている。このような「グローバル化」の真っ只中で今、非政府組織（ＮＧＯ、Non-governmental organization）に問われているのは、上からの「グローバル化」に対する下からの、すなわち民衆の側からの公正と社会正義の「グローバル化」をどのように私たち自身のものとしてつかみ取っていくのかということである。本書が問おうとしていることの中心はまさにそのことに他ならない。

このような問題設定と「危機感」のもとに、「今なぜＮＧＯが問われているのか」を実際にＮＧＯ活動に携わっている人たち、さまざまな立場でＮＧＯと深い関わりを持つ人たち一八人に各章・各コラムを分担執筆していただき、編者四人（若井晋、三好亜矢子、生江明、池住義憲）も執筆に加わって全二五本の原稿を編集して出来上がったのが本書である。

本書の構成

本書は、序章「今なぜＮＧＯが問われているのか」、第一部「日本のＮＧＯの歴史と自己評価」、第二部「援助される側にとってのＮＧＯ」、第三部「ＮＧＯの未来を切り開くために」、終章「人々の誇りと力の発見」の五部構成となっている。

まず、若井が序章の第一節で、「そもそもＮＧＯとは何か」を最初に問いかけることから、問題の背景、ＮＧＯと呼ばれるさまざまな組織について述べ、第二節では、ＮＧＯとはいったい「何のために」「誰のために」存在するのか、その存在意義を改めて問いかける。そのうえで、ＮＧＯの「政治性」と日本のＮＧＯのうねりを、一九九〇年代に開催された一連の国連による会議との関係で述べ、ＮＧＯと非営利組織（ＮＰＯ）の違いになぜこだわるのかを論ずる。第三節では、ＮＧＯの「非政府」の持つ積極的な意味を政府との関係性において問いかける。第四節では、ＮＧＯの理念と基本姿勢を、歴史認識と現状認識、アカウンタビリティ（社会的責任、説明責任）と透明性の視点から述べる。最後に第五節で、上からの「グローバル化」の現状と問題を、金融システム、健康や固有の文化に対する脅威、インターネットなどの側面から批判的に検討する。そして「暴力性」と反民衆性に満ちた「上からのグローバル化」に対して、「もう一つの（オルタナティブな）グローバル化」を民衆の手によって、民衆と共に推進することこそが今日のＮＧＯの大きな役割であることを強調する。

第一部は、ＮＧＯの歩み（歴史）に焦点を据えた七つの章からなっている。序章を受けて、池住が第1章で「ＮＧＯの歩みと現在」を、（1）世界情勢や社会状況の変化・動きの中でとってきたＮＧＯの対応、（2）政府組織（ＧＯ）とＮＧＯの関係、とくに近年著しく増加している公的補助金などの動きに対するＮＧＯの対応・姿勢、の二点に焦点をあて、次の六つの時期に分けてその歴史を振り返る。すなわち、（一）戦中戦後の復興期（一九三八～五〇年代後半）、（二）高度経済成長期（一九六〇～七〇年代）、（三）カンボジア難民の大量流出期（一九七九～八〇年代後半）、（四）ＮＧＯ間のネットワークの拡大期（一九八七年～）、（五）公的補助金の増大期（一九八九年～）、（六）ＮＧＯの飛躍期（一九九〇年代～現在）である。また、この第1章では、続く第2～7章に登場する六つの日本のＮＧＯがわが国のＮＧＯ史の流れの中でどのような位置を占めてきたかについても言及する。

第2章では、シャンティ国際ボランティア会（ＳＶＡ）の秦辰也氏が「組織運営と運動づくり」に焦点をあて、その事業展開と理念の構築、運動論、マネージメントについて述べる。第3章では、日本国際ボランティアセンター（JVC）の熊岡路矢氏が開発NGOとしての側面から見たJVCの「組織のあり方」を、難民救援の政治性、具体的開発プロジェクトから学んだ点、NGOの独自性という観点から政府開発援助（ODA）との関係で論ずる。第4章では、シャプラニール＝市民による海外協力の会の斉藤千宏氏が「住民参加をめぐる外国NGOの試行錯誤の実際」について、シャプラニールの具体例をもとに振り返り、「住民とは誰か」を軸にプロジェクトのオーナーシップの問題、支援体制の問題を述べる。第5章では、小杉尅次氏がかつて所属した日本キリスト教海外医療協力会（JOCS）のこれまでの活動から見た「歴史意識」と「共同体論」を中心に述べる。第6章は「ペシャワール会――近代への批判」と題して、パキスタン・北西辺境州でのハンセン病コントロール計画を中心とした活動の経験から、「近代」という時代におけるNGOのあり方をペシャワール会の中村哲氏が語る。第7章では、NGOにおける「アカウンタビリティ」に焦点を絞ってアジア保健研修所（AHI）の佐藤光氏が論ずる。

第二部第8～11章では、NGOの現状を「援助される側」からの視点に立ち、NGOの負の側面についても正面から取り上げる。

まず第8章では、三好が阪神・淡路大震災での援助のあり方をめぐり、被災者である神戸の人々の視点から見た「一方通行の援助」の問題性を語る。第9章では、ラテンアメリカ研究者の狐崎知己氏が二〇年にわたる「ラテンアメリカ」との関わりの中から見たNGOについて論ずる。ここでは（一）経済学者アマルティア・センのエージェンシー論を軸に展開し、（二）NGO活動の源流となるカトリック教会が率いた草の根開発主義と左翼ゲリラ活動に焦点をあてながら、その特徴や問題点、そして八〇年代後半以降のNGOへの期待の高まりについて、急速に変貌するラテンアメリカ社会の現在と関連づけながら、NGOが直面するさまざまなジレンマや課題とともにまとめ、（三）さらに、民主化と社会的公正、もう一つの（オルタナティブな）発展へ向けて、国家・市民社会・市場の三者関係の変革をめざすNGOの新たな試みが紹介される。第10章では、南アフリカ共和国の医師デイヴィッド・サンダース氏がジンバブエでの経験から、「グローバル化」の中で二一世紀のNGOがどのような役割を果たすのかを民衆の立場から見据える。第11章では、いぶき国際文化研究所の庄野護氏がフィールドワーカーとして見たバングラデシュ、ネパール、インドでのNGOやODAの開発の現場を批判的に検証する。

第三部はNGOの未来の展望について語る六本で構成される。第12～14章ではNGOのさまざまな「連携のあり方」を、第15、16章では「NGOと助成金のあり方」を、そして第17章ではNGOに携わる者としての「個人のあり方」を論ずる。

まず第12章では、三好がイギリスの国際NGOオクスファムを中心に取り上げ、直接の聞き取り調査に基づきNGOと政府の関係を分析する。第13章では、社会開発国際調査研究センターの山田恭稔氏がタイ北部のチェンマイ大学社会開発調査研究所・NGO・地域住民組織の三者による連携を題材に、NGO―大学という連携のあり方を検討する。第14章では、ピナツボ復興むさしのネット（ピナット）の東京三鷹市での取り組みを同組織の山田久仁子氏が紹介する。

第15章では民間助成財団の立場からトヨタ財団の牧田東一氏が、また、第16章では「郵政省国際ボランティア貯金助成団体から見たNGO」と題して、歯科保健医療国際協力協議会（JAICOH）前事務局長の白戸洋氏が、それぞれの立場で助成金から見たNGOの現状と課題について論ずる。

そして第17章では、若井がNGOに関わる「協力主体」としての個人のあり方に焦点をあて、その責任性を「心情倫理」と「責任倫理」の両面から論ずる。

最後の終章では、生江が「関係性」の論理を軸に、（一）グローバリゼーションと国境を越える人々の公益、（二）近代的手法の落とし穴、（三）コミュニティを人々の手に戻すこと、（四）双方向の「関係性」を産み出すもの、という四つの節を通して、日本のNGOもまた、ODAと同じく、「収入が低い、教育レベルが低い」などの相手の欠点探しに終始し、それを豊かな側から資源を投入することで充足させようとする傾向が強いことを鋭く指摘している。そこには「協力を受ける側」が抱える社会、文化、経済的な状況に対する配慮もなければ、「協力」によって最も大きな影響を被る彼らの意見も粗略に扱われがちとなる。最終節ではこうした一方通行の関係とは明確に一線を画すグループとしてとくに第14章のピナットを取り上げ、お互いを理解し尊重し合う、双方向の関係性に基づく新しい国際協力のモデルとしてその取り組みを位置づけ、未来への希望を描く。

六本のコラムについては、それぞれ関連する章のそばに配置した。コラム①では、国際協力事業団（ＪＩＣＡ）の山形洋一氏が「政府組織や国際機関との連携の条件」について語る。コラム②では、シェア＝国際保健協力市民の会（ＳＨＡＲＥ）の沢田貴志氏が「在日外国人への取り組み」を、コラム③では、佐久地域国際連帯市民の会（アイザック）の色平哲郎氏が「長野県佐久での民際学的取り組み」を語る。またコラム④では、三好がカンボジアで見た「『村人』立小学校」建設のエピソードを、コラム⑤では、アジア女性交流・研究フォーラムの織田由紀子氏が「インドの女性によるＮＧＯ、ＳＥＷＡの取り組み」について紹介し、最後のコラム⑥では、アジア井戸ばた会の香山由人氏が「フィリピンでの井戸掘りプロジェクト」について取り上げる。

なお、本文の内容と関係の深い短い記事を「囲み」として挿入した。序章「世銀の生みの親ケインズ」、第３章「セルビアと旧ユーゴスラビア」、第10章「ジンバブエの歴史的変遷」がそれである。また、巻頭には「基本用語解説一覧」、巻末には「本書関連図書・ビデオ一覧」および「本書に参加したＮＧＯ一覧」を収録し、読者の方々の参考に供した。

以上を通して、「ＮＧＯに携わるとは何か」を共に考えていきたいと願っている。

二〇〇一年二月

若井　晋

二刷増刷に寄せて

本書の初版第一刷が昨年三月に発行されてからまだ一年もしないうちに二刷を送り出すことになった。ＮＧＯに関わる人々のみならず、現在の世界の構造的問題に関心をもつ人々によっても読まれているのではないかと推察している。とくに、米国への同時多発テロ事件に対するアフガニスタンへの報復戦争は、米国を中心とする「人々の生存権を脅かす構造的不正義のグローバル化」を、私たちに改めて知らしめる出来事となった。「九月一一日」以降世界は変わったのであろうか？　むしろ「不正義のグローバル化」が一層深刻に進んでいるのが現実である。

昨年（二〇〇一年）一二月の初め、東京大学医学部講堂でＢＲＡＣ（旧称、バングラデシュ農村振興委員会）の創設者であるＦ・Ｈ・アベッド氏をお招きして、「学び・未来・ＮＧＯシンポジウム実行委員会」（本書扉裏頁参照）の企画による講演会を開催した（新評論刊『マネジメント・開発・ＮＧＯ』参照）。アフガニスタンに対する「報復戦争」が開始されてからほぼ二カ月後のことであった。ＢＲＡＣは、一九七二年のパキスタンからの独立戦争の際、難民救援に立ち上がった人々を中心に結成されたＮＧＯである。奇しくもアフガンの人々が米・英連合軍による空爆によって殺され傷つけられ、また難民として国境を越えて避難しているこの時期であった。彼はアフガン難民の援助と復興のために「南・南」協力を是非行いたいと語った。また、ペシャワール会の中村哲氏（第6章および関連図書一覧参照）は今もパキスタンのペシャワールを拠点にハンセン病根絶に向けた働きとアフガニスタン内で人々の健康を守る闘いを継続している。過去一年間に掘った六〇〇基の手堀井戸をその倍の一二〇〇基に増やし、五〇万人のアフガニスタンの人々に清潔な水を提供しようとしている。

二〇〇二年一月

若井　晋

学び・未来・NGO／目次

第二部　援助される側にとってのＮＧＯ
——現場からの声とＮＧＯの功罪

基本用語解説一覧（五〇音順。読者の便宜のため本文中に再録した項目もある）

◆アカウンタビリティ

多くの場合「説明責任」と翻訳されているが、もともとは「収支の帳簿をつける」という意味のアカウント（account）から由来するアカウンタビリティ（accountability）である。「説明しなければならない」「答えなければならない」の意味から、「説明責任」という用語が用いられるようになった。元来AがBに対してアカウンタブルであるというのは、（1）AがBに代わってあることを実行し、（2）それに対してBは公的であれ非公式であれAの実行したことを禁止または推進する権限を持つ関係にある。したがって政府（A）の場合にはその政府を選出した選挙民（B）に対して責任を負っている（Fearon J. D., "Electoral accountability and the control of politicians : selecting good types versus sanctioning poor performance", Przeworski A., Stokes S. C., Manin B. (eds), *Democracy, Accountability, and Representation*, Cambridge Univ. Press, 1999）。英語ではresponsibility（責任）と同義語として用いられることが多いが、その内容は「倫理的、法的責任を負うこと」を含んでいるから、日本語の「説明責任」をアカンタビリティの訳語としてはめ込んでしまうと本来の意味から離れてしまうおそれがある。したがってこの用語は「社会的責任」（説明し社会的責任を負うこと）と訳すべきであろう（第7章参照）。

◆アドヴォカシー、アドヴォケト

アドヴォカシー（Advocacy）は「政策提言」「政策提言活動」「代弁すること」などと翻訳されているが、英語の元来の意味は、誰々に代わって誰々を「擁護すること」「代弁すること」「弁護すること」で、アドヴォカシーを行う人のことをアドヴォケト（Advocate）という。

◆インドシナ

地域的には「アジア大陸の東南部に突出した大半島で、東を南シナ海に、西をベンガル湾によって囲まれた地域」を指し、「ミャンマー、タイ、ラオス、カンボジア、ベトナム、西マレーシアを含む。インドとシナ（中国）の中間に位置し、両大陸の文明の影響を受けたことからこの名がある。……狭義ではかつてフランスの支配下に置かれたベトナム、カンボジア、ラオスの三国のみを指すが、これはフランス領インドシナ連邦（一八八七～一九四五年）の略である。ちなみにフランス人は独立前のミャンマーを『イギリス領インドシナ』と呼んでいた」（『世界大百科事典』日立デジタル平凡社、一九九八年版）。したがって、「インドシナ」は地理的用語であると同時に、一九世紀後半からの英・仏による植民地支配と日本軍による「仏印進駐」という歴史的な背景の中では、「シナ」と同様、支配者側によってつけられた被支配者側への蔑視的用語として、その使用が避けられている。

◆エンパワーメント

「力をつけること」を意味する言葉。不利な立場にいる人々が、自分たちの暮らし、健康、いのちなど、生活全体を左右している要因を、自分たちでコントロールするために協働する過程である。そして、人々が自分たちの権利のために立ち上がり、生活全体に関わる決定に主要な役割を担うためにも必要な過程となる。エンパワーメントは、人々が、不公正な社会秩序の中で、それぞれがそれぞれの役割を果たし、その秩序を変革するよう働きかけるのに必須の過程なのである。本書二一七頁挿し絵の説明文では、人々をエンパワーするという表現が使われているが、これは誰かが誰かに力を与えるということではなく、人々自身の中から湧き起こってくるものを人々同士でエンパワーする状態を表している。

◆オルタナティブ

一般的には「代わりの」「もう一つの」と訳されているが、これは不正確な表現である。たとえば、医療においては西洋医学が主流でその他は「オルタナティブ」（代替えの）とするのは、西洋の一方的な見方であって、非西洋から見れば、むしろ漢方やインドのアユルヴェーダの方が「主流」であり、近代西洋医学はオルタナティブとなるのである。言語の由来からすると、英語の alternative はラテン語に由来する alter（元来は「二者の中の一つ」（other of two）を意味するが、「いくつかある中の他の方」という意味もある（『羅和辞典』研究社、一九六六）。英語圏ではまだ一部の著作家がラテン語の元来の意味である「二者（二つの選択肢）のうちの一つ」という exclusive な意味で用いているが、今日では多くの場合「いくつかの選択肢のうちの一つ」という意味で用いられる（*Longman Dictionary of the English Language*, Longman, 1984）。したがって、オルタナティブと片仮名でそのまま用いられるときにどちらの意味で使われているのかを明確にしておく必要がある。

◆グローバル化、グローバリゼーション

Globalization はもともと「球」という意味の Globe（ラテン語の globus）に由来し、英語で「地球」「地球儀」を意味するようになった。したがって、直訳すれば「地球化すること」になるが、本書では慣用されているグローバル化、グローバリゼーションを用いた。

◆経済協力開発機構（ＯＥＣＤ）、開発援助委員会（ＤＡＣ）

ＯＥＣＤ（Organization for Economic Cooperation and Development）は一九六一年に発足した国際機構で、先進工業国を中心に一九九六年末現在で二九カ国が加盟している。目的は、（1）経済政策――財政金融上の安定を維持し高い経済成長、雇用の増大、生活水準の向上を図る、（2）開発援助――発展途上国や地域の経済成長に寄与する、

（3）貿易――世界貿易の拡大、資本取引の自由化などに寄与する、ことにある。DAC（Development Assistance Committee）はOECDの下部機関として先進国の発展途上国に対する援助政策を調整している。現在、加盟国は二一カ国とEU委員会からなり、各国のODA政策に大きな影響を与えている。

◆構造調整政策《プログラム》（SAP）

国際通貨基金（IMF）と世界銀行が発展途上国に課している経済政策で一九八〇年代に導入された。多くの国の貧しい人々に壊滅的損害を与えるこれらの政策は、発展途上国が負っている対外債務の利子を確実に返済するために必要な経済構造を「調整」する、という意味から「構造調整政策《プログラム》」（SAP）と呼ばれている。その政策の骨子は、①政府の支出、とくに保健医療、教育、福祉への支出を削減、②労働者の給料のカット、③輸入の自由化、④外国からの投資制限の撤廃、⑤通貨の切り下げ、⑥国有の企業を私企業化し、ラディカルな規制緩和策によって政府の関与を取り去りすべて市場原理に任せる、というものである（ラテンアメリカ、アフリカでの具体的事例は本書第9・10章に詳しい）。

◆国際協力事業団（JICA）

海外技術協力事業団（一九六二年設立）などを母体に一九七四年に設立された特殊法人で、日本のODAの執行機関。資本金は全額政府の出資に拠っている。三つの大きな目的がある。（1）発展途上国・地域に対する技術協力の実施および海外青年協力隊員の派遣に必要な事業、（2）発展途上国・地域の社会開発（保健、教育などを含む）ならびに農林、鉱工業の開発協力のために必要な資金によって国際協力銀行（日本輸出入銀行および海外経済協力基金〔OECF〕が二〇〇〇年に合併）から供給を受けることが困難なものに対して円滑な供給を図り、あわせて技術を提供するなどの事業、（3）中南米地域などへの海外移住の円滑な実施に必要な業務、である。総裁と監事は外務大臣が任命し、JICAの事業計画、業務全般については外務大臣の認可および外務・農水・通産の各大臣の監督に服さなければならない。

◆持続可能な開発（Sustainable Development）

一九八七年、「環境と開発に関する世界委員会」いわゆるブルントラント（ノルウェーの首相経験者で現世界保健機関の事務総長）委員会（WCED、The World Commission on Environment and Development）が“Our Common Future”（私たちの共有する未来）と題する最終報告書を公表した。その中で出された「持続可能な開発」（Sustainable Development）とは、「資源の利用、投資のあり方、技術開発の方向性および組織・機関の変革が、有機的に結び合わされ、現在と将来にわたってすべての人々がその可能性と能力を高め、その基本的ニーズを満たすことが可能となるような変革のプロセスである」。そのプロセスにおいて限りのある環境、資源を含むエコシステム全体に対する悪影響を最小限に押さえるよう求められていると同時に、貧しい人々がさまざまな資源に公平・公正にアクセスできることが必須であるとしている。一九九二年のリオデジャネイロでの国連環境開発会議（地球サミット）以降の一連の国連・国際会議でも「持続可能な開発」が常に取り上げられてきたが、それは単に環境問題への取り組みだけではなく、先進国と発展途上国との間にあるさまざまな格差の是正、なかでも貧困に対する取り組みを含むものである。

◆政府開発援助（ODA、Official Development Assistance）

先進国から発展途上国への援助は通常二国間（bilateral assistance、バイラテラル、略はバイ）であるが、世界銀行や地域開発銀行などを通して融資を行っている多国間援助もある（multilateral assistance、マルチラテラル、略はマルチ）。援助を受け入れる発展途上国は、国連貿易開発会議（UNCTAD）を通じていろいろな要求を行っている。

◆世界銀行（世銀）、国際通貨基金（IMF）

両機関とも、一九四四年に米国のニューハンプシャー州ブレトンウッズで開かれた国際会議でその設立が決められた（世銀とIMFの両機関による世界経済体制を「ブレトンウッズ体制」と呼んでいる）。その目的は、戦後の国際経済・金融体制の基本骨格を決めることで、一九四六年、最初の理事会が米国のジョージア州サバンナで開催され正式に発足した。しかし、近年、IMFと世銀の重要な役割は、発展途上国への貸付を意のままに行うことへと変わってきた。IMFは、単なる貸付・融資という役割を超えて、非常に強力な世界の「門番役」となっている。IMFは、発展途上国のある国は「責任ある」経済・社会政策を推しすすめているので貸し付けても危険度が低いとして、他の国際金融機関に保証を与えている。各国はこうしたIMFからのお墨付きをもらうために、「自由市場経済」を受け入れなければならず、また、IMFや世銀による構造調整政策《プログラム》（SAP）を実行しなければならない状況に置かれている。IMFと世銀での議決権は、それぞれの加盟国の両機関への出資額に比例して割り振られている。そのため、米国、イギリス、ドイツ、フランス、日本の五カ国の手に、すべての権限が委ねられてしまっている。両機関での審議内容の多くは、公開されていない。

◆世界貿易機関（WTO）

世銀、IMF設立後、さらに世界経済の安定した発展を図るためには国際貿易を司る機関が必要であるとして、国際貿易機関（ITO）の設立が構想されたが、ITOは連合国間の思惑の相違から早期設立が困難となった。その結果、ITO設立のために定められたハバナ憲章から一部が抜粋され、一九四七年に「関税および貿易に関する一般協定」（GATT）が締結された。GATTはブレトンウッズ体制（五四〜五五頁参照）を補完し、今日の自由市場経済体制を推しすすめた。その後、GATTは、一九九五年一月に世界貿易機関（WTO）にその任務を引き継ぎ、解消された。現在は、WTOが世界の国際貿易機関として組織的に世界の「貿易」と「金融」と「投資」の自由化をすすめている。

◆滴下理論（浸透理論）（Trickle Down Theory）

「まず経済成長というパイを大きくすれば、やがてその恩恵は貧しい人々にも波及する」という理論。開発経済学で用いられている用語。一九五八年にA・O・ハーシュマンが『経済発展の戦略』（小島清監訳、巌松堂出版、一九八二）の中で導入した理論である。彼によると、経済発展の初期段階では、経済力の集中した「成長拠点」もしくは「成長極」の形成が不可欠である、とする。経済成長は、地理的な意味で必然的に不均一になるが、やがて「成長拠点」の遅れた地域もしくは国に対してプラスの効果を及ぼすという。つまり、大企業や国際貿易によって国家経済が成長することによって、発展途上国のエリートたちから、大多数の貧しい人々に「おこぼれが廻る」（トリクル・ダウン）と考えた。

◆透明性

英語の Transparency から由来する用語で、情報開示とほぼ同じ内容を意味するが、透明性の場合はある組織（政府、NGO、会社など）が行っていることをより積極的・能動的に一般市民に対して開示・提供していくことを意味する。

◆パウロ・フレイレ（Paulo Freire）

二〇世紀が生んだ最も重要なブラジル人教育思想家（一九二一—九七）。一九五〇年代後半から一九六〇年代初頭にかけて、ブラジル北東部で、抑圧され、読み書きの機会を奪われた農民や労働者の中で識字運動を起こした。この識字運動は、対話を通して批判的意識を高め、社会を変革することによって自らを変革（解放）するというものであった。フレイレは、この過程を「意識化」（Conscientization）と呼んだ。こうしたフレイレの教育思想と方法論は、他のラテンアメリカ諸国やアフリカ・アジア諸国にも伝わり、地域保健および地域開発活動に大きな影響を与えた。

◆発展途上国

英語ではDeveloping country, less-developed country, under-developed countryなどの用語が用いられており、日本語ではそれぞれ「発展途上国」「開発途上国」「低開発国」あるいは単に「途上国」などの用語が用いられているが、本書では「開発」の意味するネガティブな印象から「発展途上国」ないしはその略記としての「途上国」に統一した。

◆プライマリ・ヘルス・ケア（ＰＨＣ）

一九七八年九月、旧ソ連のカザフ共和国の首都アルマ・アタに、世界一四〇カ国以上の代表が世界保健機関（ＷＨＯ）とユニセフ（国連児童基金）の呼びかけで集まり、国際会議が開催された。この会議では、「西暦二〇〇〇年までにすべての人に健康を」という目標を定め、そのための世界戦略としてプライマリ・ヘルス・ケア（ＰＨＣ）という理念（アプローチ）を打ち出した。ＰＨＣは、地域住民を主体として、住民の参加により病気の予防・治療を含む基本的保健医療サービスを、すべての人々に提供しようとするアプローチである。ＰＨＣは、基本的人権の一つである人々の健康を増進し、社会正義の実現をめざす戦略であり、健康（不健康）の背後にある政治、経済、社会的問題をも視野に入れている。

学び・未来・NGO

——NGOに携わるとは何か

序　章　今なぜＮＧＯが問われているのか

若井　晋

一　そもそもＮＧＯとは何なのか？

問題の背景

一九九〇年代に入ってからあらゆる側面で地球規模化すなわち「グローバル化」（Globalization）が急速に進行している。とくに「経済のグローバル化」は世界的規模で貧富の格差を広げている。国連開発計画（ＵＮＤＰ）による人間開発報告（一九九九）や *New Internationalist*（二〇〇〇、一・二月号）は「グローバル化」の問題点を政治、経済、金融、インターネット、文化、健康などの側面から詳細に分析している（四七頁以降参照）。最大の問題は、「グローバル化」の主流が上からの、強者からのそれであって、止まらない歯車のように世界を動かしている現実である。すなわち、一握りの金持ちや大国が地球規模で経済的・政治的支配を拡大させているのである（金子勝はこれを「グローバリズムという名の「全体主義」」と呼んでいる（『反グローバリズム』岩波書店、一九九九））。まさにそのような状況のもとで非政府組織（ＮＧＯ、Non-governmental organization）の存在、ＮＧＯの今が問われているのである。

現在人々が用いている一般的意味でのＮＧＯが誕生したのは第二次世界大戦前後（現在世界最大のＮＧＯであるイギリスの「オクスファム」〔ＯＸＦＡＭ〕の誕生が一九四二年[1]）であるが、ＮＧＯはまさにこの五〇数年の間に時代の要請と人々のニーズにしたがってダイナミックに変化、変貌してきたといえる。「グローバル化」の真っ只中で今NGOに問われているのは、上からの「グローバル化」に対する、下からの、すなわち民衆の側からのさまざまな動き、たとえば対人地雷撲滅キャンペーンや反核運動などにみられる、公正と社会正義の「グローバル化」をどのように私たち自身のものとしてつかみ取っていくのかということである。本書が問おうとしていることの中心はまさにここにある。

（1）オクスファムが正式名称になったのは一九六五年で、それまではオクスフォード飢餓救済委員会（The Oxford Committee for Famine Relief）と呼ばれていた。その後オクスファム・アメリカなど他の国にもオクスファムが設立され、国際的な連合体であるオクスファム・インターナショナルが一九九五年に設立されてからは、イギリス本部のオクスファムはオクスファムUK、その後オクスファムGBが正式名称となった。詳細は第12章参照。

しかし、残念ながら日本のNGOの現実は急速に動いている世界の潮流、「上からのグローバル化」に対してまったくといっていいほど対応できていない。そればかりでなく本来のNGOの存在意義さえも見失おうとしている。

いまや若者の流行・ファッションのように語られ、就職の一つの選択肢のように扱われているNGOの魅力の裏側をも私たちは直視すべきである。裏口の扉を開けてみれば、日本のNGOがこれまでフタをして、手をつけてこなかったさまざまな問題が一気に噴出してくるのである。

本書はこのような問題意識を背景にして、日本を根拠地にして国外、主として発展途上国で活動するNGO、発展途上国や先進工業国内で活動するNGO（Local NGO）、そして国際NGOについて述べようとするものである。NGOをNGOとして認定する場合、その基準は国や機関によってさまざまであるが、認定されないからNGOではないというのでは本末転倒、非政府組織たるゆえんを否定することにもなる。したがって、NGOの定義はおのずと理念的なところに収斂されることになる。すなわち、NGOとは「公正と社会正義」を実現しようとする人々による、人々のための「運動体」である、と。

「ＮＧＯ」と呼ばれるさまざまな組織

ところで、ＮＧＯ（Non-governmental organization）という用語は日本語では通常「非政府組織」と呼ばれている。

しかし、非政府組織であるからといって私企業や教育研究機関（大学等）、経団連などの経営者団体、あるいはすべての法人組織（社団法人、財団法人等）を含めてＮＧＯと呼ぶことはできない。ところが、政府開発援助（ＯＤＡ）から「ＮＧＯ」へ流れる補助金や委託事業は今日、ＯＤＡの総額九三億ドル（約一兆円）の三・六％（一九九七年度（『我が国の政府開発援助　一九九九』上巻、国際協力推進協会、二〇八頁）。ＯＤＡとＮＧＯの関係については**第1章第五節**参照）といわれおり、その中にはいわゆる「天下り」官僚の受け皿やＯＤＡの下請けとして作られたいわゆる「コンサルタント会社」としての「ＮＧＯ」が多く含まれている。こうした現状を見るとき、私たちが普段イメージする非政府組織とは異なった屈折した姿も浮かび上がってくる。いまや「ＮＧＯ」の会長に天下り官僚が就任している時代である。

しかし先にもふれたように、ＮＧＯと称する際の世界的な統一概念が存在するかといえば、そうでもない。ＮＧＯと同義語ないしは内容的に近い呼称としては、市民団体（ＣＯ、Civic / Citizen's Organization）、民衆組織（ＰＯ、People's Organization、この名称の方がより政治的意味合いが強い）、地域組織（Community Organization）などがあり、これらも広義のＮＧＯとして位置づけられることが多い。

ちなみに、ワールド・ウオッチ研究所（Yearbook of International Organizations が毎年集計するデータに基づく）によると、一九〇九年の

図　数カ国以上に事務所を持ち活動している国際ＮＧＯの数の年次推移（1956—96年）

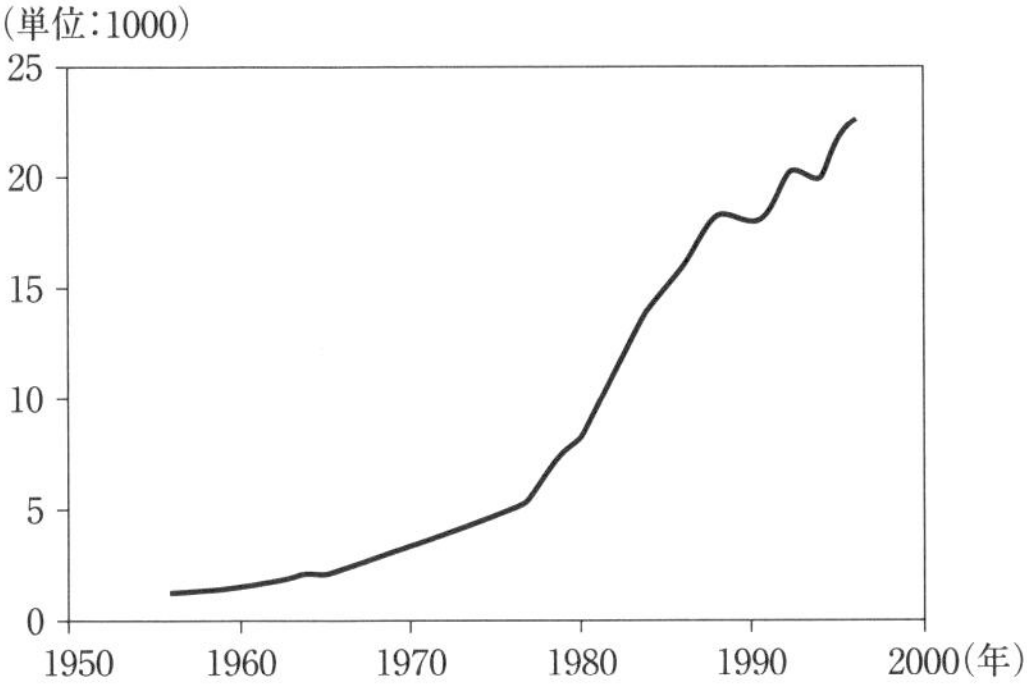

出典：Union of International Organizations（ワールド・ウオッチ研究所「*World Watch*」1999年６号、11／12月）より。

時点ですでに、数カ国以上に事務所を持ち活動している「国際ＮＧＯ」の数は一七六で、その代表的なものとしては赤十字、救世軍、ＹＭＣＡなどがあげられ、主にチャリティを中心とした活動を行っていた。そしてそれから八五年後の一九九六年には、その数は二万以上となった。活動内容も開発、保健、人権、環境、平和、ジェンダーなど多様な領域に及ぶまでになっている（前頁図参照）。一方、国内で活動するＮＧＯの数は国際ＮＧＯよりさらに急速に増加している。一九六〇年の一国平均一二一に対して、一九八八年は四八五（約四倍）にふくれ上がっている。ヨーロッパの場合、その半数が一九八〇年代に設立されているように、このうねりはごく最近のことであることがわかる。ちなみに、日本でも数多くのＮＧＯが一九八〇年代に誕生している。その中には、ベトナム戦争とカンボジア内戦によって生み出された何十万人もの難民の救援をきっかけとして形成されたＮＧＯも多い（難民を助ける会、日本国際ボランティアセンター〔ＪＶＣ、第３章参照〕など。日本のＮＧＯの流れについては第１章で詳述）。米国の国内ＮＧＯの数は現在二〇〇万と推定されている。この中には前述した市民団体やＮＰＯ（非営利組織）もすべて含まれていると考えてよいだろう。とくに米国の場合、見落としてならないのは、ＮＧＯと称する組織が営利目的のコンサルタント会社でもある場合が多いことである。その代表例は、ＵＳＡＩＤ（米国ＯＤＡ）の主要な「下請け」プログラムを行っているジョン・スノー社で、ワールド・エデュケーションというＮＰＯの部門もあわせ持っている。

二　ＮＧＯの存在意義

「わたしたちの中に『わたし』が巣くっている限り苦難を共にする（コンパッション）ことはできない」

（シモーヌ・ヴェーユ）

何のために、誰のために

私たちは次のことを繰り返し自らに問いかけていかなければならない。すなわち、ＮＧＯは「何のために」「誰のために」存在しているのかということである。この問いかけを抜きにしてＮＧＯを語ったり、これに携わることはできない。なぜなら、この基本的問いかけを忘れたＮＧＯ活動が現在世界中で数多くみられるからである。そしてそこには社会の底辺に押しやられている人々を「無視し」、自分たちの都合と「目的」を中心に動いているＮＧＯの現実があるからである。それ故、「何のために」「誰のために」という問いは、ＮＧＯにとって（否、政府機関、ＯＤＡ、大学などの研究機関〔第13章参照〕にとっても！）基本的な問いであり、決して避けて通ることはできない問いなのである。そしてこの問いの答えを一言で表現すれば、「公正と社会正義」の実現のためであり、あらゆる局面で社会的に弱い立場に押しやられている人々とそれを支援する私たち自身のため、ということになる。

一九四二年に活動を開始したオクスファムは第二次世界大戦で崩壊したヨーロッパの人々に食糧支援をすることを目的として組織されたＮＧＯである。その後時代の要請（ニーズ）に応じながら、現在では開発、保健、ジェンダーなど、世界各地で独自のプログラムを展開すると同時に発展途上国のさまざまなＮＧＯやそのプログラムに対して資金的な支援を続けている。その背後にある精神もまた「公正と社会正義」である。

「ＮＧＯは人々のために存在する」と言うとき、その人々とは、社会の底辺に押しやられている人々と私たち自身に他ならない。このことを見失ったとき、グローバリゼーションという巨大なうねりは否応なしにＮＧＯを人々から切り離し、逆に人々を翻弄するための尖兵にしてしまうこともある。形骸化したＮＧＯが人々との乖離に気づかなくなったとき、それはもはや人々の側に立つ「ＮＧＯ」ではなくなってしまうのである。

したがって、「何のために」「誰のために」という問いかけは、同時に巨大化した政治・経済の「グローバル化」(globalization)の「暴力性[2]」を視座に置く問いかけでもある。そしてその問いかけが、私たちのめざす、「もう一つの（オルタナティブな）グローバル化」といわれる「人々による人々のためのグローバル化」（下からのグローバル化）、あるいは「公正と社会正義のためのグローバル化」を視座に入れた、「ＮＧＯの社会的役割」の明確化につながっていくのである。

（2）オルタナティブの用語は一般的には「代わりの」「もう一つの」と訳されているが、これは不正確な表現である。たとえば、医療においては西洋医学が主流でその他は「オルタナティブ」（代替えの）とするのは、西洋の一方的な見方であって、非西洋から見れば、むしろ漢方やインドのアユルヴェーダの方が「主流」であり、近代西洋医学はオルタナティブとなるのである。言語の由来からすると、英語の alternative はラテン語に由来する alter（元来は「二者の中の一つ」other of two を意味するが、「いくつかある中の他の方」という意味もある（『羅和辞典』研究社、一九六六）。英語圏ではまだ一部の著作家がラテン語の元来の意味である「二者（二つの選択肢）のうちの一つ」という exclusive な意味で用いているが、今日では多くの場合「いくつかの選択肢のうちの一つ」という意味で用いられる（*Longman Dictionary of the English Language*, Longman, 1984）。したがって、オルタナティブと片仮名でそのまま用いられるときにどちらの意味で使われているのかを明確にしておく必要がある。たとえば後述するコペンハーゲンでのNGOによる「オルタナティブ宣言」（一九九五年）では、政府代表者たちによる国連の宣言との二者択一を意味するものとしてこの言葉が使われている。

NGOの「政治性」

NGOに携わる人々は、NGOが政府（なかでもとくにODA）や国際機関の「下請け」組織と化してはいないか常にチェックしていく必要がある。もちろん、それは政府や国際機関との連携を無条件に拒否するという意味ではいささかもない。むしろこのことは、NGO自身の理念と行動を常に検証していくということである。ここでもまた、NGOの存在意義への問いかけに立ち返ることになる。

以下の各節では前段までの問題設定のもとに、NGO活動における個人・組織面での問題点を整理し、NGOが国家、企業（とくに多国籍企業）、国際金融機関とどう向き合っていくべきかを、NGOの「社会的責任」において論じてみたい。その前に先のオクスファムに関するエピソードを一つあげておこう。一九九四年にオクスファムは、世界銀行（世銀）・IMFによる構造調整政策《プログラム》（SAP）[3]のもとでジンバブエ政府により導入された受益者負担制度が人々への保健医療サービスを著しく困難にしたと批判した。ところがこの批判がイギリスのチャリティ法[4]に抵触するとして、イギリス政府とオクスファムとの間に緊張関係をもたらした（*Lancet*, Novembar, 1994）。つまり、人々の側に立ってNGOが発言・行動するということは、このように政府（ODA）や国際機関との連携をともなうと同時に双方の間に緊張をも生み出す可能性があるということである。

（３）ＩＭＦと世銀が発展途上国に課している経済政策で一九八〇年代に導入された。多くの国の貧しい人々に壊滅的損害を与えるこれらの政策は、発展途上国が負っている対外債務の利子を確実に返済するために必要な経済構造を「調整」する、という意味から「構造調整政策《プログラム》」（ＳＡＰ）と呼ばれている。その政策の骨子は、①政府の支出、とくに保健医療、教育、福祉への支出を削減、②労働者の給料のカット、③輸入の自由化、④外国からの投資制限の撤廃、⑤通貨の切り下げ、⑥国有の企業を私企業化し、ラディカルな規制緩和策によって政府の関与を取り去りすべて市場原理に任せる、というものである（ラテンアメリカ、アフリカでの具体的事例は第9・10章に詳しい）。

（４）ＮＧＯがイギリス政府から資金を受けている場合、「政治的」発言・行動に対して一定の制限が法律で定められている。

ＮＧＯのうねり

ＮＧＯという名称が日本において広く社会的な認知を受けたのは、六〇・七〇年安保の政治的、社会的大衆運動のうねりのピークが過ぎてからである。ＮＧＯ活動の活発化は、先にふれたようにベトナム戦争に端を発するカンボジア内戦によって難民救援活動が始まる八〇年代になってからであるが、こうしたＮＧＯ活動がマスメディアで頻繁に報道され始めるのは、さらにそれから一〇数年後の一九九〇年初めの頃である。

しかしそれでも当時はまだ、ＮＧＯの名称すら一般的にはほとんど認知されていなかった。その後、「国連環境開発会議」（地球サミット、リオデジャネイロ、一九九二年）、「国連人口会議」（カイロ、一九九四年）、「国連社会開発サミット」（コペンハーゲン、一九九五年）、「国連世界女性会議」（北京、一九九五年）、「国連居住会議」（ハビタトⅡ、イスタンブール、一九九六年）等の国際会議での実績が注目され、国連や各国政府がＮＧＯを公的に認知するようになった。ＮＧＯの代表者が国際的な公式の舞台で堂々と自分たちの考えを発言するようになるなど、世界のすべての国々・地域におけるさまざまな分野に大きなインパクトを与え始めたのである。これら一連の会議では、国連の公式宣言文とは別に、「オルタナティブ宣言」が参加したＮＧＯの「総意」として世界に発信されるようにもなった。

なかでも「国連社会開発サミット」において唱えられた「オルタナティブ宣言」[5]は、急速にすすむ先進国主導の「上からのグローバリゼーション」に対して明確な「Non」を打ち出し、その対抗概念として「もう一つの（オルタナティブな）グローバリゼーション」あるいは「下からのグローバリゼーション」が明確化されたという意味で、その後のNGO活動に大きなはずみをつけた。こうしてNGOの認知度は急速に高まっていった。このコペンハーゲンでの「NGOフォーラム」には本書の執筆者のうち若井、生江、牧田、山田（恭稔）、三好、織田らが参加しているが、そこで世界のNGOの大きなうねりを体験し、圧倒されたことを付記しておかなければならない。

（5）その前文で、「この世界は一つであると同時に文化、歴史、民族、宗教などの多様性の上に立って正義と公正を地球上のすべての人々が享受できるようにすることが最優先課題である。それは民主主義と民衆の参加によって実現されるものであり、最終的には、平和で、協調性に満ちた、持続的な市民社会が実現される」と謳っている。その本文では人々のためのさまざまな具体的提案がなされており、それらは現状の大国支配によっては実現できないとしている。

ところで、こうしたNGOのうねりによって逆の変化が生じ始めたことも見逃してはならない。すなわち、NGOが「公的」に認知されることによって、NGOの「Non」の意味が曖昧になってしまったことである。とりわけ日本においては、NGOと同義語として用いられることの多くなった非営利組織（NPO）の活動がNGO活動以上にマスメディアでクローズアップされるようになって以降、NGOの「オルタナティブ性」が見失われつつある。もっとも、NPO法の成立（一九九八年一二月）以来、これまで法的認知を受けられなかった多くのNGOが公益法人として登録可能になったことは、日本もやっと「市民社会」といえる状況になったのかもしれない。たとえば、地域社会に根ざしたボランティア団体がNPOとして登録することによって、近い将来免税措置が受けられる可能性も生まれ活動が活性化し、人々のボランティア活動が特別視されることなく自然に社会の中に浸透しつつあることは大きな進歩といえる。しかし、だからといって先にふれたように、法的認知＝国家、政府の認知がなければNGOとしての存在が認められないということにはならない。

NGO活動推進センター（JANIC、現国際協力NGOセンター）の定義によれば、NGOもNPOも同じく「非政府で非営利の組織」であり区別の必要はないとし、国際協力を行うNPOを「国際協力NGO」と表記してそのダイレクトリーを作成している（『国際協力NGOダイレクトリー二〇〇〇』）。しかし本書では非政府組織（NGO）と非営利組織（ＮＰＯ）は根本的に異なるとの立場をとっている。ＮＰＯのＮＰ（Non-profit）は「非営利」を意味するにとどまり、そこには政府との関係は含まれていない。営利を目的とする組織との対抗概念にすぎない。したがって「政治性」を持たない社会活動として認知されることが多い。すなわち、ＮＰＯの場合、その活動においては政治的分野への関与の仕方やその他の主義主張が問われることは少ない。それに対してＮＧＯのＮＧ（Non-government）は「非政府」を意味するものであるから絶えず政府との関係性が問題になる。したがって、ＮＧＯは営利を目的としないだけではなく、先述のように「公正と社会正義」の立場から人々の側に立って、時には政府の政策を批判することも大きな役割としている。このようなＮＧＯとＮＰＯとの根本的な違いを理解した上で、私たちは人々にとってのあるべき社会の姿を描いていかなければならない。もちろん、ＮＰＯに登録した団体がそのアイデンティティをＮＧＯとしてとらえるかＮＰＯとしてとらえるかは、それぞれの組織の拠って立つ理念によって異なるであろう。(6)

（6）**第1章**でもふれるように、ＮＧＯが戦時下などの非日常的な状況で苦しむ人々を国境を越えて救援する活動から出発したのに対して、ＮＰＯは自国での高齢者福祉や障害者へのケアなど日常的な問題への取り組みから始まったものが多い。両者とも公益に寄与することを社会的使命としている点は共通しているが、こうした背景の違いからＮＧＯは政府との関係を絶えず意識する政治性が強いといえる。

三　非政府（Non-governmental）の「非」（Non）の意味

非政府の「非」（Non）の意味するところは本来何であったのか、との問いは同時に、なぜ「非権力」なのか、との問いでもある。ＮＧＯは制度としての「権力」（Macht）（マックス・ウェーバー）を持たない。なぜなら「人々による下からの自発的組織」としてのＮＧＯは、その運動原則からして、「上からの制度的力の行使としての権力」を持ちえないからである。もし持つとしたらＮＧＯの自己矛盾となる。

「あらゆる権力は腐敗の傾向をもつ。絶対的権力は絶対的に腐敗する」（アクトン卿（丸山真男『現代政治の思想と行動』未来社、一九六四））といわれるように、フランス革命後の王政復古、ロシア革命後のスターリンによる独裁と粛正、古代中国の専制国家、最近では毛沢東に指導された文化大革命時の中華人民共和国、アミン大統領下のウガンダなど、権力による腐敗や人々への抑圧、搾取には枚挙にいとまがない。いかなる「民主的」「理想的」とされる政府といえども、数十年、数百年するうちに変質、変節、腐敗していくことは歴史が証明しているのである。「国家が国民の意思にかかわりなく、国家歳入を調達できるとすれば、国家権力は当然すきなままに統治しようとする」（猪口孝『岩波講座　現代社会学16　権力と支配の社会学』一三九～五三頁、一九九六、岩波書店）。したがって、人類の歴史は「革命」の歴史であらざるをえなかった。今日の民主主義国家と呼ばれる多くの国々も本質的には変質、変節、腐敗するのである。こうした悲観主義的な見方を想定することもＮＧＯにとっては必要なのである。

公務員（Public / Civil servant）（マックス・ウェーバー、**第17章参照**）が悪しき意味での官僚（Government official ではなく Bureaucrat）と化したとき、政府機構は限りなく腐敗していく。そこに「非政府」「非権力」組織としてのＮＧＯの存在理由がある。もちろん、ＮＧＯも「組織」である以上、同様に変質、変節、腐敗する可能性をはらんでいる。それ故「運動体」としての柔軟性と絶えざる自己変革を自らに課していくことが求められている。「非権力」でも誰かが決定権を持たなければならない。ＮＧＯにおいては決定機構を集中させず、分散して、たとえば会員すべてや代議員（評議委員）、理事がその役割を担おうと努力しているが、実際はまだまだそこまで徹底されてはいない。

四　ＮＧＯの理念と基本姿勢

「自らの歴史と向き合う用意がないと、今日自分がなぜこの場に置かれているのかが理解できないでしょう。過去を否定すると、これを繰り返す危険を冒すことになります」

（ヴァイツゼッカー『ヴァイツゼッカー回想録』永井清彦訳、岩波書店、一九九八）

歴史認識と現状認識

近代日本は、朝鮮半島、中国、台湾、フィリピン、インドネシア、インドシナ半島への侵略という不幸な歴史を持っている。こうした事実への世界史的認識や、各国・各地域の歴史、文化への理解なしに、ＯＤＡにしろＮＧＯにしろ真の国際協力はありえない。なぜなら事実を冷静に把握する「歴史認識」なくして正確な現状認識は得られないからである。正確な現状認識に基づいてはじめて協同作業としての国際協力が可能となる。それは国際協力に限らず国内で活動する場合においても同様である。

このことは筆者自身の経験からも語りうる。大学に入学したとき（一九六五年）、日韓条約反対運動（日米韓の西側軍事戦略を阻止しようとする民衆運動）がピークにあった。なぜ日韓条約に反対なのか、その背景と意味を探るうちに日本の近代史とその結果としての戦争責任問題に気づかされていった。その後に起こる大学の自治の確立、七〇年安保反対などを中心とした大学闘争の中で一層そのことを意識させられ、一九七二年に一年遅れで医学部を卒業し、一年ほどして川崎にある在日韓国人教会の「園医」をボランティアで引き受けることになった。そこで在日韓国人教会の指導者である李仁夏牧師と出会った。その小さな歩みから戦後生まれの日本人として具体的に「戦争責任」とどのように向き合うべきかを問われることになった。まもなく日本キリスト教海外医療協力会（ＪＯＣＳ、**第5章**）に関わり、医師としての働きのかたわら中国語の学びを三年間続け、ＪＯＣＳのワーカーとして一九八一年、台湾の中部にある彰化基督教病院で一年間働くことになった。この経験を通し、筆者は日本の植民地政策の中で母国語を奪われ日本語を強制されたコリアの人々、台湾の人々の悲しみと苦悩を実際に知ることとなった。

そしてこのような蛮行がどれほど人々の「アイデンティティ」を傷つけ奪う行為であったかを知らされることになった。台湾人でありながらいまだに日本の言葉で考え日本語で文章を書く方がはるかに容易だという人々が現在もなお台湾には数多くいるのである。また、現在六〇万を超える在日コリアンにとって、先頃の石原都知事の「三国人」発言は極めて現実味を帯びた恐れとして深刻に受けとめられているのである。(7)

（7）二〇〇〇年四月九日、陸自記念行事で石原都知事は以下のように発言した。「今日の東京を見ますと、不法入国した多くの三国人、外国人が非常に凶悪な犯罪を繰り返している。もはや東京の犯罪の形は過去と違ってきた。こういう状況で、すごく大きな災害が起きたときには大きな大きな騒じょう事件すらですね想定される、そういう現状であります。こういうことに対処するためにはわれわれ警察の力をもっても限りがある。だからこそ、そういうときに皆さんに出動願って、災害の救急だけではなしに、やはり治安の維持も一つ皆さんの大きな目的として遂行していただきたいということを期待しております」。この中で用いられている「三国人」は在日コリアンを指す差別的用語であり、関東大震災（一九二九年）のときには在日コリアンが井戸に毒を入れて日本人を殺したという「デマ」が流れ、多くの人々が虐殺された。「三国人」という言葉にはそのような歴史的背景がある。

「発展途上国」の存在そのものが、欧米の植民地主義の生み出したものである。この認識は欧米のNGOではすでに気づかれている（ティエリ・ヴェルヘルスト『文化・開発・NGO』片岡幸彦監訳、新評論、一九九四。デイヴィッド・ワーナー、デイヴィッド・サンダース『いのち・開発・NGO』池住義憲・若井晋監訳、新評論、一九九八、他）。また日本では、たとえばJOCSがその定款、沿革に日本の戦争責任について明確な立場を表明している。一九九五年に出された「NGO関係者有志による『戦後五〇年』声明」（七六頁写真）でも次のように述べている。

「私たち、アジア・アフリカ・ラテンアメリカなどの世界各地で市民レベルでの協力・協同・交流活動を進める日本のNGO関係者有志は、五〇年前までの朝鮮半島、台湾、中国等での植民地支配とアジア太平洋地域において日本の植民地支配を強化・拡張するために行われた全ての戦争（特に一九三一年の中国東北部への侵略にはじまる一五年に及ぶアジア太平洋戦争）が日本国家によるアジア諸国及び太平洋諸島への侵略であったと認識しています。……」

何ゆえこのような「認識」に立つべきなのか、まずそこから考えることこそが「自らの歴史と向き合う」第一歩である。そしてまた、自らの歴史と向き合わずに日本のＮＧＯとして活動することは、ＮＧＯがもっとも大切にしなければならない、そこに住む人々の「歴史、文化」を無視することにつながっていくのである。

社会的責任（説明責任、アカウンタビリティ）と透明性（Tansparency）（第7章参照）

こうした歴史認識と現状認識に立って世界の現状を見るとき、ＮＧＯとして担うべき課題は多岐にわたり、ＮＧＯとしての社会的責任（アカウンタビリティ）(8)は重い。それはそれぞれのＮＧＯが果たすべき固有の社会的責任であると同時に、「上からのグローバル化」に対抗する一勢力として位置づけられるＮＧＯ全体の社会的責任である。ＮＧＯは先進各国、とくに米国に対して、そして多国籍企業、国際金融機関（世銀、ＩＭＦに代表される）、国際機関（世界貿易機関〔ＷＴＯ〕ほか）、あるいはアジア太平洋経済協力会議（ＡＰＥＣ）、北米自由貿易協定（ＮＡＦＴＡ）など自由貿易、市場経済に名を借りた「再植民地主義」の現状に対してどのようなアプローチをとるのか。また、世銀、ＩＭＦによって一九八〇年代後半に導入された構造調整政策《プログラム》（ＳＡＰ）が発展途上国の債務負担を増加させ、人々の生活、健康状態を悪化させている状況にどう対抗しようとしているのか（"Editorial: Structural adjustment too painful?," *Lancet* 344, pp. 1377–78 ; Wakai S., "Primary health care projects and social development," *Lancet* 345, p. 1241, 1995）。現在世界的な動きで注目されるＮＧＯによるジュビリー二〇〇〇（Jubilee 2000, 旧約聖書にあるヨベルの年に因んでつけられた）の運動は、発展途上国の債務負担の軽減を目的として始まったものだが、日本のＮＧＯや個人もこれに多数加わってはいるものの、欧米のそれに比べればまだまだ弱い。今後日本のＮＧＯは、このような世界的な動きに絶えず関心を持ち続け、ＮＧＯの協同行動に対して具体的に携わる必要があろう。

(8) アカウンタビリティは多くの場合「説明責任」と翻訳されているが、もともとは「収支の帳簿をつける」という意味のアカウント

（account）から由来するアカンタビリティ（accountability）である。「説明しなければならない」「答えなければならない」の意味から「説明責任」という用語が用いられるようになった。元来AがBに対してアカウンタブルであるというのは、①AがBに代わってあることを実行し、②それに対してBは公的であれ非公式であれAの実行したことを禁止または推進する権限を持つ関係にある。したがって政府（A）の場合にはその政府を選出した選挙民（B）に対して責任を負っている（Fearon J. D., "Electoral accountability and the control of politicians: selecting good types versus sanctioning poor performance", Przeworski A., Stokes S. C., Manin B. (eds), *Democracy, Accountability, and Representation*, Cambridge Univ. Press, 1999)。英語ではresponsibility（責任）と同義語として用いられることが多いが、その内容は「倫理的、法的責任を負うこと」を含んでいるから、日本語の「説明責任」をアカンタビリティの訳語としてはめ込んでしまうと本来の意味から離れてしまうおそれがある。したがってこの用語は「社会的責任」（説明し社会的責任を負うこと）と訳すべきであろう。アカウンタビリティがNGOにも強く問われているゆえんである。

国内を見ても、在日外国人「不法」労働者の権利、日本の植民地支配の「遺産」としての在日コリアン、在日中国人の基本的人権・諸権利の問題、少数民族（アイヌ）の人権・諸権利、山谷、笹島、釜ケ崎などのホームレス・失職者への支援、自衛隊（軍隊）の海外派兵や国連平和維持活動（PKO）の監視、障碍者との共生など、列挙すればきりがないほどNGOの活動範囲は広い。もちろん一つのNGOがこれらの問題をすべて引き受けることはできないが、それぞれのNGOが連携することは可能である。こうした連携がNGOの社会的責任（アカウンタビリティ）を果たすことにつながっていくのである。

そしてこのような国内外の課題と取り組むにあたり、政府からの資金を受けるときに問題となるのがNGOの自主性・主体性の確保である。世銀は一九九〇年代初頭から急速にNGOとの共同（取り込み）、パートナーシップを強調し始めた。また、日本のODAや国際協力事業団（JICA）によるNGOへのコントラクトアウト（下請け）、補助金制度、郵政省国際ボランティア貯金（**第16章**参照）など、NGOを支援する機関、制度に対しても、その社会的責任（アカウンタビリティ）が問われている。「NGOはODAと補完し合う関係」（『ODA白書』一九九四年版、九八〜一〇〇頁。同一九九九年版）などともいわれ始めているが、これについては改めて議論する必要に迫られている（**第1章**で詳述）。

ＮＧＯは絶えずその原点、すなわち、「誰のために」「何のために」という原点に立ち返ることにより、はじめてその社会的責任（人々に対する責任性、アカウンタビリティ）を果たすことができ、組織としての「透明性」[9]を保つことが可能となる。

（9）英語のTransparencyから由来する用語で、情報開示とほぼ同じ内容を意味するが、透明性の場合はある組織（政府、ＮＧＯ、会社など）が行っていることをより積極的、能動的に一般市民に対して開示・提供していくことを意味する。

この「透明性」(Transparency)は、アカウンタビリティと表裏一体の関係にある（第7章で詳述）。透明性はＮＧＯに限らず公的機関でも絶えず問われることであるが、その具体的表現は「情報公開」である。政府や行政に情報公開を求めるのもＮＧＯとしての一つの役割であるとするならば、ＮＧＯ自らがまず率先して情報公開を行うべきであろう。

アカウンタビリティと透明性（ならびに情報公開）が確保されてはじめて、「人々による（By）、人々のための（For）、そして人々と共に（With）」という呼びかけは、内実をもって響きわたるのである。

五　「グローバル化」とＮＧＯ（第10章第五節参照）

上からの「グローバル化」の「暴力性」と反民衆性

かつてこれほど世界が「一つ」の巨大な潮流によって動かされた時代はない（経済では米国主導の「市場経済化」、政治では「民主主義」）。ソ連邦が崩壊するまではまがりなりにも「計画経済」「社会主義」という対抗勢力が存在していたが、いまや世界は情報、経済、政治、文化、社会生活などすべての領域で「グローバル化」が急進し、なおその勢いは衰えることがない（中国やキューバが社会主義を依然として掲げているといってもすでに世界の「市場経済」の中に組み込まれている）。とりわけ注目すべきは「経済のグローバル化」である。世界はいまや巨大な一つの市場と化してしまっている。現在、世界の金融市場では毎日一万二〇〇〇億ドルの取引がなされている。しかもそのうち実際の生産活動に関係する取引はわずか一％以下にすぎない。これはもはや人が汗水流して働いた結果としての経済、あるいは資本の蓄積に基づく「資本主義」経済などではなく、巨大な地球規模の「賭博場」（Global Gambling Casino）である（デイヴィッド・コーテン）。（Korten D., *Globalizing Civil Society. Reclaiming our right to power*, Seven Stories Press, N. Y.,1998）

政治もまたそのために仕える道具にすぎなくなっている。米国の大統領や政府高官が専用機で世界を飛びまわり、自国の農産物、工業製品（航空機など）、武器・兵器を売りつける。ＷＴＯ、ＡＰＥＣ、ＮＡＦＴＡなどの地域間協定により、より強大な企業（とくに多国籍企業）は、排気ガス規制や労働環境基準などの環境基準が緩く、安い労働力を抱える周辺国へ進出している。

このような世界の構造のもとで、富める者はますます富み、貧しい者はますます貧しく底辺に押しやられている。世界の億万長者（ビリオネア）は一九九一年には二七四人いたが、一九九六年には四四七人に増えている。彼らの所有する富の総計は世界人口の下位五分の一にあたる貧しい人々の富の総計に等しいと推定されている。世界人口の上位五分の一にあたる主に先進国に住む人々の収入の合計は全体の八四％を占めている。このような不公平・不公正は国と国との間で、また国内間でも広がっている。とくに米国では子どもの五人に一人が貧困下で生活しており、四三〇〇万の人々が健康保険にも加入できず十分な保健医療サービスを受けられないでいる。これはまさに「上からのグローバル化」、富める者、力のある者による「グローバル化」である。

グローバル化の現状

いったいこのような「グローバル化」は、人々に対してどれだけの影響を及ぼしているのだろうか。ＮＧＯに携わる者にとってこれらの事実を知ることは極めて重要である。以下は、これまでの数年間に発表された多数の研究資料や発表文献、または筆者自身が過去数年間に訪れた発展途上国や先進国で得た資料をまとめたエッセンスにすぎないが、「グローバル化」というものが、いかに多くの人々の犠牲の上に成り立っているのかがわかる。（『ＵＮＤＰ人間開発報告一九九九年』「ワールド・ウオッチ」World Watch Institute, 一九九九年一二月号；Korten D., 前掲書；Chomusky N., *The prosperous few and the restless many*, Odonian Press, U. K., 1994；*New Internationalist*, November, 1997, January, 2000；寺島実郎「『正義の経済学』の復権」『中央公論』二〇〇〇年三月号、他）

「グローバル化」された金融システムは人々の経済的な安全保障を脅やかし続けている。一九九七年に始まった東アジア・東南アジアの金融危機は、それが世界規模にまで拡大することを如実に示した。インドネシア、韓国、マレーシア、フィリピン、タイへの資本の流入は、一九九六年には総額で九三〇億ドルに達していたが、一九九七年には逆に一二〇億ドルの資本が流出したと推計されている。これでは経済危機を救うどころか、逆にそれらの国々の底辺に押しやられている人々の生存そのものを直接的に脅やかすシステムである。一九九九年末、世銀の主任マクロ経済学者ジョセフ・スティグリッツ（その著 *Principles of macroeconomics*〔Norton, 1997〕は、マクロ経済学の教科書として有名）は、アジアの経済危機が世銀・ＩＭＦの政策の失敗にあると批判したため解任されている。

このような金融システムは同時に、世界各地で職業と収入の不安定を生み出す結果となった。世界市場（global market）で生き残るために、企業はリストラを行い多数の失業者を生み出した。そして一方では、発展途上国の多くの子どもたちが動員され、その小さな手でジュータンを織り、精巧なガラス器具や装飾品を作っている（**上写真**）。これは先進国の私たちがより安価で良質な製品を求めることと結びつく問題である。路上で子どもた

バングラデシュの首都ダッカにあるスラムのガラス工場で働く子どもたち（1992年、筆者撮影）。

イスタンブールの繁華街でタバコを売っている子ども。疲れて眠っている（1996年、筆者撮影）。

ちが一本一本のタバコを売り（上写真）、少女たちは生計を支えるため「売春」を強いられている。

健康への脅威は、経済的・政治的な不安定さとリンクしている。一九九八年現在、世界でＨＩＶ／ＡＩＤＳ（以下「エイズ」と総称）に感染している人々の数は三三〇〇万に達している。そしてさらに毎年六〇〇万の人々が新たに感染している。毎日一万六〇〇〇人が感染している計算となる。そのうち九五％は発展途上国の人々である。アフリカの九つの国々では西暦二〇一〇年には平均寿命が一七年短くなるとも推定されている。それは一九六〇年代の平均寿命（約四〇歳）のレベルである。サハラ砂漠以南のいくつかの国々ではすでに平均寿命の低下が始まっている。筆者が最近（二〇〇〇年一月）訪ねたザンビアでは一五歳から四五歳の人々のうち二〇％がエイズの感染者または発病者である。保健省の高官も最近エイズで亡くなった。エイズのため孤児となったのはザンビアだけで五〇万人を超える。一〇年後には九〇万人に達すると推定されている。エイズ感染者の多くは二〇～四〇代に集中していることから労働力人口の減少と結びついている。そしてそれは、母子垂直感染（分娩時に母親から新生児に感染すること）によって子どもたちの多くが小児期に死んでしまうことにより、さらに増幅されることになる。また、エイズの予防・治療にかかる費用が国家財政に影響を及ぼすことになる。

固有の文化への脅威も「グローバル化」がもたらしたものである。今日の「文化」は、富める国々から貧しい国々へと一方的に流れている。ハリウッド映画の輸出額は米国の航空機や車の輸出額をはるかに上回り、一九九七年には三〇〇億ドルに達している。テレビの普及により他国の文化が容易に入り込み、固有の文化の多様性が脅威にさらされ、人々は文化的アイデンティティの喪失の危機にある。（ティエリ・ヴェルヘルスト、前掲書。Mehmet O., *Wester-*

nizing the third world, Routledge, London, 1995)

犯罪の増加、麻薬や武器の取引、女性の売買などによって人々の安全が脅やかされている。女性や少女に対する性的搾取は西ヨーロッパだけでも毎年五〇万人に達すると推定され、七〇億ドルの「ビジネス」となっている。最も憎むべき人権への侵害である。最近ではこのような犯罪がインターネットを通してより容易になっている。これらの背後にも組織犯罪が関わっており、毎年多国籍企業全体の経済力に匹敵する一兆五〇〇〇億ドルの経済力を持っていると推定されている。武器・兵器についていは言を待つまでもない。上位五つの武器・兵器輸出国のトップは米国（全体のほぼ五〇％）で、他はイギリス、フランス、旧ソ連、中国と、すべて国連の常任理事国である。

（「国連開発計画」一九九九、他）

富める国々による資源の過剰消費は地球環境に脅威を与え、人々の安定した生活を脅やかし続けている。魚、えび、木材などの輸出は天然資源の枯渇や生態系の多様性の喪失、森林の減少をもたらしている。富める国々に住む世界人口の五分の一の人々が実に世界の紙の八四％を消費している。

政治的不安定はコミュニティと人々に脅威を与え続けている。一九八九年から一九九八年の間に世界では六一の大きな軍事紛争（戦争）が起こったが、そのうち国対国の戦争はわずか三件のみで、その他は内戦であった。このような内戦を「支えている」のは世界的な武器の取引であり、冷戦後の構造の中で「軍事専門会社」や傭兵が政府や企業に軍事訓練を提供している。このような「軍事サービス業」は人々の安全保障に対して極めて重大な脅威となっている。

このような「グローバル化」の反民衆性と「暴力性」は、いまやＮＧＯにとって闘いの最前線なのである。

インターネット

さらに、インターネットの急速な普及は「グローバル化」を加速化し、正と負の両面の影響をもたらしている。

インターネットを駆使して活動しているＮＧＯ（南北を問わず）はそのことを真剣に意識し、行動していかなければならない。(Wakai S., "Access to the Internet," *Science* 271 : p. 1347, 1996 ; Betal L., *Lancet* 352 Suppl II)

一九九六年時点ですでに世界のおよそ六〇〇〇万人がインターネットにアクセスしていたが、その数は一九九九年で二億一〇〇万人にふくれ上がり、二〇〇一年には七億人に達すると予想されている。たしかにバリアが取り除かれて、さまざまな人々の意見がグローバルな場で反映され、ＮＧＯの意見も経済協力開発機構（ＯＥＣＤ）などの多国間交渉の場で影響力を発揮できるようになった。とくに小さなＮＧＯにとっては、インターネットを通してこれまで不可能とされてきた国連機関等のさまざまな情報源へのアクセスが可能となった。また、発展途上国の政府や、遠隔地にある研究施設、あるいはまた地元のＮＧＯがより早く情報を入手できるようになった。たとえばバングラデシュ最大のＮＧＯブラック（ＢＲＡＣ、バングラデシュ農村開発委員会）はネットプロバイダーとしてサービスを提供するほどになっている。数年前までは考えられなかったことである。マレーシアに根拠地をもつThird World Networkをはじめ大小さまざまなオルタナティブなネットワークも形成され、「主流」のネットワークに立ち向かっている。

しかしこうした流れは一方で、インターネットに接続できる人々とその恩恵にあずかれない人々との分極化をもたらしている。分極化は次のデータが如実に示している。二億人余りのインターネットユーザーのうち、米国・カナダは一億一二四万人、ヨーロッパは四七一五万人、アジア・太平洋地域は三三六一万人であるのに対して、ラテンアメリカでは五二九万人、アフリカに至っては一七二万人にすぎない(*Lancet*, November, 1999)。この差はますます広がっている。

インターネットのInformation highway（情報のハイウェイ）は、それにアクセスできない地球上の多くの人々をそこから排除してしまっている。しかもアクセスできるかどうかは収入によって決まる。たとえばバングラデシュ人がパソコンを購入するには八年分の収入が必要であり、それは日本人の一カ月分の平均収入と等しいのである。

それだけではない。コンピュータを操作できるようになるためには教育が必須である。インターネットにアクセスしている世界人口の三〇％は大学以上の教育を受けている。また、男女比で見ると、日本の女性ユーザーは一七％、中国の女性ユーザーはたった七％にしかすぎない。さらに大きな問題は、インターネット上で用いられている言語の八〇％が英語であることだ。このように、インターネットの普及にしたがい、ますます世界が「グローバル化」し、ボーダレス化する一方で、さまざまな二極分化が一層進行している。その結果、インターネットにアクセスできる人々の「世界」とアクセスできない人々の「世界」とがいわば関係性を持たずに平行して進行し、貧しい人々はここでもますます社会の底辺に押しやられていくのである（第10章第五節参照）。

「もう一つの（オルタナティブな）グローバル化」をめざして

ＮＧＯに委託され、課せられた最大の役割は、このような「上からのグローバル化」すなわち「勝者の支配するグローバル化」に対して、「もう一つのグローバル化」を人々の手によって、人々と共に推進することである。こうした草の根のＮＧＯ、民衆組織が現在世界の各地で活躍している。また、ＮＧＯ同士のネットワークも形成されている。人々による人々のためのグローバリゼーションへの運動は、現在の主流である「上からのグローバル化」の強固な壁を少しずつ崩していくに違いない。その動きはすでに始まっている。一九九九年末のシアトルで行われた先進国主導の貿易協定（ＷＴＯ会議）に対しては、多くのＮＧＯが共同で反対運動を行い、決議を阻止した（むろん一部の人たちによる暴力的行動は批判されなければならない）。また、先にふれたジュビリー二〇〇〇の運動も、発展途上国の債務帳消しを求める世界中のＮＧＯが共同で取り組んでいる大きな動きである。

丸山真男（一九一四―九六）はその論稿「現代における態度決定」の最後の部分で「不作為の責任」にふれ、次のように述べている。「しないことがやはり現実を一定の方向に動かす意味をもつ。……何万分の一にも当たらないつまらない社会的義務というものを、もし私たちがしないなら、その不作為の結果が積もり積もったところでは、やはりあの（イタリー）映画に劣らないところの悲劇が生まれてこないとは必ずしもいえないのではないかと思います」。（『丸山真男集』第八巻、岩波書店、一九九六）

現在の世界を取り巻く状況は暗澹たる未来しか描けない荒野のような風景といえる。一人の人間として、そのような状況に立ち向かおうとするとき、しばしば絶望的な思いに覆われ、その無力感の中であきらめてしまおうとする誘惑が私たちを襲ってくる。しかし、何も「しないこと」が現実を人々の望む方向とは異なったところに向かわせてしまうのである。このような状況だからこそ、むしろ希望をもって一人一人ができることから動き出そうとして生まれたのがＮＧＯである。冒頭でふれたオクスファムは、第二次世界大戦の末期の絶望的な状況の中でまさに絶望を希望へとつなげる役割を果たしたのである。

【世銀の生みの親ケインズ】

第二次世界大戦終結の前年、米国ニューハンプシャー州にあるブレトンウッズに米英の連合国を中心とした代表団およそ八〇〇人が集まり戦後の世界経済の復興計画を討議、世界銀行（世銀）および国際通貨基金（ＩＭＦ）の設立が決定された。この二つの機関、とくに世銀の設立にあたってはイギリスの有名な経済学者メイナード・ケインズ（一八八三—一九四六）が中心的役割を担った。彼の基本姿勢は第一次世界大戦終結後のベルサイユ会議にさかのぼる。彼はイギリス代表団の下級官吏として参加したが敗戦国ドイツに対して到底支払えないほどの巨大な賠償金を課した和平条約に反対し代表団から退いた。「この条約に署名する人々は何百万というドイツの男、女、子どもたちに死刑の宣告をすることになる」と言い残して。

そして彼が予言したとおり、この条約が引き金となってヒトラーの台頭、そして第二次世界大戦へと世界は巻き込まれていった。ケインズの民衆の側に立った経済学説は、一九二九年の世界大恐慌からの経済建て直しにあたって大きな影響力を与えた。その成果の一つがフランクリン・ルーズベルトのニューディール政策である。ケインズの学問に対する姿勢は終始、「公正と正義」をめざすもので、ブレトンウッズに彼を招いたのは他ならぬルーズベルトであった。ケインズはそれから二年後の一九四六年に、ＩＭＦと世銀の第一回の理事会が開催されたジョージア州のサヴァンナでこの世を去った。以後、ＩＭＦと世銀からは彼の名前とともにその基本理念も完全に消え去ってしまったのである。(George S., Sabelli F., *Faith and Credit*, Penguin Books, 1994)

世銀とＩＭＦの誕生（ブレトンウッズ体制と呼ばれる）はまさに「上からのグローバリゼーション」の始まりであった。すなわちそれは、開発の主役が人々（民衆）ではなく政府や国際機関だとする強大な潮流の始まりであった。ＮＧＯはまさにそのような強大な力、潮流に対して「Non」を唱え、人々、民衆の立場から保健、開発、経済、環境などの諸問題に取り組んでいくよう期待されているのである。

（若井　晋）

第一部　日本のNGOの歴史と自己評価

——NGOは何を学んできたか

第1章　NGOの歩みと現在

池住　義憲

はじめに——本章の内容

本章では主に、(1)世界情勢や社会状況の変化・動きの中でNGOがどのように対応してきたか、(2)政府組織(GO)と非政府組織(NGO)の関係、とくに近年著しく増加している公的補助金などの動きに対してNGOがどのように対応し、どのような姿勢をとっているのか、の二点に焦点をあてながら、次の六つの時期に分けて振り返る。一、一九三八〜五〇年代後半(戦争被災民への贖罪から出発)。二、一九六〇〜七〇年代(高度経済成長とNGO)。三、一九七九〜八〇年代後半(カンボジア難民大量流出とNGOの増加)。四、一九八七年〜(NGO間のネットワークづくり)。五、一九八九年〜(公的補助金の増大とNGO)。六、一九九〇年代〜現在(NGOにとってのチャレンジ)。

とくにNGOの歴史の中で今まであまりふれられなかった中で筆者が大切であると思っている部分を抽出して記述する。本章を書くにあたっては『国際協力NGOダイレクトリー二〇〇〇——国際協力に携わる日本の市民組織要覧』(NGO活動推進センター、二〇〇〇)と『NGOって何だ!?』(同、一九九七)などを参考にしたが、その分析と見解は筆者個人のものである。事実誤認や大切な部分の見落としがあるかもしれないが、これからのNGOのあり方と方向を探る上で重要と思われる部分を参照した。

「ＮＧＯ」という用語のとらえ方

本論に入る前に、「ＮＧＯ」という用語のとらえ方について簡単に振り返っておこう（詳細は序章第一～四節）。この用語が最初に使われたのは国連憲章第七一条の中である。国連の構成メンバーは加盟各国政府であるが、国連はすでに当時から政府間だけでは山積する世界の諸問題を解決することはできず、どうしても民間団体の協力が必要であると認識し、政府以外の組織で国境を越えて活動している団体に国連の経済社会理事会（ＥＣＯＳＯＣ）との協議資格を持つ団体を指定し、それらを「ＮＧＯ」と表現したのである。

経済社会理事会と協議資格を持つ団体は、現在約八二〇団体あり営利団体や政党などを除いて経営者団体、社会福祉団体、宗教団体、環境保護団体、消費者団体、職能団体、女性団体、青少年団体、平和団体、労働組合、協同組合などが含まれており「国連ＮＧＯ」と呼ばれている。しかし今日では、一般的に経済社会理事会との協議資格がなくても、またその他の国連諸機関と協力関係がなくても、開発、人権、ジェンダー、環境、平和などの諸問題を「非政府」の立場から解決しようと取り組む団体・組織を「ＮＧＯ」と総称している。そしてそれぞれの団体が取り組む課題にしたがって開発ＮＧＯ、人権ＮＧＯ、環境ＮＧＯなどとも呼んでいる。一方、たとえ国連との協議資格を持っていても、経営者団体や労働組合、宗教団体などはＮＧＯと呼ばないのが一般的であり、本書はその立場に立っている。

日本では国際協力や国際交流に従事する市民団体を称して「ＮＧＯ」と呼ぶことが多く、たとえば外務省はＮＧＯを（１）発展途上国への国際協力を行っている組織、（２）国際協力を活動の一部として行っている組織、（３）日本に事務所を置いている国際的なＮＧＯ、（４）活動そのものは主に日本国内で行われているがその活動が開発教育やアドヴォカシー（政策提言）を含む組織、の四つのカテゴリーに分けている。

ＮＧＯ活動推進センター（ＪＡＮＩＣ、現国際協力ＮＧＯセンター）発行の『国際協力ＮＧＯダイレクトリー二〇〇〇』によると、NGOを「非政府組織」という用語で直訳してきたことは「否定的かつ受動的な印象がつきまとっていたことは否めない」と述べている。その観点からJANICは、一九八八年からはNGOを民間レベルで公益を目的として活動する団体との理解から「民間公益団体」と表現し、一九九二年からは「国際協力に携わる市民組織」、一九九八年からは「国際協力を行う非政府・非営利の市民組織」または「国際協力NGO」と標記してきている。

しかし本書でNGOというとき、非政府の「非」（Non）は政府との関係において「政府ではない立場」を表し、「非政府組織とは異なる視点・立場で活動する組織」をNGOであるととらえている。むしろ意識してNGOを「非政府組織」と表現することによってより積極的に本来のNGOの存在意義を表現することができると考える。したがって本章でいうNGOとは、非政府の視点・立場から『公正と社会正義』を実現しようとする人々による、人々のための『運動体』（序章）を意味するのである。

一　戦争被災民への贖罪から出発（一九三八～五〇年代後半）

日本の「NGO」の歴史をたどれば、古くは一九二〇年代中頃にハンセン病患者の救済活動を行う団体（日本MTL）などはあったが、先に述べた「非政府組織」としてのNGOは一九三〇年代後半にその萌芽を見ることができる。当時日本は柳条湖事件（一九三一年九月）をきっかけとして中国東北部への侵略を開始し、以後一五年にわたるアジア太平洋地域への侵略戦争を開始した。

こうした中で、事態の進展に心を痛め日本軍の侵略戦争の被災民への負い目を強く感じていた宗教者たちがいた。関西のキリスト者医療従事者たちもその一群であった。彼らは一九三八年八月、中国中部へ難民救済施療班を派遣し、戦争被災民の診療活動にあたった。民間人自らが組織して国境を越えて支援活動を行った最初の経験であった。この動きはその後、日本キリスト教海外医療協力会（JOCS、一九六〇年設立）を生み出していった（第5章参照）。

このように、日本のＮＧＯ前史といわれる最初の海外での支援活動が戦争の被災民への関わりであったことは意味深い。経済的に豊かな者（国）と経済的に貧しい者（国）という関係ではなく、侵略している者（国）と侵略されている者（国）という関係の中で、国境を越えた市民による「非政府」の協力・支援活動が始まっていた。当時派遣された施療班の人たちとそれを送り出した人たちはみな日本軍の武力侵攻に心を痛め、キリスト者としての信仰に基づいて「贖罪」の業として自らの行動を起こしたのであった。当時の軍国主義下でできる数少ない貴重なプロテスト（抵抗）の一つであった。ＮＧＯの歴史をさかのぼるときにその源流の一つがここにあったことは、今日の多岐多様化した日本のＮＧＯを自ら見直す原点を与えてくれる。

日本のＮＧＯ前史でもう一つの動きを指摘しておきたい。一九五〇年代中頃に、現在の日本アジア・アフリカ・ラテンアメリカ連帯委員会（ＪＡＡＬＡ）の前身である日本アジア連帯委員会が設立されたことである。一九五五年にニューデリーで開催されたアジア諸国民会議の決議に基づいて日本アジア連帯委員会が設立され、一九八四年に現在の名称となった。ＪＡＡＬＡは独立・平和・民主主義をめざす日本の民衆の団結を基礎に、民族自決、民主主義、社会進歩のためにたたかうアジア・アフリカ・ラテンアメリカ諸国の人々との連帯を強め、民族解放と世界平和に寄与することを目的にしている。現在は非同盟諸国首脳会議へのオブザーバー参加や在日米軍基地撤去、世界貿易機関（ＷＴＯ）農業協定の改定などに取り組んでいる。この動きは今まで日本のＮＧＯ史を振り返るときにはほとんど顧みられることはなかったが、すでに一九五〇年代中頃に「公正と社会正義」実現のために非政府の視点で明確な取り組みを起こしていたＮＧＯがあり、今日もその活動を発展して続けていることを書きとどめておくことは重要である。

二　高度経済成長とＮＧＯ（一九六〇～七〇年代）

朝鮮戦争（一九五〇〜五二年）やベトナム戦争（一九五〇年代末〜一九七五年）による軍事特需などで、戦後の復興から立ち上がった日本は一九六〇年代に入って本格的な高度経済成長期を迎える。しかしそれにともなって日本社会は安保問題、公害問題、労働問題、原水爆問題などさまざまな社会・政治問題に直面する。そして一九六〇年の安保闘争に代表されるように、こうした問題に取り組むさまざまな学生運動や市民運動が形成され、社会変革のための大きな社会のうねりを作り出していった。

こうした社会的な状況のもとで、この流れに立ち向かい問題に取り組んだＮＧＯは数こそ少ないがあったのである。その一つがアジア太平洋資料センター（ＰＡＲＣ）である。一九六九年、当時の日本の市民運動の状況や政治・経済を分析し、それを海外に伝える英文雑誌『ＡＭＰＯ』を創刊、それによって作られた国際ネットワークを生かすために一九七三年にＰＡＲＣが設立された。国際的な民衆連帯をめざし、研究・調査・資料・出版などを通して民衆の力をつけること（エンパワーメント）を目的としたものであった。ＰＡＲＣは高度経済成長期に日本国内で起こった安保、原水爆、労働、公害などの諸問題に対して「非政府」の立場・視点から取り組みたたかう市民運動の状況を海外に発信するという重要な役割を担った。今日の政策提言（アドヴォカシー）型ＮＧＯの第一号ともいえる。

この他に一九六〇年代のＮＧＯは、たとえば個人の呼びかけやイニシアティブで設立したオイスカ（一九六一年設立、以下数字は設立年）、国連などからの国際的要請によって設立した家族計画国際協力財団（ジョイセフ、一九六八年）、国際アカデミー運動の関西での拠点として設立された日本クリスチャンアカデミー・関西セミナーハウス（一九六七年）など、前述のＪＯＣＳを含めても一〇ほどのＮＧＯがあっただけである。このうち、関西セミナーハウスはアカデミー運動のモットーである、「民族、文化、宗教、思想等の違いを『はなしあい』をもって理解し合う」ことを推進するために国内外での国際理解、異文化交流などを展開した。今日の開発教育、地球市民教育と呼ばれる活動の源となった。

前述のＪＯＣＳの他に、一九七〇年代に入ると、開発ＮＧＯのパイオニア的存在としてシャプラニール＝市民による海外協力の会が設立される。一九七二年、独立直後のバングラデシュに派遣されたバングラデシュ農業復興奉仕団に参加したボランティアの若者有志が帰国後も継続的な支援活動をめざして「ヘルプ・バングラデシュ・コミティ」を結成した。そして後にシャプラニールと名称を変更し、市民の自発的参加と責任に基づいて「南」の国々の人たちの生活向上を目的とした海外協力活動を続けている（第4章参照）。

その他にも医療関係ＮＧＯであるアジア眼科医療協力会（一九七〇年、京都）の継続機関として世界宗教者平和会議日本委員会（ＷＷＦ、一九七一年）、宗教者平和会議（一九七一年）、環境問題に取り組む世界自然保護基金日本委員会（一九七二年）、アジアおよび発展途上国の農村指導者養成を目的としたアジア学院（ＡＲＩ、一九七三年）、精神里親運動のパイオニアとして基督教児童福祉会国際精神里親運動部（ＣＣＷＡ、一九七五年）などが結成され、ＮＧＯの活動分野も多岐にわたり、数も三〇近くへと増えていった。

一九七〇年代のＮＧＯの動きで特筆しておきたいことが二つある。その一つは一九七〇年に設立されたアムネスティ・インターナショナル日本支部である。一九六一年にイギリスの弁護士ピーター・ベネンソンが人権侵害を防ぐために世界的な規模で市民運動を起こし、世論という圧力をかけて人権侵害を防ぐという方法を提唱したことが設立のきっかけであった。世界人権宣言の内容が正しく守られているかをチェックし、人権意識の喚起と具体的な人権侵害の被害者の救済と支援を行うＮＧＯである。日本のＮＧＯ活動の歴史においてまだ始動期であった七〇年代の初頭に、このような国際的な人権擁護を目的とした国際ＮＧＯの活動拠点がすでに日本にできていたのである。

もう一つは売春防止法制定促進委員会の後身として一九七三年に設立された売買春問題と取り組む会である。日本で初めて売春を公式に否定した売春防止法を獲得し、女性の基本的人権の回復と確立をめざして立ち上がったＮＧＯの始まりである。現在では児童買春、性暴力、来日外国人女性の人権問題、「慰安婦」問題などに取り組んでいる。現実の社会に起こっている具体的問題に向き合い、女性の視点・立場から「公正と社会正義」をめざして活動する貴重なＮＧＯである。

三　カンボジア難民大量流出とＮＧＯの増加（一九七九〜八〇年代後半）

一九七〇年代後半の一〇〇万人を超えるベトナムおよびカンボジア難民の大量流出を契機にして多くのＮＧＯが誕生した。一九八〇年前後の二〜三年間だけでも、難民を助ける会（一九七九年）、日本国際ボランティアセンター（ＪＶＣ、一九八〇年）、幼い難民を考える会（ＣＹＲ、一九八〇年）、シャンティ国際ボランティア会（ＳＶＡ、一九八一年。その前身は曹洞宗東南アジア難民救済会議の名称で一九八〇年に設立）など十数団体が設立された（ＳＶＡとＪＶＣについてはそれぞれ第2・3章参照）。

タイ・カンボジア国境の難民キャンプに逃れてきたカンボジアの人々（写真提供：ＪＶＣ）。

この時期にはこの他にも一九七八年の西ベンガルの洪水、一九八五年のフィリピン・ネグロス島での飢餓、一九八七年のソ連軍のアフガニスタン侵攻によって出現したアフガン難民などがあり、これをきっかけにしてアジア協会アジア友の会（一九七九年）、日本ネグロス・キャンペーン委員会（一九八六年）、燈台（アフガン難民救援協力会、一九八八年）などが設立された。

設立の動機も「日本人が古来から受け継いでいる善意を世界に示そう」と呼びかけて設立されたものから、人道主義に基づいたもの、キリスト教や仏教の精神に基づいたもの、人権・平和の視点に基づいたものなど多様であった。活動領域は当初、現地での緊急援助、物資供給、生活基礎支援が中心であったが、やがて時が経つにつれて多くのＮＧＯは「緊急救援」から「復興支援」の段階へと移っていき、自立のための自助努力に対する援助、祖国帰還を促進するための援助、国内定住難民支援などへと活動を発展させていった。

一九八〇年代はこの他にも一九八三年設立のシェア＝国際保健協力市民の会（ＳＨＡＲＥ、一九八三年）やペシャワール会（一九八三年）などの保健医療協力ＮＧＯ、環境、里親、農村地域開発などの分野に取り組むＮＧＯおよび教育・福祉分野で活動するＮＧＯなど、多数のＮＧＯが誕生した。さらには欧米諸国の大規模ＮＧＯが、主として募金を目的にした日本での傘下・関連団体として日本フォスター・プラン協会（一九八三年）、セーブ・ザ・チルドレン・ジャパン（ＳＣＪ、一九八六年）、ワールド・ビジョン・ジャパン（一九八七年）、ケア・ジャパン（一九八七年）なども含め、一九八九年には一八六団体に急増した。これは一九七〇年代後半の三〇弱だった数に比べ六倍強の増加である（シェア、ペシャワール会についてはそれぞれ**コラム②**、**第6章**参照）。

ＮＧＯの活動が緊急救援から「復興」の段階、さらには「開発」の段階へと発展していく過程で、多くのＮＧＯは「南」の国々の貧困と「北」の国々の経済的豊かさが構造的につながっているとの理解が一般的になっていった。南の国々の貧困問題は、南北問題という世界の構造的問題であるという分析と理解が広まっていった。それとともに「開発教育」の重要性が急速に認識されていった。こうした流れの中で一九七九年秋に日本で初めて開発教育シンポジウムが開催された。これが契機となって開発教育に関心を寄せる個人や団体が集まり、一九八二年に開発教育協議会が設立された。以後、ＮＧＯの間で開発教育の重要性が一段と深まり、海外での開発協力活動と平行して日本国内での開発教育が急速に広まっていったのである。

開発教育の普及にともなって南の国々の貧困に対するＮＧＯの構造的、根本的取り組みも深まったかというとそうともいえない。ちょうどこの頃「溺れた赤ちゃん」という短い話が海外のＮＧＯの間で広まっていた。

「もしあなたが溺れている赤ちゃんを見たら、あなたは赤ちゃんを救うために川に飛び込むでしょう。そして二人目、三人目と溺れている赤ちゃんが流れてくるのを見たら、あなたは同じように川に飛び込んで赤ちゃんを救い続けるでしょう。まもなくあなたは溺れた赤ちゃんを救うのに忙しくなり、川の上流で誰かが赤ちゃんを川に放り続けていることに気づくことは決してないでしょう」。

この話は欧米の主要ＮＧＯに対して問題を提起したものであったが、話はそのまま日本のＮＧＯにも当てはまると筆者は思っている。

内戦、戦争、自然災害などによる難民、さらに深まる貧困など、次から次へと起こる問題への対応に忙しく、内戦や戦争当事国政府やその関連諸国政府への働きかけ、南北間の経済格差の拡大や「南」の国々の貧困を一層悪化させている根本的・構造的原因に対する取り組みまで手がまわらない。ましてや「北」の国々も含めた軍事支出の削減や武器輸出禁止などに目を向ける余裕もない。あるのは内戦、戦争、貧困にともなう「人道的援助」をいかに効率よく行うか、他団体・他組織とどう連携を作るかである。ＮＧＯにとっても緊急救援など人道的で直接目に見える活動に集中することの方が、政策提言（アドヴォカシー）など問題の根本的・構造的原因に取り組む「政治的」活動に従事することよりも助成金を受けやすいし、一般市民からの理解と支持も得やすいと考えるのであろう。筆者は、この傾向は今日も続いていると思っている。

以上の動きの他に一九八〇年代には特筆しておくべき新しいＮＧＯの動きがいくつかある。その中からとくに四つの流れについて紹介する。

第一は、アジア・コミュニティ・トラスト（ＡＣＴ、一九七九年）のように自分たち自身が協力活動を行うのではなく、アジア諸国で社会開発、農業、教育、保健などの活動をしている民間団体に助成するという、日本では初めての募金型・公益信託型の新しいＮＧＯである。

第二は、アジア保健研修財団（ＡＨＩ、一九八〇年）やＰＨＤ協会（一九八一年）のように、自らは協力活動のフィールド（現場）を持たず海外の地域開発ワーカーなどの指導者養成を行うＮＧＯである。モノ・カネ・ヒト・技術を送るのではなく、地元地域のワーカーや指導者たちに研修の機会を設定し運営するというＮＧＯである（Ａ

ＨＩについては第7章参照)。

第三は、女性の人権および外国人労働者の人権に取り組むＮＧＯの動きである。アジア女子労働者交流センター（一九八三年）はアジア地域のキリスト教団体の要請を受けてアジアの女子労働者の劣悪な労働状況を変えていくためには日本国内での連帯活動が不可欠との認識から設立され、外国人女性の人権侵害に対する緊急避難センターとして日本キリスト教婦人矯風会・女性の家ＨＥＬＰ（一九八六年）が設立された。またアジアの児童買春阻止を訴える会（ＣＡＳＰＡＲ、一九八九年）は、タイにおいて七〜八歳の子どもが日本人を含む外国人男性のための性的玩具として売買されていることを知ったことがきっかけとなって設立されるなど、女性の視点から社会状況の変化に対応して問題に向き合い男性中心社会を変えていこうとするＮＧＯも複数誕生した。カラバオの会（一九八七年）も外国人出稼ぎ労働者と連帯して彼らの人権を守るために設立された。

第四は、環境問題に取り組むＮＧＯの台頭である。地球の友ジャパン（一九八〇年）は世界五九カ国の国際ネットワークを持つ Friend of the Earth の一員で、地球環境、植林・森林保全、生物多様性などの問題に取り組んでいる。現在ではフイリピン・ルソン島で建設がすすんでいるサンロケ多目的ダム建設中止のための提言活動や地球温暖化防止会議での政府交渉活動など、環境問題で幅広く政策提言活動を行っている。その他、太平洋軍備撤廃運動（一九八五年）、ヒマラヤ保全協会（一九八六年）、熱帯林行動ネットワーク（ＪＡＴＡＮ、一九八七年）などさまざまな視点からの取り組みが始まった。

四　ＮＧＯ間のネットワークづくり（一九八七年〜）

ＮＧＯの数が多くなるにしたがって、ＮＧＯ間で情報とそれぞれの経験共有の必要性が高まってきた。一九八三年には、ＮＧＯ関係者有志が東京に集まって「ＮＧＯ関係者懇談会」を組織した。懇談会はその後、ＮＧＯに関する学習会やアジアＮＧＯフォーラムの開催、またＮＧＯ若手リーダーを対象とした東南アジア対話旅行などを実施した。この懇談会が母体となって一九八七年、国際協力を行うＮＧＯ間の協力関係の促進、ＮＧＯの健全な発展への貢献、ＮＧＯ活動の社会的意義の確立を目的として関東地区にＮＧＯ活動推進センター（ＪＡＮＩＣ、二〇〇一年三月から特定非営利活動法人〔ＮＰＯ法人〕として、国際協力ＮＧＯセンターに改称）が設立された。

一方、関西地区でも同じくＮＧＯの相互交流と協力の必要性が叫ばれ、一九八五年に関西ＮＧＯ連絡会が組織された。その後学習会や交流合宿などの例会を通して、ＮＧＯ間の連帯を深めることがそれぞれのＮＧＯをより発展させるとの認識から、一九八七年に関西国際協力協議会、さらに一九九四年には現在の関西ＮＧＯ協議会と名称を変更し今日に至っている。同様に、中部地区では一九八七年に名古屋第三世界ＮＧＯセンターの名称で発足し、一九九五年に現在の名古屋ＮＧＯセンターとなった。その他の地域でも、一九八六年には神戸ＮＧＯ協議会、一九八七年には京都ＮＧＯ協議会と南北ネットワーク岡山、一九九三年にはＮＧＯ福岡ネットワーク、一九九五年には埼玉国際協力協議会（さいたまＮＧＯネット）の設立へと続いていった。

地域別のネットワークとは別に、国際協力の対象国別のネットワークとしては一九八八年に東チモールに自由を！全国協議会、一九九三年にはアフリカ日本協議会、カンボジア市民フォーラム、日本インドネシアＮＧＯネットワーク（ＪＡＮＮＩ）、ネパールＮＧＯ連絡会などが設立された。活動領域別のネットワークとしては一九九〇年の国際人権ＮＧＯネットワーク、一九九三年の障害分野ＮＧＯ連絡会、一九九七年の移住労働者と連帯する全国ネットワークなどが設立されていった。

このように地域別や活動領域別のＮＧＯネットワークづくりは、第一にお互いの経験の共有によってＮＧＯが行っている国際協力の理念と方法論や運営管理面での改善を可能にし、第二にＮＧＯをそれぞれの地域の一般市民に対してＮＧＯの情報をより効果的に発信することによって市民のＮＧＯ理解と支持を獲得することを容易にし、第三に情報交換や共同学習などを通してＮＧＯの重要な役割である政策提言活動を促進することに貢献していくこととなった。

五　公的補助金の増大とＮＧＯ（一九八九年〜）

一九七九年に経済協力開発機構（ＯＥＣＤ）の下部機関である開発援助委員会（ＤＡＣ、発展途上国への開発援助政策の調整を図る組織）はその報告書で、ＮＧＯは住民参加型の農村地域開発の豊かな経験を持っていること、教育・保健医療の分野に強いこと、草の根レベルの状況に詳しいこと、適正技術の開発と経験を持っていること、対費用効果が高いことなど、ＮＧＯの特長を分析、指摘した。それから八年経った一九八七年に外務省は、「ＯＤＡ白書」でＮＧＯに関してほぼ同様の分析を行い、ＮＧＯとの連携をすすめることを示唆していた。さらに翌年の一九八八年には、第四次ＯＤＡ中期目標の中で農村地域社会と直接的な関係を構築しているＮＧＯの利点を積極的に評価してＮＧＯとの連携強化を方針として打ち出した。

これを具体化するために外務省は一九八九年度、ＮＧＯ事業補助金制度（正式名は国際開発協力関係民間公益団体補助金）を発足させる。日本のＮＧＯが発展途上国で行う開発協力事業に対してその総事業費の一部（現在は原則二分の一までで一件あたり五〇〜一五〇〇万円まで）を補助するという制度である。また外務省は同じ年に草の根無償資金協力もスタートさせた。これは日本のＮＧＯに対してのものではないが、発展途上国の地方公共団体や研究機関など途上国で活動するＮＧＯの比較的小規模なプロジェクトに対して日本の在外公館が直接資金協力するというものであった。同年、農林水産省もＮＧＯ農林業協力推進事業を設定してＮＧＯの支援を開始した。

二年後の一九九一年には郵政省が国際ボランティア貯金を発足させる（第16章参照）。郵便貯金の利子の一部（二〇〜一〇〇％）を寄付として発展途上国住民の福祉向上のために活動する日本のＮＧＯを支援するという制度である。

一九九三年度には環境庁も地球環境基金を設置して環境問題に取り組むＮＧＯへの助成を開始、建設省や厚生省もＮＧＯへの財政支援を行い始めた。このように、一九九〇年代の中頃は、ＮＧＯにとって潤沢な政府系資金に恵

設立団体数と総団体数の推移

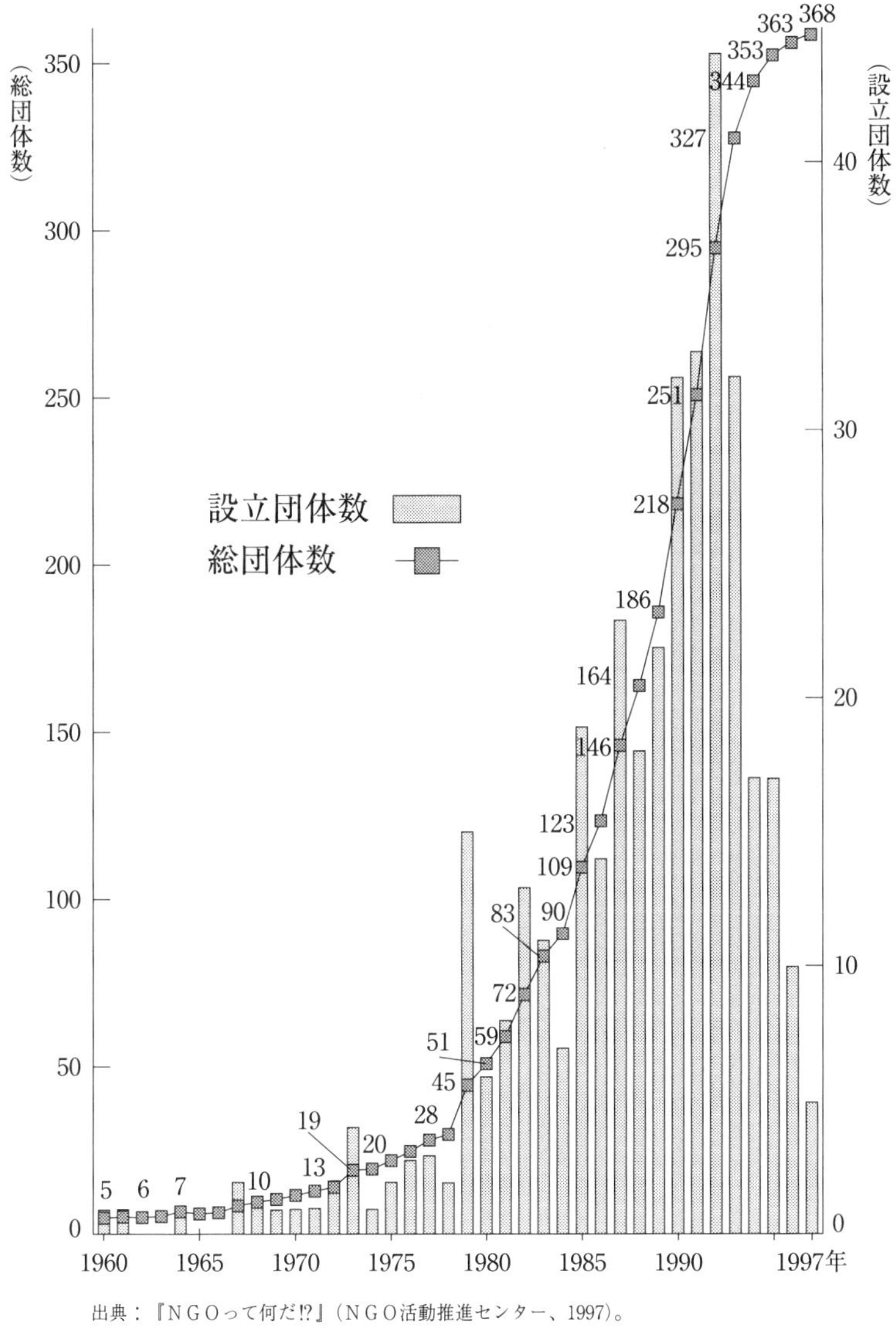

出典：『ＮＧＯって何だ⁉』（ＮＧＯ活動推進センター、1997）。

まれた「バブルの時代」となった。ＮＧＯの数も一九八九年末の一八六団体から一九九〇年代半ばには三五〇団体を超えるに至った。

「ＮＧＯ事業支援」から「ＮＧＯ体制強化支援」へ

一九九〇年代後半になって国際協力事業団（ＪＩＣＡ）もまたさまざまな側面でＮＧＯとの連携を強めていった。一九九七年度から発展途上国の福祉向上を目的として、地域に密着した活動を展開している地元および日本のＮＧＯをパートナーとして事業支援する開発福祉支援事業を開始した。住民参加型の福祉向上モデル事業として始めたもので、一九九九年度は八件で約三億五八〇〇万円が交付された。

また、ＪＩＣＡは一九九九年度から開発パートナー事業も開始した。発展途上国のニーズに対応したきめ細かい援助を行うため、ＪＩＣＡが行っている海外技術協力事業の実施部分をＮＧＯや地方自治体、大学などに一括委託するものである。またこの開発パートナー事業はＮＧＯがプロジェクトを立案してＪＩＣＡに申請し、受理されればプロジェクト全体の運営をＮＧＯが行うことができるという点で、他と比べＮＧＯの自主性を尊重した枠組みとなっている。これに関連して二〇〇〇年度からはミニ開発パートナー事業とも呼ばれる小規模委託事業も始まった。小規模かつより多くのＮＧＯのニーズに対応して一件あたり一千万円以内という小規模事業をＮＧＯに委託するものである。これも前述の開発パートナー事業と同様に民間提案型となっている。

政府によるＮＧＯとの連携はその後さらに新たな段階へと入っていく。早乙女弘光氏（元外務省経済協力局民間援助支援室長）は一九八九年から一九九八年の一〇年間を「ＮＧＯの事業支援の時代」と呼び、続く一九九九年以降を「ＮＧＯ体制強化支援の時代」と呼んでいる。外務省のＮＧＯ事業補助金や郵政省の国際ボランティア貯金などによるＮＧＯ活動支援が定着する一方、補助金予算は政府全体の方針により減少、金利低下もあり、一九九九年から外務省は、従来の補助金・助成金交付に加えてＮＧＯ組織そのものを強化するという新たな支援策をスタートさせた。

具体的には、ＮＧＯ組織の人材育成とＮＧＯの管理運営能力を強化するために、一九九九年度は一億一〇〇〇万円の予算を計上して「相談員制度」「調査員制度」を新設した。二〇〇〇年度はすでに二億五〇〇〇万円の予算が計上されている。相談員制度は日本各地の一五のＮＧＯ事務所内に「ＮＧＯ活動相談員デスク」を設置し、ＮＧＯ活動や国際協力のノウハウなどの情報提供や相談業務を担当する相談員に財政支援（月額約二四万円）するというものである。調査員制度は、ＮＧＯの若手職員や開発分野の大学院生などが調査員としてＮＧＯ事業の運営に参加しＮＧＯの抱える課題や問題を調査、将来のＮＧＯの方向性を探る提言を報告する役割を担ってもらい、政府（外務省）がこの調査員に財政支援（月額約三〇万円、ただし八～九カ月間）をするというものである。この他にも「海外研修員制度」や「研究会制度」も一九九九年度より行われている。

ＯＤＡの補完的役割か、ＯＤＡの改革か

こうしたＮＧＯへの公的補助金や支援策は、欧米のＮＧＯのように民間の募金を十分に確保しながら安定した財政基盤の上に事業を展開することができない日本のＮＧＯにとっては渡りに船であった。すでに述べたように、こうした傾向は一九九〇年代後半に加速した。

このことがＮＧＯにとってどういう意味を持ち、どのような問題と危険性を生じさせているのか。またこのことによってＮＧＯの独自性・主体性および「非政府」組織としての本来の役割と存在意味が曖昧になってきてはいないか。本書はまさにこの問いを提起しているのである。

たとえばＪＩＣＡは二〇〇〇年度開発パートナー事業を拡充する必要性について次にように説明している。

「一方、ＮＧＯを始めとする非営利団体が途上国地域住民の福祉向上や社会開発を目的に実施しているより小規模な活動の中には、ＪＩＣＡが達成しようとしている目的と合致し、政府ベースの国際協力の補完的役割を果たすことが期待されるものが多い。こうした多様な活動にはＪＩＣＡの行う技術協力事業の補完的事業（目

的達成業務）として、その推進を図ることが適当なものがあり、これらについては、従来の委託事業とは別の枠組みで実施することが必要となっている。そこでＪＩＣＡ事業を補完し、その目的を効率的に実現する上で効果が大きい事業については、ＪＩＣＡとして積極的に推進していくことが望ましい」。（傍点は引用者）

政府組織としてのＪＩＣＡの視点と意図・目的が大変明確に示されているが、これに対して「非政府組織」としてのＮＧＯはどういう視点と姿勢で向き合っていくのかが問われている。ＮＧＯの役割は政府開発援助（ＯＤＡ）を補完することとなのか？　日本政府の貧困撲滅への取り組みを監視し「批判的関与」を行うことなのか？　公的補助金や「開発パートナー事業」のような委託事業をＮＧＯがもしその理念・信条に反していても無批判に受けるとすれば、それは「非政府」（Non-governmental）でなく「政府に近い」（Near-governmental）組織というべきであろう。
（ＮＧＯの視点から見た日本のＯＤＡ分析に関しては『援助の現実――ＮＧＯからみた世界のＯＤＡ』ＪＡＮＩＣ編集、国際開発ジャーナル社、一九九八、五五～五七頁に詳しい）

ではＯＤＡに対するＮＧＯの批判的関与、取り組みはどうであったのであろうか。ここでは一九九〇年代後半の具体的動きを振り返ってみる。

外務省は一九九七年に外務大臣の私的諮問機関「二一世紀に向けてのＯＤＡ改革懇談会」を設置し、ＯＤＡ政策の総合調整機能の強化、国別援助計画に基づく事業の調整と実施、教育等の社会開発分野の重視、権限の現場への委譲、ＯＤＡに関する国民への情報公開、ＯＤＡへの国民参加、ＮＧＯ等との連携、相手国の住民や地元ＮＧＯの参加など、一〇〇項目に近いＯＤＡ改革のための提言をまとめた。これに対して地域自立発展研究所（ＩＡＣＯＤ、一九八八年）やＰＡＲＣなどのＮＧＯ関係者はこうした政府の動きを事前に察知して、それまでのＯＤＡに対する政策提言活動をさらに発展させて、一九九六年に「ＯＤＡを改革するための市民・ＮＧＯ連絡協議会」（略称、ＯＤＡ連絡会）を組織した。

ODA連絡会は市民・NGOによるODA改革のための政策提言を行い、ODA改革に向けて広く世論を喚起し、ODA管轄官庁との政策協議をすすめ、ODA基本法制定を訴えかけていくことによりODA政策立案への「参加と公開」を実現することを目的としていた。一九九九年八月政府発表の「政府開発援助に関する中期政策」に対しても「コメント」を提出し、同年一〇月には「ODA改革に向けてのNGOからの提言」を作成して、小渕内閣総理大臣（当時）に提出し同時に全国会議員にも配布した。提言は総論の他に、ODA実施の手続き、住民参加、ジェンダー、情報公開、環境、立ち退き、先住民族、ODAと自治体の開発援助、開発教育・地球市民教育、市民社会との連携など、一〇の各論を含む総括的かつ具体的なものであった。この「NGOからの提言」は政策提言型NGOが中核となったが、その他にネットワーク型NGO、開発協力NGOなど合わせて計四六団体の賛同が得られた。

ODA連絡会はこの他にも、一九九九年一〇月にODA関係一七省庁とNGOとの非公式意見交換会を開くなど、「ODAの補完的役割」を担うのではなく「ODAを改革していく役割」を続けている。今日ではODA連絡会の組織も、関東、中部、関西の各地域に世話人（事務局）を置くなど、地域を越えた連携を強化しつつある。

六　NGOにとってのチャレンジ（一九九〇年代～現在）

一九九〇年代はNGOにとって重要なチャレンジの一〇年であった。「NGOへの公的補助金・支援策の増大」はすでに述べた通り一九九〇年代後半になってさらに加速した。公的補助金など政府のNGO支援策を通して政府とNGOとの関係は、その存在意義を含めて、NGOのこれからの使命（ミッション）と役割を考える上で欠かすことができない重要なものになってきている。

一九九〇年代は、この他にもNGOにとって国内外でさまざまな状況の変化や動きがあった。急速に進行している「経済のグローバル化」、一九九二年のリオデジャネイロでの地球サミット（国連環境開発会議）に始まる一連

「ＮＧＯ関係者有志による『戦後50年』声明」を五十嵐広三官房長官（当時）に手渡す筆者（1995年８月１日）。

の国連会議、一九九五年に戦後五〇年を迎えてのＮＧＯの歴史認識、とくに日本の戦争責任・戦後責任問題などである。さらに一九九五年一一月、大阪で開催されたアジア太平洋経済協力会議（ＡＰＥＣ）閣僚会議や一九九九年一二月、シアトルでのＷＴＯ閣僚会議への対応など、いずれもＮＧＯにとって試金石となるべきものであった。そのうちの多くはすでに序章でふれられているので、ここではとくにＮＧＯとＧＯ（政府組織）との関係に焦点をあてて「ＮＧＯにとってのチャレンジ」として書きとどめることにする。

ＮＧＯ・政府間の定期協議とアカウンタビリティ

ＮＧＯと日本政府との間には、一九九六年より「ＮＧＯ外務省定期協議会」（原則年四回開催）、一九九七年より「ＮＧＯ・大蔵省定期協議会」（原則年四回開催）、一九九八年より「ＮＧＯ・ＪＩＣＡ協議会」（原則年四回開催）などの定期協議の場が設定された。また、一九九九年二月には新たに外務省との間にＯＤＡ政策に限定した定期協議「ＯＤＡ改革懇談会の提言実現に向けてのフォローアップ小委員会」も発足した。

「ＮＧＯ外務省定期協議会」は、より良い国際協力のあり方を追求することを目的としてＯＤＡに関する政策協議や情報交換を行っている。そのためにＮＧＯ側からは、まずＯＤＡ政策の策定から実施、評価に至るプロセスにＮＧＯが公式に参加できるようなシステムづくりに取り組み、そこで得た情報を公開することによってＯＤＡの透明性を高めようとしている。ＮＧＯ側からはＪＡＮＩＣ、関西ＮＧＯ協議会、名古屋ＮＧＯセンターの三地域のＮＧＯネットワーク組織から、常任メンバーとして八〜九名が出席している（ＮＧＯ・ＪＩＣＡ協議会も同じ）。

「ＮＧＯ・大蔵省定期協議会」は、世界銀行、アジア開発銀行などの多国間開発銀行（ＭＤＢｓ）や、国際通貨基金（ＩＭＦ）の援助プログラムに巨額の資金を拠出している日本政府とＮＧＯや市民の間で意見や情報を交換し、政府（大蔵省）による政策決定の透明性を高めるとともに、環境・人権・ジェンダーなどに十分に配慮した開発の実現を求めていくことを目的としている。ＮＧＯ側からは、ＰＡＲＣ、メコン・ウォッチ、ＩＡＣＯＤ、ＪＡＮＮＩ、ＪＡＴＡＮ、「環境・持続社会」研究センター（ＪＡＣＳＥＳ、一九九三年）、ＪＶＣ（第３章）、ＪＡＮＩＣ、地球の友、日本消費者連盟、ＡＤＢ福岡ＮＧＯフォーラムなど十数団体から一五〜二〇名が参加しており、原則的には関心のある者は誰でも参加できる仕組みになっている。

「ＮＧＯ・ＪＩＣＡ協議会」も外務省との定期協議会の目的とほぼ同じであるが、この協議会はＯＤＡの実施に関する実務レベルの協議が中心となっている。とくに開発パートナー事業など、ＪＩＣＡとＮＧＯの連携に関する事業の理念、目的、方法など、「イコール・パートナーシップ」の実現に向けて取り組んでいる。この協議会の議事録は、二〇〇〇年一月開催分からＪＩＣＡのホームページに掲載され一般に公開されている。政府とＮＧＯとの会合議事録が政府機関のホームページに掲載されたのはこれが初めてであろう。二〇〇〇年一月開催のＮＧＯ・ＪＩＣＡ協議会で議事録をＪＩＣＡのホームページで公開するに至った経緯の中でＮＧＯ側の出席者の一人であった筆者の発言がそのまま議事録に掲載されている。「私たち（ＮＧＯ）は、市民（納税者）に対して説明する社会的責任（アカウンタビリティ）を持っている。重要なことは、ＮＧＯ・ＪＩＣＡ双方とも広く市民の眼にさらされ、市民のチェックと監視という良い意味での緊張関係の中で協議を進めていく必要がある」。

こうしたＮＧＯと政府との協議は、これからさらに増えていくと思われるが、そうであればあるほどＮＧＯは市民を代表していることをしっかりと認識し、参加した者の責任としてその内容を広く市民に報告し共有する責任がある。ＮＧＯ自らの「社会的責任」（アカウンタビリティ）、公開性、透明性がますます問われてきているのである。

ＮＧＯの「政策提言」能力

一九九〇年代はＮＧＯの政策提言能力が試された時代でもあった。九二年のリオデジャネイロの地球サミットに始まる一連の国連会議におけるＮＧＯの政策提言（アドヴォカシー）活動、なかでもとくに九五年の「国連社会開発サミット」（コペンハーゲン）で出されたＮＧＯによる「オルタナティブ宣言」（序章参照）、同年一一月に大阪で開催されたＡＰＥＣ閣僚会議に対してＡＰＥＣ・ＮＧＯ国際会議で採択した「ＮＧＯ声明」、九七年の「対人地雷前面禁止条約」調印へ向けて取り組んだ地雷廃絶日本キャンペーンの働き、九九年一〇月に日本輸出入銀行と海外経済協力基金（ＯＥＣＦ）の統合により設立された国際協力銀行（ＪＢＩＣ）による新環境ガイドライン策定に対するＮＧＯの関わり、九九年一二月に行われたシアトルのＷＴＯ閣僚会議への対応など、数えあげればきりがないほどである。この他にも環境、人権、平和、ジェンダーに関してテーマ・課題ごとにさまざまなＮＧＯの政策提言活動が行われた。

しかし、こうしたプロセスに参加したＮＧＯは限られており、全体としては政策提言活動を役割として位置づけ積極的に関わるＮＧＯと、そうした活動は「政治的」だとし、自分たちの活動とは関係がないとして関わらないＮＧＯの二つに分かれている。

ＮＧＯが政策提言活動を行うには、まず自分たちは「誰の側」に立つのか、「誰の声」を声として代弁しその人の人権を擁護するかという視点が明確でなければならない。「非政府」組織としてのＮＧＯが今まさに厳しく問われていることである。

「連携」や「パートナーシップ」の名のもとに政府からＮＧＯへの支援がますます増大する状況の中で、ＮＧＯは「公正と社会正義」を実現しようとする本来の使命を失い、政府の「下請け」実施組織や政府ベースの国際協力の「補完的」役割を果たす組織になってしまうのではなく、社会の最底辺に押しやられた人々の「声」を代弁し行動する勇気と決断が必要とされている。今一度、「溺れた赤ちゃん」の話を想い起こしてほしい。

おわりに――さらなる議論を期して

「政府に非（あら）ず」という表現を持つ組織であるNGOを考えるとき、誰の側に立ってどこへ向かって歩むのかが問われている。日本のNGOの過去七〇年にわたる歩みを振り返ってみて、その時代の悪しき流れ・力（権力）に負けて沈黙し身を委ねたか、または困難であっても悪しき流れを変えるためにプロテスト（抵抗）し続けたかが見えてくる。現実社会の歴史と現状をどう理解するかによってNGOの立つ位置と姿勢が決まる。NGOに「優劣」をつけたり批判したりしているのではない。過去の歩みから共に学ぶ材料を共有するために思い切って書いてみた。これを機にNGOに携わる人たちの中でさらに論議が起こることを願っている。

補記　九月一一日事件以後の国際潮流とその中でのNGO（本書二刷のための補記）

二〇〇一年、米国のニューヨークで九月一一日事件が起きた。この事件とその後の国際的動きの中で、日本のNGOはどうだったか。第一に、日本のNGOは九月一一日事件をどういう問題（犯罪か戦争か）としてとらえたか。このとらえ方によってその後の対応がまったく異なる。NGOの問題把握・問題理解の視点とそれに基づいてどう行動したかが問われた。第二に、日本のNGOは何故この事件が起こったかという原因をどこまで深く分析、理解したか。歴史・経緯を遡る中で、NGOはどちら側に、誰の側に立って過去の経緯を分析したか。このことは「貧困」問題に対しても同じことが言える。第三に、海外のNGOのいくつかは緊急救援、復興支援の他に非武装の市民ボランティアを紛争地域へ送り、そこで民主主義を実現しようとしている人々に付き添うことによって殺戮や紛争の暴力化を予防しようとする行動を起こしている。日本のNGOこそ日本国平和憲法の非暴力平和主義を前面に押し立てて行動を起こすことが考えられる。国益・国境にこだわらず、最も困難な状況にある人々の側に立って行動する。NGOの非政府たる所以をここに見ることができる。

コラム①

政府、国際機関から見たＮＧＯ

国際協力事業団（ＪＩＣＡ）
国際協力専門員　山形洋一

政府側の代表的な意見として、主要先進国によって構成される**経済協力開発機構**（ＯＥＣＤ）の下部機関である**開発援助委員会**（ＤＡＣ）の報告書を引用してみよう。ＤＡＣでは一九七九年に、大手ＮＧＯによって構成される団体ＩＣＶＡ（International Council of Voluntary Agencies）と、連携について協議している。各国の政府開発援助（ＯＤＡ）政策の焦点が貧困対策に向かうようになり、それまでＮＧＯが長期的に多様な活動を行っていたことが注目されたのである。協議の結果、ＯＤＡと比べてＮＧＯには次のような特長が認められた。（１）伝統的に教育と保健分野に強い、（２）住民参加型の計画策定などを駆使した草の根レベルの村落開発（Community Development）の経験を持つ、（３）これまでの長期的なコミットメントを通じて地域の特殊な状況に詳しい、（４）適正技術の開発の経験を持つ、（５）対費用効果が高い、（６）実験精神と進取の気を駆使して収入向上などの経験を積んでいる（「ＯＥＣＤ白書」一九七九年版）。

ＤＡＣがＮＧＯとの連携をすすめる目的は、このような長所を各国のＯＤＡにも取り込むことにあり、この時代における「連携」の主眼は、ＮＧＯが発展途上国で行うプロジェクトや本国での開発教育に対するコファイナンシング（ＮＧＯとＯＤＡが応分の割合で資金提供するシステム）などにあった。ＯＥＣＤではＩＣＶＡと協力してＮＧＯのダイレクトリーを刊行している。一九九一年版「ＯＥＣＤ白書」では九〇年代のテーマとして参加型開発を取り上げ、ＮＧＯへの積極的支援（fostering）を謳っている。

世界銀行（**世銀**）はＮＧＯを（１）発展途上国の開発プロジェクトの計画、実施を担当するオペレーショナルＮＧＯと、（２）世銀の政策や実務に関して批判的な意見を進言するアドヴォカシーNGOとに区別している。さらにオペレーショナルNGOについてはその地理的基盤によって、地域型（CBO、Community-Based Organization）、ナショナル型、国際型の三種に分けている（**序章第一節**参照）。従来世銀が実務提携をしているのは、主に先進国に事務所を構える国際型NGOであり、その役割はサービス提供、プロジェクト設計、調査などである。国際NGOを介したサービス提供においてCBOは末端の受け手となるのがふつうである。なお世銀は一九九五年に出版したNGOと連携するためのガイドブックの中で、「NGOを単なる安手の実施機関とみなしてはならない」と述べ、NGOに「プロジェクトの計画段階から評価までを含めた全過程に関わらせること」が必要であると説いている（The World Bank, *Working with NGOs*, 1995）。このような記述は、それまでNGOを実施代行者とする見方が依然根強かったことの反映とも受けとめられる。

世界銀行の本部（ワシントンDC）。Iストリートに面していることから、経済、開発、NGOなどの関係者の間ではIストリートと言うだけで世銀を意味する。

国際機関の総合計画（マスター・プラン）に沿ってNGOがサービス提供の一翼を担うという連携スタイルは、比較的早くから発達し、その件数も多い。端的な例は**ユニセフ（国連児童基金）**による拡大免疫計画（EPI）である。ユニセフが得意とする保健と教育分野は、一方でNGOが古くから手がけてきた分野でもあることから、ワクチン接種キャンペーンにおける住民の動員などの面で、NGOとの連携を行ってきた。このほか日常的な衛生知識の普及、学校教育、識字教育など地道な活動についても、国際機関側はNGOの役割を重視している。

国連開発計画（UNDP）は一九九〇年代に入って人間開発（Human Development）を基本理念に、大小さまざまな開発プロジェクトを直営もしくは支援してきた。「人間開発報告書一九九三年版」ではNGOに関して一章を割き、比較的詳細かつ中立的な分析を行っている。NGOを

（１）発展途上国の住民組織、（２）発展途上国のＮＧＯ、（３）先進国のＮＧＯの三種に分類している点で、前述の世銀による「オペレーショナルＮＧＯ」の分類と近似するが、そのすべての種類に「アドヴォカシー」機能を含めている点が異なる。「発展途上国の住民組織」は利害を共有する地域住民が結束してできた「草の根」運動を指し、その中には日本の「ゆい」に似た伝統的な農民組織もあれば、圧政に対抗する民主化運動のような「アドヴォカシー型」も含まれている。途上国の（ナショナルな）ＮＧＯの中には、これらの住民組織に対して知的、資金的支援をして開発を助けるものや、アドヴォカシーを使命として住民のエンパワーメントを助けるものなどがあるが、もう一つの機能として、先進国の政府やＮＧＯから得た援助資金などの地域への分配も見逃せないとしている。先進国のＮＧＯについては、自国政府から資金を得て途上国のＮＧＯに流す業務が増え、反対に自営プロジェクトは減りつつあるとしている。また、資金の一方的な流れを反映して南北ＮＧＯ間の「パートナーシップ」が不公平感を生んでいることも指摘し、北からの資金供給が安定せず、南側では期日通りに決算を報告できないという問題を紹介している。

国連難民高等弁務官事務所（ＵＮＨＣＲ）はＮＧＯが行ってきたアドヴォカシーを重視し、難民もしくはその予備軍の人権を守るために機能してきたことを高く評価している。「世界難民白書一九九三年版」では現地におけるＮＧＯが危機の察知と予防あるいは緊急事態への対応など、難民化を未然に防ぐために役立ってきたことを紹介し、その調査能力を強調している点で、他の国際機関と視点を異にする。

　ＮＧＯが「社会的平等」を実現するための必須要素であるとする見方は、国際機関ではすでに定着したと見ることができる。国際会議においてＮＧＯの発言権は増す傾向にあり、一九九二年のリオデジャネイロにおける国連環境開発会議ではＮＧＯが正式に招待された（序章第二節参照）。

　日本の外務省はＯＤＡに対する国民の理解と支持を得るために、ＮＧＯとの連携による「きめ細かな援助」の制度づくりに積極的である。一九八九年度には「ＮＧＯ事業補助金制度」ならびに「小規模無償資金協力」、後の「草の根無償資金協力」が開始された。その後新設されたものの中では、現地のＮＧＯや地域組織の協力を得て、住民参加による福祉向上のモデル事業を実施する「開発福祉支援事業」、ならびに国際協力事業団（ＪＩＣＡ）が日本のＮＧＯ、大学、地方自治体、シンクタンクなどに対して途上国における開発支援事業の実施を委託する「開発パートナー事業」が特筆に値する（「ＯＤＡ白書」一九九九年版）（**第1章第五節**参照）。

以上概観したように、政府、国際機関はさまざまな思惑から、ＮＧＯとの連携に積極的である。しかもＮＧＯを含めた三者の人材は互換性が見られ、筆者の例がそうであるように、一人の人間が三者を渡り歩くことも稀れではない。途上国でも大学直属のＮＧＯが開発調査をサイドビジネスにしている場合が観察される。日本の青年海外協力隊は、成果よりもプロセスを重んじる文化、現地生活への参入、セクターにとらわれない立場、失敗を恐れないチャレンジ精神を有するところから、しばしば「ＮＧＯとＯＤＡの間」に位置づけられている。[1] その経験者がＪＩＣＡだけでなくＮＧＯや国際機関でも活躍していることは、「連携」が個人レベルでも行われていると理解できる。

冷戦が終わり市場の解放が急速にすすむ中で、政治・経済における「国民国家」の相対的地位の低下が指摘されている。ＯＤＡに関しても冷戦時代の「敵・味方」関係が解消される一方、先進国の間で急激な「援助疲れ」が見られるようになった。国家に代わって力を得てきたのは、一方で金融投機家、多国籍企業、マスメディア、宗教団体などのグローバルな単位であり、他方で地方自治体や市民団体である。近年途上国において中央政府の行政能力の悪さを補完する意図から、とくに社会セクターの地方分権化がすすめられ、これに呼応して先進国側では国際自治体連合（ＩＵＬＡ）が一九九五年オランダのハーグ市において自治体の国際協力（Municipal International Cooperation）をテーマに世界大会を開催した。そこで提唱された「グローカリズム」（Glocalism）も含めて、従来のＧＯ（政府機関）対ＮＧＯの二項対立では説明しきれないほど、途上国開発の動きは多様化しつつある。

（1）下村奈保子「バングラデシュにおける青年海外協力隊の限界と可能性」佐藤寛編『開発援助とバングラデシュ』アジア経済研究所、経済協力シリーズ一八三、一九九八、三三一～五二頁。

第2章　ＳＶＡ★顔が見え、共感できる関係を
――組織運営と運動づくり

（社）シャンティ国際ボランティア会（ＳＶＡ）
〔旧称、曹洞宗国際ボランティア会〕
理事・国際総局長　秦　辰也

はじめに――ＳＶＡの活動

（社）シャンティ国際ボランティア会（ＳＶＡ）は、一九七九年にタイへ大量流出したカンボジア難民の救援を目的に、宗教教団曹洞宗が「曹洞宗東南アジア難民救済会議」（ＪＳＲＣ）を結成してスタート（一九八〇年）したが、その後「曹洞宗ボランティア会」（ＳＶＡ）に改組（一九八一年）され、さらに九九年八月、外務省認可の社団法人として現在に至っている。

「シャンティ」とは、サンスクリット語で静寂や平和を意味するが、ＮＧＯの中でもとくに仏教理念に基づき、市民参加を基盤とする点でユニークである。

活動面での特徴は、過去約二〇年、一貫して「教育と文化」をテーマにタイ、カンボジア、ラオスという東南アジアの国々で活動を続けてきたことである。その理念は、「共に学び、共に生きる地球市民社会の構築をめざし

て」というボランティア精神であるが、対象となる地域の町や村、共同体で出会う人々を通し、お互いの文化や価値観の多様性、人間としての豊かさを学び合い、対等な関係を築き、私たち自身が変わろうとするプロセスを大切にすることである。

他方、組織づくりの面でも独自の方向性を模索してきた。まず、カンボジア難民救援からタイ国内への開発協力、そしてカンボジアやラオス国内への開発協力を行っていく中で、日本国内を運動の場ととらえ、人、モノ、金、情報を介して常に個々人の主体的な取り組みとして意識してもらえるよう国内広報などに工夫してきた。その点、日本をボランティア活動の場として海外と同様に位置づける意味で、一九九五年一月に起こった阪神・淡路大震災の緊急救援活動に関わったことは大きく、その後の朝鮮民主主義人民共和国（北朝鮮）への食糧支援や中国河北省、トルコ、台湾等での大地震への関わりに弾みがついた。開発協力の重要性と同様、緊急救援へも関心を注ぎ、本来の開発協力と並行してもう一つの人道支援を柱に置いたことは、組織化とネットワーク化の追求ともいえる。

これらの活動歴を踏まえ、これまでの組織の変遷と理念の構築、活動の特徴、社団化と組織づくり、組織の運営方法、国内での運動づくりやこれからの課題について述べる。

一　ＳＶＡの事業展開と理念の構築

カンボジア難民キャンプでの事業展開

曹洞宗が二〇名の「第一次インドシナ難民調査団」をタイ・カンボジア国境に派遣したのは一九七九年一二月であった。ベトナム軍のカンボジア進攻後、大量に発生したカンボジア難民に触発された僧侶たちが立ち上がり、宗務庁内には難民救援対策室が設置された。が、何からどう支援してよいかわからない、まったく手探りからのスタートであった。

帰国後、青年僧を中心に数週間単位の短期ボランティアを現地のサケオ難民キャンプに派遣することが決定した。

最初の活動は、これまでも日本で経験があった子どもたちへの教育支援であった。具体的にはカンボジア語に翻訳した絵本を届ける運動や、読み聞かせや人形劇などの移動図書館、キャンプ内での心の拠りどころであるコミュニティセンターづくりなどである。これらは、医療や食糧支援と比較すれば決して優先順位の高い活動ではなかったが、難民たちの強い要請を背後に自立支援活動として細くとも息の長い取り組みをめざすことになった。

当時のＳＶＡボランティアは、難民キャンプでのエピソードをこう語っている。「ある日移動図書館の準備をしていると、難民の女性がツカツカと近づいてきて絵本を手にすると急に大声で泣き出した。何ごとかと思って事情を聞くと、何とその女性がその本の作者だった。『バナナを食べたかったウサギ』というカンボジアの有名な絵本だった。難民である人々が将来キャンプから出れば、彼らは自分たちの力で生きていかなければならない。でもそんなとき、難民の子というレッテルを貼られた子どもたちに、いったいどのような将来が待ち受けているのか。泣き崩れる女性を見たときそう思い、絶対に子どもたちのためにこの本を役立てていこうと誓い合った」。

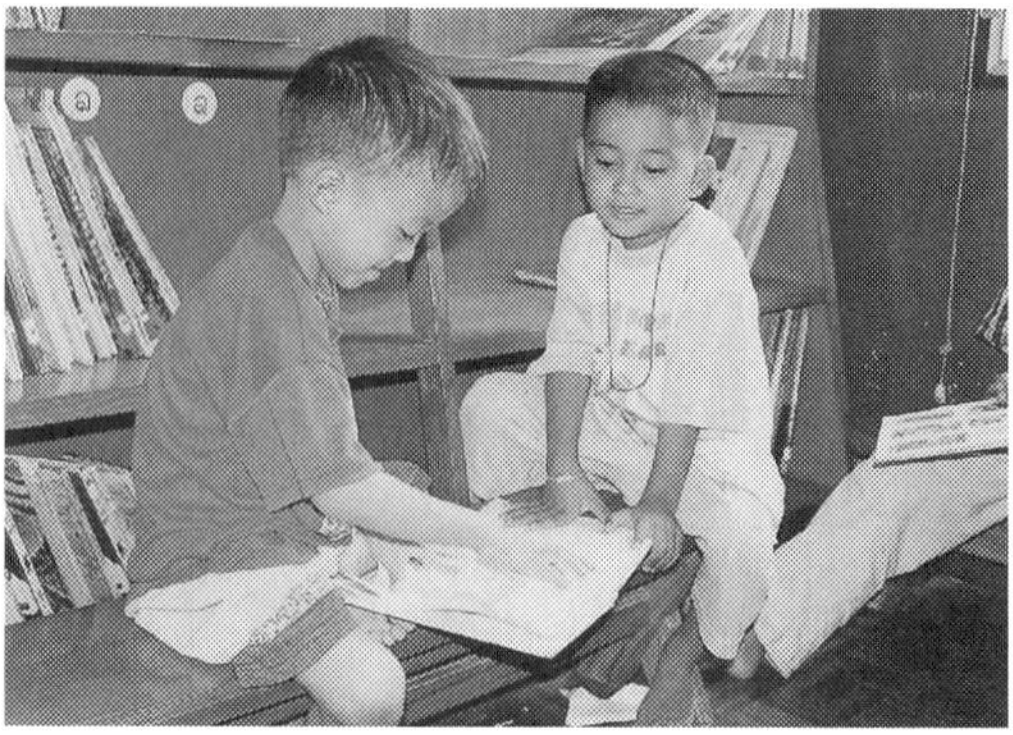

ラオスの「アジア子どもの家」の一日。

その後は難民たちが自分の将来に自信と誇りと希望が持てるよう、常設図書館の設置や伝統音楽、舞踊教室の運営、印刷や陶芸などの職業訓練事業も新たに企画した。また、このような活動の意義が徐々に難民たちに浸透していく中で、国連難民高等弁務官事務所（ＵＮＨＣＲ）やユネスコ（ＵＮＥＳＣＯ）などからの評価が高まり、活動はラオス国境の難民キャンプで生活する少数山岳民族のモン人に対する識字活動などへも向けられた。

救援から開発・発展、交流へ

このように、現場におけるニーズを第一優先に形づくられた活動は、途中組織の再編成を経て、カンボジアやラオス難民の本国への自主帰還が始まる一九九〇年代初めまで行われた。またそれと並行し、難民キャンプに通う途中目に入ってくる東北タイの疲弊した農村や、バンコク事務所のすぐそばに散在していたスラムなど、急激な経済開発に起因するタイの貧困問題にも目が向けられた。

ＳＶＡの考えは、「難民たちの背後にある問題は、単にイデオロギーの対立や民族紛争だけでなく、南北間の経済格差に起因する絶対的貧困とも複雑に絡み合っている。そしてそれが、人々の発展を抑圧し阻害要因にもなっている」というものであった。したがって歴史や文化に根ざした人間の尊厳やアイデンティティを尊重しつつ、難民救援から開発協力へ、さらには人間中心の持続可能な発展のための交流へというプロセスを重視することになった。

東西の冷戦構造が崩壊し、タイが抱えてきた「インドシナ難民問題」も徐々に終息へと向かっていく九二年一〇月、ＳＶＡはタイについては現地で自立した運営をすすめる方向で財団法人シーカー・アジア財団（ＳＡＦ）を設立し、バンコクを軸に隣国の活動と連携していく方針へと転換した。

ＳＶＡ本体は、**表1**のような事業を展開していくことを正式に定めた。

表1　ＳＶＡ事業基本方針

1　発展途上国における地域開発のための事業
⑴地域振興と人材育成のための学校教育・職業訓練教育等の支援活動
⑵伝統的文化や価値観に根ざした地域共同体の強化のための生活環境改善及び女性の地位向上等の活動
⑶少数民族やマイノリティの人々が共生し得るような社会構築のための地域産業開発等の活動
2　武力紛争や自然災害等による難民や罹災者等への緊急援助活動
3　国際開発協力活動推進のための開発教育・地域市民教育活動の推進
4　開発協力事業の目的と意義を共有し、深化させるための国際交流事業

ＳＶＡの活動理念

現場のニーズを最優先して中長期的な開発協力を行っていくためには、日本国内の組織基盤の強化が必要不可欠であった。そしてそれを図るためには、今一度活動理念をしっかりと内部で共有しておかなければならなかった。

表２　ＳＶＡ行動指針

1	ＳＶＡの開発協力の活動は、個と社会の覚醒に基づく内発的発展を重視したものでなければならない。外からの開発（かいはつ）から内側の開発（かいほつ*）への転換である。
2	常に援助や支援を求める人たちと問題意識を共有し、喜びと痛みを共に分かち合う姿勢と心を保とう。
3	相手の自立と、伝統的な文化の尊厳性を重視し、外から価値観の変革を促すようなことがあってはならない。
4	われわれが活動の主体者なのではなく、相手の人たちが常に主人公であるような活動でなければならない。
5	北と南とが、共に社会的公正を求め、そのために自己変革を促すような運動でなければならない。そのためには「人権」、「環境」、「平和」、「女性と開発」、「識字と教育」、「伝統的文化とアイデンティティの尊重」といった事柄が常に判断基準とされなければならない。

＊開発（かいほつ）とは日本では仏教用語で「悟り」を意味する。本行動指針に謳われた「かいほつ」には、外側から与えられる開発（かいはつ）に対し、内側からの「自己発展」をめざす道に立ち帰ろうという意味が込められている。

ＳＶＡの活動理念の根本には、仏教思想の存在が大きくある。これは、他の宗教や思想を排除するという意味ではなく、民族や宗教、国籍などの違いを乗り超え、同じ人間として相手の違いを認め多様性を尊重し合う、寛容を意味する考え方である。ＳＶＡの定款の前文には、次のような一節がある。

「われわれはすべての人々がお互いの民族や言語、文化、宗教の差異性を容認し、尊重し、その美しき多様性の中に『共に生き、共に学ぶ』共生社会の実現を希求する。それは、お互いがかけがえのない存在であるという認識と、慈愛と寛容の上にのみ可能となる『地球市民社会』の実現により平和を守ろうとする悲願である。われわれは、人類の一人一人が個の尊厳性に覚醒し、自らを無知から解き放つと共に、ありとあらゆる不条理な外的抑圧と桎梏からの自由を求める。また、われわれは武器や経済の力で他を圧倒しようとしたり、力の均衡で平和を維持したりしようとする勢力に与したりしようとは考えない。『憎しみは憎しみによって滅することはない、憎しみは慈愛によってのみ滅す』というアジアの智慧ある非暴力を信条とする」。

このような思想は、縁起、つまり人は他人や自然界の生きとし生けるあらゆるものとの縁によって生かされているという考え方に起因する。また人は、多くの人々を慈しみ、苦や喜びを共有し、あらゆる執着を捨て去るという慈・悲・喜・捨の四無量心《しむりょうしん》を持っており、その精神を忘れずに助け合わなければならない。世の中のいっさいの現象や万物というものは、絶対的なものなど一つもなく常に変転してやまないわけだから、複眼的、あるいは多様な価値観を対等に尊重し認めることが大事だということである。

さらにＳＶＡは、自らを律するという考え方に立ち、表2のような五つの行動指針を掲げた。

二　SVAの組織づくりと運動論

開発協力と国内運動

しかし、たとえ立派な理念があっても、安定した組織基盤を確立していくことは難しい。つまり、最初に組織が作られた目的がカンボジア難民救援であったように、多くのＮＧＯが生まれるきっかけはある一つの紛争や災害といった特定の問題解決であり、その目的達成のために一定の組織基盤を築かなければならない。だが、その問題をどこまで掘り下げるのか、どの時点で撤退するのかなどという見解は関わった人によって異なり、それによってどの程度の組織規模や継続性を求めるべきかも変わってくるからである。

ＮＧＯは、関わった問題が長期化すればするほど本来解決すべき問題が見えにくくなったり、目的が組織の維持へとすり替わったり、情報の提供いかんによっては支援者側の関心が薄れていく危険性を持っている。紛争が激しく難民が大量に流出する状況から、和平が成立し、難民の人々が祖国に戻って復興へと段階が移れば、おのずと支援活動は長期化していく。が、マスコミの関心は急速に薄れ、復興支援については市民の関心が急速にしぼんでいくといった具合である。ＳＶＡの場合も、カンボジア和平の成立後、長期的な開発問題に関わるべきか否か議論が分かれるところであった。

このような市民の意識や世論、国際政治の動き等をにらみつつ、国際協力の歴史が浅い日本社会で組織基盤を築いていくためには、財政なども含めてまず支援者側へ十分な情報を的確かつ意識的に開示していく必要がある。ま

刺繍をする女性。タイ、パヤオ県センサイ村にて。

た、寄せられた募金や支援物資などが対象地域や現地の人々にどのように届けられ、役立っているのかなどを明確に示さねばならない。つまり、組織の透明性を高めるとともに、信頼される運営体制や広報体制を確立していかなければならない（序章、第7章参照）。

ＳＶＡも、「顔が見える」関係づくりを心がけてきた。支援者とそれを受ける側というのはそのときの立場の違いであり、いつ支援者側が受ける側になるかもわからない。したがってその関係は常に対等であり、支援者こそがさまざまなことを相手から学ぶ絶好の機会である、といった関係づくりの促進や、またそれをつなぐＳＶＡのスタッフとはいったいどんな思いを持った人たちなのか、といったことがわかるような広報活動である。

たとえば「絵本を届ける運動」では、支援者が集めたり購入した絵本を翻訳し、必ず支援者一人一人の名前を書いてカンボジアやラオスの子どもたちに届けたり、「アジア教育奨学金」という形で子どもたちを特定して奨学金を支給し、その成果を明確にフィードバックするやり方などである。また、支援する事業を指定し、現地の活動を支える方法もとっている。この他「フェアトレード」（「草の根貿易」ともいう）という形で、ＮＧＯに関心のない人たちにもハンディクラフトなどを通してアジアの豊かな文化にふれてもらうといった事業も展開している。こうしたそれぞれの活動について常に現地報告を添えることで、より顔が見え、心のかよった関係づくりができるのではないかと考える。

緊急時における運動展開

「ボランティア元年」と騒がれ、日本でＮＧＯの存在意義を大きく変えた阪神・淡路大震災の救援活動に関わったことは、その後のＳＶＡの組織展開にとって大きなステップとなった。それまではあくまでも海外での活動を行うのがＳＶＡであり、日本国内の問題には関心がないＮＧＯと思われがちであった。したがって、同じボランティアを基盤とし、国内の福祉やまちづくりなどに関わるＮＧＯとは距離があり、意志の疎通も図りにくかった。しかし、それが神戸に拠点を築き、在日コリアンの被災者たちと識字学級を始め、まちづくりなど震災の復興活動に参加したことで地元の人々との協働が生まれ、国内活動との接点ができたのである。

また、震災を機に作られた「震災がつなぐ全国ネットワーク」や「東京災害ボランティアネットワーク」などに加わることによって、国内活動の幅が広がった。震災を通じ、海外で起こる災害現場と日本の災害現場の問題が共通のものとして自分の中で意識化され、疑似体験が可能になったともいえる。このことから、九五年以降立て続けに起きた朝鮮民主主義人民共和国（北朝鮮）の水害や九八年一月の中国河北省大地震、さらには九九年八月のトルコ大地震や同年九月の台湾大地震と、度重なる災害に対する緊急救援募金の呼びかけに応じることにもなった。もちろん、世界中どこででも救援活動に取り組むには限界がある。が、組織として緊急時にネットワークを通じて即応できるという機動力の強化と、日本国内にいても何らかの形で海外に対して自分たちの役割を見出せる運動展開という二つの大きな意味があった。

バンコクのスアンプルースラムで阪神・淡路大震災救援募金を呼びかける住民。

相互研修・交流とネットワークへの参加、そして政策提言

日本において、これまで述べてきた開発協力や緊急救援活動は、豊かなものから貧しいものへという一方通行のものでしかないと思われがちであった。だが、政府開発援助（ＯＤＡ）やその他の公的資金の有効活用が叫ばれ、著しい経済発展やバブル崩壊を経験することで、これまで大量生産、大量消費、大量廃棄を繰り返してきた私たち自身の

生活のあり方への疑問が生まれた。そして、これからどういう方向にすすんでいくべきかを考えるようになり、周辺国への関心も高まり、多くの若者たちがスタディツアーやワークキャンプを通してアジアの国々に学ぼうと足を運び出すようにもなった。ＳＶＡも相互理解や交流を目的とした団体や個人を、年間延べ数千人受け入れているが、そこで私たちにとって重要なことは、いかに日本国内の状況が行き詰まり、子どもたちが将来への目的を見失っているかということに改めて気づかされることである。

たとえば、不登校や自閉症などで悩む子どもたちが、タイの子どもたちに励まされ、生き生きした表情で日本に戻っていく事例を幾度か目にすることができた。また、タイでは毎年ラオスやカンボジア、ベトナムなどから子どもたちが一堂に会し、「アジアこども文化祭」を開いて伝統芸能を披露したり、ＮＧＯ間の経験交流などを行っている。そこで感じることは、たとえ経済状況は厳しくても、自信を持って堂々と自分の演技を披露したり発表したりする参加者の姿である。これは、参加者同士が学び合い、自分たちを相対化させることで新たな方向性を見出す絶好の機会であり、むしろ日本側にこそ生活環境の厳しさや文化の大切さを体験する機会が必要なのではないかと気づかされるからである。また、そうしたアジアの人々を日本の各地域に招くことも、重要な活動の一つである。

最後に、運動展開として、ネットワークへの参加と政策提言の重要性をあげておきたい。近年、ＮＧＯに対するＯＤＡ政策の見直しも徐々に図られ、ＮＧＯ活動推進センター（ＪＡＮＩＣ、現国際協力ＮＧＯセンター）や関西ＮＧＯ協議会、名古屋ＮＧＯセンターなどの間でＯＤＡ政策をめぐって活発な議論が行われている。それまでの官主導で企業中心の大規模な開発事業ではなく、市民が積極的に参画し、質が高く、現地のニーズに適したきめの細かい国際協力へと改善すべきだという世論が高まった結果である。

このような中で、外務省をはじめとする各関係機関が、公的資金によるＮＧＯ支援策を徐々に拡大してきている。また、ＮＧＯは関係省庁や自治体との定期協議や相互学習などを行っているが、そうした場を活用し政策提言を行っていくことで改善を図り、国際交流と同様に日本社会をより良くしていけるのではないかと思う。

三　ＳＶＡの事務局マネージメントと今後の課題

社団法人としてのＳＶＡ

冒頭で述べたように、ＳＶＡは九九年度後半から社団法人の道を歩き始めた。実際の交渉から認可までに、三年以上の歳月を要した。九八年にはＮＰＯ法が成立したが、組織の規模や会員の分布、他団体との関係など、さまざまな観点から議論を重ね、改善すべき点は多いが現行の民法法人を選択するに至った（その経緯についてはここではふれない）。それと並行し、組織内の意思決定システムづくりや事務局機能の明確化、さらにはスタッフや嘱託、パート、ボランティアの役割や規定づくりなどを行った。

社団の考え方は、あくまでも会員が財産であり、会員で構成される総会が最高議決機関である。したがって、全国の会員の意見を尊重するには東京本部とあわせて各県単位なりブロックごとの支部が必要になり、そうした支部や有識者の代表が代議員会や理事会などを構成し、全体の方針を検討していくというのが通常である。

しかし、ＳＶＡはあえて本部・支部といった上下関係は作らず、地域の運動はあくまでも地域の人々が主体となってボランティア活動を活性化させるやり方に挑戦した。それぞれが独自の目的や活動に合わせてグループや団体などを作り、さらには独自の団体名などをつけて活動するといった形態をとり、かつそれぞれに最も適した運動を創ってもらおうとの試みである。そうした中でＳＶＡとの関係を構築してもらい、双方が対等な団体として支え合うというのが基本である。今日では「マイトリーしなの」や「大阪マイペンライ」「ヌン、ソン、サン浜松」「サンタピアップみやぎボランティア会」「シャンティ山口」「シャンティ湘南」「ＳＶＡ東京市民ネットワーク」「クメール語の絵本を送る会」などが結成されているが、それぞれが主体性を持って生き生きと活動し、お互い協力し合うことこそが、ＳＶＡのめざす運動づくりの特徴だと思っている。

公的資金と自己資金

組織づくりと人材は切っても切れない重要な関係であるが、これに加えて重要な課題は何といっても財政である。すでに述べた通り、外務省をはじめ、ＯＤＡのＮＧＯに対する財政支援の量は徐々に伸びてきている。だが、果たしてＮＧＯはどこまで公的資金を活用すべきなのだろうか。

過去五年ほどの実績から、ＳＶＡは毎年全体予算約七億円のうち二〇％程度をＯＤＡなどの公的資金に頼っている。主に外務省のＮＧＯ事業補助金制度や草の根無償資金協力などであるが、今後は国際協力事業団（ＪＩＣＡ）の開発パートナー事業なども新設されたことから、この二〇％が増えていくことも予想される。

もちろん、公的資金がすべて悪いとは思わないし、多いに活用すべきだとも考える。だが、ＮＧＯにとって気になる点もいくつかある。たとえば、ＯＤＡは国益を中心とすることから、それにとらわれた内容でより型にはまった事業に陥りやすい。また、通常は民間からの寄付より会計基準が厳しいため、ＮＧＯに負担がかかりすぎる場合も少なくない。さらには、緊縮財政の折ＯＤＡ予算は削減方向にあり、将来的には、いつＮＧＯ支援策が中断されるかわからないなどの点から、補助金を受け取ることによりＮＧＯとしての活動そのものが振り回される可能性がある（第１章第五節参照）。

こうしたことから、過剰に、かつ短期間に、実施期間限定型の公的資金を利用していくことは、本来ＮＧＯがめざす地道で活動現場に密着した事業形成に合わない場合が多く、組織内部に大きな矛盾を抱えてしまう危険性が大きい。たとえば、単年度主義に縛られ、しかも交付決定が遅いことから、短い期限内での事業実施や予算消化に手間どり、運営が乱暴になるなどという問題である。こうした問題を組織内に抱えないためにも、公的資金活用のための自己規定を明確化するとともに、最大限の自己資金を確保することがＳＶＡの最も大きな課題の一つである。

専門性と「誰もが参加できる協力活動」

最後の課題として、ＳＶＡのめざす運動が、活動現場の言葉や文化、歴史などといった事情に詳しく、支援する事業内容にも十分な技術や知識が蓄積されているといった専門性を高めていくのと同時に、たとえそうした専門性は乏しくとも、暖かい心とやる気さえあればいつでも誰でも親しみやすく参加しやすい、敷居の低いものでなければならない、という点にふれておきたい。

理想かもしれないが、お金を預かる以上、活動内容の質は常に高いものでなければならず、現地で政府関係者や住民に受け入れられなければならない。また、目的達成のためにはそれなりの指標が示され、参加している人々にとってわかりやすく満足のいくものでなければならない。たとえば、ＳＶＡの活動地であるタイやカンボジア、ラオスの子どもたちへの支援が本当に役立っているのかどうかということも大事であるが、資金提供者側の達成度がどうだったか、その事業がどういうインパクトを日本サイドに与えたかなども見る必要がある。こうした評価には、それぞれの立場で関わり方はさまざまであろうが、常に問題提起を忘れないことが大切である。

もちろん、組織にはヴィジョン（方向性）やミッション（使命）が必要であり、またゴールをどこに設定するかなども大事である。だが、ＳＶＡのめざす組織というのは、専門性と同時にまったくの素人が対等に関わっていける環境づくりであるともいえる。老若男女の幅広い層の人たちが家族的に関わっていける組織こそが、ＳＶＡのめざす組織論ともいえる。

おわりに――NGOスタッフに望むもの

さて、ＳＶＡもそうだが、ある理想を高く掲げて組織を運営して行くNＧＯの場合、非常に個性豊かで自己主張の強い人々が多く集まってくる傾向にあると私は思う。そしてそれが、「高学歴の落ちこぼれ」や「アウトサイダー」などと関係者から指摘される所以かもしれないとも思っている。また、ＮＧＯは財政基盤も極めて脆弱なことから、とくに社会経験を踏まえ、ある技術を取得しているなど自立した即戦力の人材を要求する傾向にある。したがって、新人研修といった一般企業のような人材育成がやりにくい環境にあるのもまた事実である。自戒も込めて言うならば、「木を見て森を見ず」といわれるように、ＳＶＡだけを取ってもまだまだ自分のことばかりにとらわれすぎて組織全体の現状や方向性を見つつ自分の役割がどこでどう発揮されればよいのか、といった観点から組織を眺められる人材が少なすぎると思う。

　また、ＮＧＯで働く人は常に組織と自分とは対等であって良きパートナーであると考えることが大事なのではないだろうか。それによって、それぞれのヴィジョンを持ったＮＧＯにしっかり根を下ろす自分と、そうではなくまったくＮＧＯから離れた「個」としての生き方を貫く自分の存在とのバランスが保てるのではないかと思っている。

　もっとも人間関係や組織の性格にもよるだろうが、そう考えれば双方の相乗効果でお互いが成長し、社会的課題も解決へと向かっていくのではないかと思う。だが、決して間違っても自分のためだけにＮＧＯを利用することはあってはならないと思っている。

（なお、これまで述べてきたことは、あくまでも筆者個人の見解であり、会を代表するものではないことをお断りしておきたい）。

第3章　ＪＶＣ★日本の開発ＮＧＯとしての自己省察
――組織のあり方をめぐって

日本国際ボランティアセンター（ＪＶＣ）
代表　熊岡路矢

はじめに――ＪＶＣの成立

日本国際ボランティアセンター（ＪＶＣ）は、一九八〇年バンコクにおいて、旧インドシナ三国（カンボジア、ラオス、ベトナム）難民救援をきっかけとして、自然発生的に誕生した日本のＮＧＯである。ＪＶＣではＮＧＯを「市民による自発的な国際協力の団体」と確認し、無給・有給を問わず「自発的に問題・活動に取り組む人」をボランティアととらえている。筆者の経験からも、私たちは「自発的に」働くことによってはじめて問題に正面から取り組み解決に近づけるのである。八〇年代前半から、東南アジアにおける難民救援活動に取り組んだ後、ＪＶＣは意識的に難民を作り出している側のカンボジアをはじめとする旧インドシナ三国の復興協力に乗り出した。難民を生み出している構造的原因や国際政治に起因する援助の著しい不均衡など、より本質的な問題にふれるようになっていった。

同じ頃、ＪＶＣはアフリカのソマリアでの難民救援（一九八三年〜）に携わると同時に、エチオピアでの飢饉に際しての医療救援（一九八五年）という緊急援助に取り組んだ。緊急活動を通して、飢餓・飢饉の状態に至らせないためには中長期の復興が大事であることを改めて深く感じ、とくにエチオピアでは緊急救援から自然環境の再生と人々の暮らしの改善をめざす活動へと転換していった。

設立から約一〇年が経過した八〇年代後半、ＪＶＣは飢餓など緊急救援を必要とする状況を未然に防ぎ、自然環境と人間の営みが持続的に両立するよう長期の開発協力に取り組むようになった。同時に、問題の解決のために政府機関や社会への意見表明や提言も行うようになった。ＪＶＣは当初、海外での活動に眼を向けていたが、今日徐々に日本社会の状況や問題に目を向けるようになり、食・農・環境をはじめ日本が抱える諸問題にも取り組むようになっている。

日本社会においてＮＧＯがある程度認知されるようになった今日、日本のＮＧＯは分岐点に差しかかっている。もしＮＧＯが単に「慈善や援助の団体」であるとすれば、表面的には感謝され評価され、地元の「名士」となって自己満足するかもしれないが、それでは本当の課題が見えなくなってしまう。またもしＮＧＯが効率の良さのみを売り物にする援助機関またはその下請け機関になってしまえば、目の前にいても、共に働く人々の心も声も表情もわからなくなってしまう。「非政府組織」イコールＮＧＯではなく、問題はその視点、目的と活動内容である。本章では「市民性」と「自発性」に基づく国際協力に参加してきた筆者の経験から、日本の開発ＮＧＯとしての視点と方向および組織のあり方を考察する。

一　難民救援の政治性――ＮＧＯの関わり

戦争や紛争に至る過程は複雑な国際政治からも説明できそうだが、基本的に資源争いと軍需産業からの圧力からだけでも説明できる単純なものかもしれない。いずれにせよ、多くの場合、戦争・紛争において政治家も将軍も大企業経営者も前線に立つことなく、無名の兵士が消耗品のように倒れ、近年では非軍人＝民間人の犠牲者が九割以上を占めるようになってきている。ＪＶＣ誕生のきっかけとなったベトナム戦争（一九六〇～七五年）後の旧インドシナは、再び流血の舞台となってしまった。「冷戦」と表現すれば「武器は使用されず犠牲者は出ず」というイメージで一見聞こえは良いが、米国人とソ連人が直接ぶつからなかっただけで、両国がそれぞれ背後から圧力をかけた紛争地では、子どもや女性を含むおびただしい人命が失われ、多くの負傷者・障碍《しょうがい》者が残された。

旧インドシナ

一九七五年以降、ベトナムの南北統一が行われ、ラオスが新しい政治体制となり、また一九七九年カンボジアではポル・ポト政権が崩壊した後、一〇〇万人規模の難民が、陸路、海路、タイなどアセアン諸国に逃れてきた。難民たちは自国政府の庇護を失い、非常に弱い立場となった。国際社会は、そうした人々への保護や生命・生活に関わる諸活動を行うべきであった。しかし、一九九九年のユーゴ／コソボ紛争と同様に、一方的な「悪者づくり」や極端な援助の不均衡、平和交渉を重視しない武力行使への偏りがあった。こうした動きは厳しく監視され、批判されなければならなかった。超大国は、今日、巨大な政治・経済・軍事力のみならず世界を覆う報道と情報まで握っている。小さな国の権力者を恐ろしい「悪魔」のように描き、平和交渉が可能であるにもかかわらずミサイルを撃ち込む環境を作っている。また、超大国は難民救援の構造を利用して一方の軍事勢力に対して支援を行うことも可能なのである。

ＪＶＣは旧インドシナでは当初、難民救援から出発したが、その後すぐに難民を出している（出さざるをえなくなっている）その国々の復興に携わる中で、超大国や一方の政治軍事勢力支援の立場をとることなく、紛争で苦しむ難民（を含むふつうの人々）の視点を身につけることができたと思う。紛争に苦しむ人々のいのち・生活に立って考えるということは一時的な救援活動だけでなく、むしろ中長期の視点で復興と開発に取り組む方向をＪＶＣに与えてくれた。

一九八〇年代に「悪者」の国として描かれたカンボジアやベトナムは、鬼の棲む国ではなくふつうの人々が困難の中で暮らす長期間の戦乱と流血で疲弊した国であった。JVCはこの状況下で井戸掘りや給水活動・技術職業訓練・母子保健など具体的な活動を国境の両側で行いながら、「カンボジア国際NGOフォーラム」（オクスファムUK〔序章、第12章参照〕など一五の実働型国際NGOが母体となって一九八六年に発足）の創設に関わり、和平交渉の開始、援助の不均衡是正、カンボジアの国際社会への復帰を国連・各国政府および国際社会に訴えるキャンペーンを行った。一九九一年一〇月のパリ和平協定成立に至る道のりの何割かを「NGOフォーラム」など市民・NGOセクターが担った。JVCも、限られた影響力ではあったが、日本政府と日本の市民団体・NGOに対して、当時わかりにくかったカンボジアの内部情勢やカンボジア人の声を伝え、平和実現の過程における実働型NGOによるユニークな役割を果すことができた。

セルビア

一九九〇年代、米国はじめ西側諸国によって「悪者」とされたユーゴ（セルビア）は、コソボ自治州におけるセルビア側の暴力・虐殺を理由に二カ月を超す激しいミサイル攻撃を浴び、相次ぐ誤爆・誤認攻撃によって四〇〇〇人もの非戦闘員＝民間人（ユーゴ政府発表。このうち、子どもの死傷は三割以上）が殺傷された。そして、宣告布告なき戦争後の「善玉」コソボ自治州のアルバニア難民には援助が集まるが、長い間の紛争・経済制裁・空爆でボロボロになったセルビア側難民・市民の被害者には、援助は否定されたに等しい。

JVCは、他団体と協力して「NATO空爆停止を求めるNGO声明」をまとめ、対日本政府、国際社会、NATO加盟国大使館に対して意見表明を行った。また、同声明発表後、空爆被害にあったコソボ自治州を含むユーゴ国内を訪問し、孤立したセルビア（ベオグラード）側への人道支援を実施するとともに、セルビア難民、市民の状況を日本に伝える役割を果した。「へそ曲がり」ともいわれたが、超大国が政治・経済・軍事・報道（たとえばCNNなどの報道が事実上、善玉・悪玉を決めている現状）情報の大半に影響を与えている今日、「もう一つ」のものの見方、行動と実働から得られる独自の情報・意見、協力のあり方を市民・NGOのネットワークから発信することの価値を改めて確認した。

【セルビアと旧ユーゴスラビア】

ユーゴスラビア連邦は、チトー（一八九二―一九八〇）指導のもと、第二次世界大戦後六つの国と二つの地域によって形成された連合国家であった。ユーゴの位置するバルカン半島はローマ帝国時代からさまざまな民族が入り交じり千数百年の間征服、被征服の歴史が繰り返されてきた地域であり、その歴史理解なしには現在のユーゴ「問題」を論ずることはできない。ここではいわゆる「コソボ紛争」に介入した北大西洋条約機構（ＮＡＴＯ）軍のユーゴスラビア連邦への空爆、世界から批判の集中砲火を浴びているセルビアについて述べる。

一九四五年一一月二九日、正式に発足したユーゴスラビア連邦はセルビア（Serbia）、モンテネグロ（Monte-gro）、スロベニア（Slovenia）、クロアチア（Croatia）、ボスニア・ヘルツェゴビナ（Bosnia-Herzegovina）、マケドニア（Macedonia）の六カ国とコソボ（Kosovo）、ヴォイヴォディナ（Vojvodina）の二地域によって構成される、一三の異なった民族からなる連合国家であった。また、宗教もローマカトリック、ギリシャ正教、イスラム教が混在、言語もスラブ系のマケドニア語、クロアチア・セルビア語（クロアチア、セルビア、モンテネグロ、イスラム教徒によって使われている）、スロベニア語、さらにはスラブ系の少数民族が用いるスラブ系の他言語、あるいは非スラブ系住民が用いるアルバニア語、ハンガリー語、トルコ語、イタリア語、ルーマニア語などが用いられている。このような多民族連合国家が連邦として存在可能だったのはチトーのカリスマ性とその指導力にあったといえる。

しかし、工業化された北部と南部の経済格差、民族間の対立は次第に表面化し、とくに一九七一年、七二年のセルビアとクロアチアの対立は悪化した。一九八〇年四月、チトーの死とともに連邦が解体の方向へ向かうのは時間の問題であった。ナチスによるバルカン半島支配の際、ボスニア・ヘルツェゴビナは、ナチスによってクロアチアに打ち立てられたファシスト傀儡政権に従った。この時代にクロアチア政権によるセルビア人大量虐殺の歴史があり、その後イスラム教徒、セルビア人、クロアチア人の間に深い敵対心が続くことになる。

アルバニア系住民が九〇%を占めるコソボではすでに一九八一年、八八年、九〇年に反乱が起きている。一九九〇年のコソボの一人あたり国民総生産（ＧＮＰ）が七三〇ドルに対して、セルビアのそれは二二〇〇ドルであった。一九九〇年一月にはスロベニア、クロアチアが連邦から脱退、翌九一年九月には独立を宣言、それにともなってクロアチアに住むセルビア人が分離を主張し「ユーゴ紛争」が本格化した。一九九一年末までに五五万人の難民が発生した。一九九二年一月、ヨーロッパ連合（ＥＵ）がスロベニア、クロアチアを独立国家として承認すると、同年七月、セルビアとモンテネグロは新ユーゴ連邦を宣言した。一方、戦乱の中にあったボスニア・ヘルツェゴビナも同年四月、ＥＵにより国家として承認された。しかし、その後もミロシェビッチ・ユーゴ大統領はクロアチア、ボスニア・ヘルツェゴビナのセルビア人勢力に対する軍事的支援を継続したため、九二年五月ＥＵは通商停止を発動した。その後も継続する戦争解決のため一九九五年一二月、米国オハイオ州ダイトンで、クロアチア、セルビア、ボスニア・ヘルツェゴビナの間で協定が調印されユーゴに対する通商停止が一時解除されることになった。

ところが一九九七年、ユーゴ連邦軍とコソボの住民との間に緊張が高まり、翌九八年四月、連邦軍によって二人のコソボ市民が殺され、その後も同年六月、コソボでのユーゴ軍による殺傷が生じたためＮＡＴＯによる軍事介入となった。ＮＡＴＯと国連による推定では三～六月の間に一万人のアルバニア系住民が殺されたと推定されている（そのほとんどがセルビア警察や軍による）。しかし、一方コソボ解放軍（ＫＬＡ、Kosovo Liberation Army）によるコソボのセルビア系住民に対する人権侵害も明らかとなった。さらにアルバニア系住民によるセルビア系住民に対する復讐行為も行われ、その最大の出来事として七月一三日に一四人のセルビア系農民が殺害されている。

九九年三月二四日、ＮＡＴＯは国連安全保障理事会の承認なしにユーゴに対する空爆を開始した。同六月一〇日の空爆停止までの七八日間、少なくとも九〇回におよぶ「誤爆」によっておよそ五〇〇人のユーゴ市民が殺された（ユーゴ側の発表では一〇〇〇人以上）。空爆の多くが軍事施設に対するものであったが九回は非軍事施設、たとえばセルビアラジオ・テレビ局や橋であった。米・英空軍によって投下されたクラスター爆弾によって約一五〇人が殺された。その中にはセルビアの都市ニスの医療施設もあり、そこで一四人の市民が犠牲となった(Human Rights Watch, *World Report 2000*; Editorial, *Lancet* 355, p. 587, 2000; Wakai S., *Lancet* 355, pp. 1365–1366, 2000)。「若干のミスはあったが、空爆が止めた残虐な行為よりは軽い」（ロバートソン事務総長）。九九年六月一二日、セルビア軍、ユーゴ軍がコソボを撤退するとともにＮＡＴＯ軍がコソボに進駐した。

ＮＡＴＯのユーゴスラビア連邦への空爆停止から満一年を経た二〇〇〇年六月一〇日を前に、ＮＡＴＯの空爆を改めて批判する声が高まった。空爆について「戦争犯罪の根拠はない」とした旧ユーゴスラビア国際戦犯法廷（オランダ・ハーグ）の判断に対して中国やロシアが反発。また国際人権擁護団体のアムネスティ・インターナショナルも「ＮＡＴＯの攻撃は戦争のルール違反」とする報告書を発表した（毎日新聞二〇〇〇年六月八日）。

（若井　晋）

二　エチオピア・プロジェクト撤退から学ぶ

緊急援助と復興活動

一九六〇年代、エチオピアは国土の六割以上が緑で覆われていたが、戦乱、過伐採、世界的な環境破壊による天

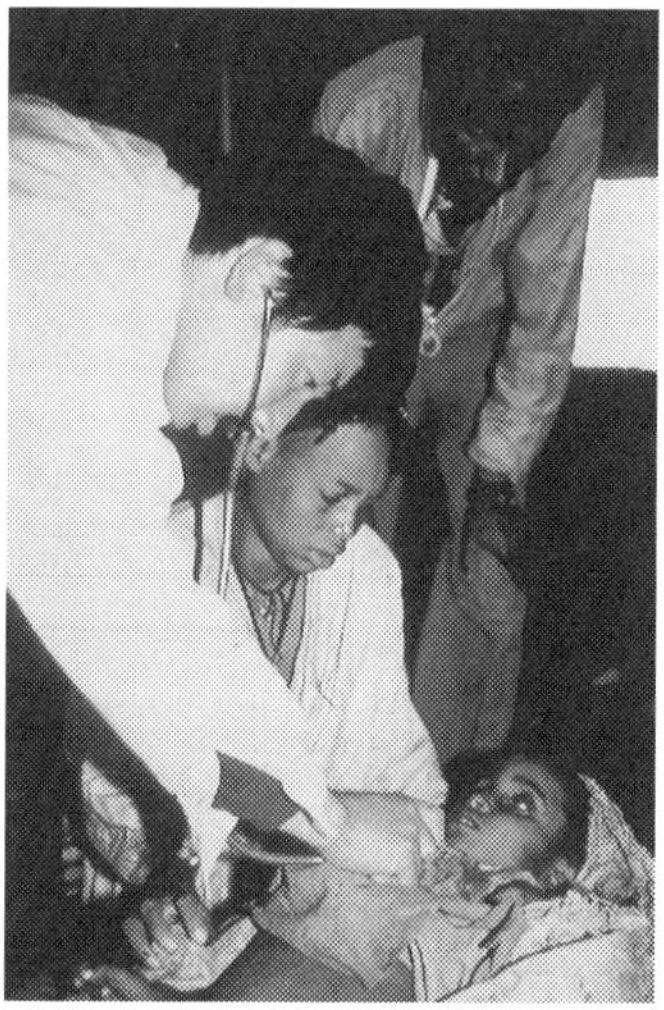

エチオピア北部のウォロ州アジバールで緊急医療救援を行うＪＶＣの医師（1985年）。

候不順などにより、一九八四年には（とくに北部）が干ばつと飢饉に襲われた。ＪＶＣは、シェア＝国際保健協力市民の会（ＳＨＡＲＥ、コラム②参照）との合同調査の後、緊急医療救援合同チームを北部のウォロ州アジバール（標高三〇〇〇メートルの山間部）に派遣した。状況は過酷で、派遣された日本人も過労や病気で倒れたと知らせを受け、筆者も救援のため八五年三月、現地に向かった。

一九八五年四月、待望されていた雨は、皮肉なことに零度に近い低温のために雹《ひょう》となってＪＶＣ病院周辺に集まっていたエチオピア人患者の体温を奪い、一週間で数十人の命を奪ってしまった。大地溝帯の山間部にあった病院から数百メートル下の食料配給センターにも供給能力をはるかに上回わる人々が集まり、彼らは毛布一枚で氷雨を凌いでいた。山や丘には小さな灌木の茂みが点在するだけで、斜面の野菜畑には実りもなく、山奥の農家の食料瓶には、雑穀が底数センチ残されていただけであった。緊急医療協力の一年間、エチオピア人医師・職員とＪＶＣ・シェアのメンバーは懸命に働き、「五〇〇〇人を助け、五〇〇人の命を見送った」。その後、緊急医療救援を担った林達雄医師らは、このような事態を再来させないために、マーシャ（上記アジバールを含む南ウォロ地域）における長期の自然環境の回復・保全を含む復興のための協力活動をＪＶＣに対して提案した（シェアはこの医療活動終了をもってエチオピアから撤退）。

緑の回復、母子保健、女性の研修を含む総合復興活動は、一定の成果をもって住民に受けとめられてきたが、長く続きすぎた「フード・フォア・ワーク」（農作業への食料＝小麦の配給）プログラムは住民の一部と地域行政に外部からの食料への依存傾向をもたらした。また、これも長く続いた熾烈なエチオピア内戦とその泥沼化が、活動地までを呑み込んでいった。内戦は解放戦線側の勝利に終わり、中央政府は解体し国家元首メンギスツは国外へ亡命した。この間約二年間活動を中断していたＪＶＣは、一九九一年に再び同地に復帰しようとした。この段階で、ＪＶＣは徴兵されていた農民の帰郷による人口の増大にも応えるために、緊急食料支援を行いながら新たな農村開発の可能性を模索した。

「フード・フォア・ワーク」の撤退

一九九一年の時点では、「今年のマーシャは雨が少ないね」というＪＶＣスタッフの問いかけに対して「援助の小麦を作るカナダで雨が降ればよい」、という地元農民の声に象徴される援助および他国の食料への依存が一般化していた。また、この「フード・フォア・ワーク」で配給される食料を、地域経済および利権の一部としてすでに組み込んでいた地域行政の外部援助への依存も構造化していた。「フード・フォア・ワーク」で動く小麦は、国連世界食糧計画（ＷＦＰ）からの援助としてエチオピア中央政府に入り、さらに各地域行政の倉庫に入ってからＮＧＯなどを通して農民に配られるという仕組みになっていたのである。地域農民の主体性を側面支援しようとする意図と掛け離れて、ＪＶＣは「モノを配る団体」として認識されていた。地域農民から見れば、ＪＶＣの活動目的である「環境回復」「農村復興」は食料を無料でもらうための名目に堕してしまっていた。

「フード・フォア・ワーク」プログラムで土地整備活動を行うエチオピア・ウォロ州マーシャの人々（1988年）。

「フード・フォア・ワーク」プログラムは緊急救援等では有効であるが、そのプログラムが長く続くと農業自体の工夫や持続・発展という視点がなくなり、とりあえず食料配布が受けられればよいという消極的な態度を助長してしまう。地域社会が緊急救援の段階から復興、そして開発の段階に入っていった段階ではそうしたプログラムはむしろ大きなマイナスとなる。

一九九二年の活動再開時にＪＶＣは、真の開発は農民の自主性・主体性の向上によって実現すると考え、その障害となっていた「フード・フォア・ワーク」プログラムをすべて中止した。しかし、外部食料への依存が続くと今度はそれを止めようとしたときの反動は強烈なものとなる。「フード・フォア・ワーク」プログラムをいっさいやめたＪＶＣに対して、住民の一部および商人（有力者）や地域行政の人たちの落胆と反発は非常に大きなものであった。「食料を配らないＪＶＣは出て行け」の運動は大きくなり、ＪＶＣ関連施設への爆弾投げ込み事件を頂点として、物理的・身体的な危害やＪＶＣスタッフの逮捕の可能性も出てきたため、私たちはこれ以上活動を継続することは不可能であると判断し、全面撤退を決めたのであった。

ＪＶＣ内では、現場を熟知し場所と人に愛着もあってぎりぎりまでエチオピア／マーシャでの活動にこだわろうとする現地チームと、「客観的に」活動地の変更も論議する「東京事務所」との間で、距離からくる誤解もあり、激しい議論が行われた。この時点で赴任した、新しいＪＶＣエチオピア代表は、地域行政の要求（水・電気など）にも妥協的に応えつつ、最終的に農民の主体性を中心とする開発への移行と合意を獲得しかけたが、「フード・フォア・ワーク」プログラムをやめることの影響はあまりに大きく、撤退の決定を行った後新しいＪＶＣエチオピア代表はＪＶＣを離れていった。

食料配給問題以外のＪＶＣ側の反省点としては、（１）活動が直接関係する人々のみを「囲い込み」、他の住民や地域行政との有効な関係を軽視し創り上げてこなかったこと、（２）ＪＶＣの存在それ自体が経済格差や社会的な歪みを生み出したこと、（３）緊急―復興―開発の段階ごとの分析・活動評価を怠り、全体状況や地域の変化に応じた活動の展開や意思疎通ができなかったこと、などがあげられた。

現状と課題

エチオピアでのこうした経験を踏まえて、ＪＶＣはその後、新政権下で「フード・フォア・ワーク」を行わなかった別の地域で苗木づくり、水場管理のグループづくりを中心とする農村開発を進めている。「金や資材を落とさず、ばらまかず」というＪＶＣの方針は、技術・知識の共有と相互扶助を大事にする点において、篤農家など農民には理解されてきている。

しかし、その反面で中央政府地域行政との緊張関係を生みやすく、現地チームは苦闘している。なぜなら、エチオピアやベトナムなど中央政府によるコントロールの強い国ほど農村開発の内容・中味を問題とするのではなく、事業の規模や落とす金額でしか判断しないからである。政府が考える「援助」は化学製品投入型の農業振興などが中心で、金額以外の指標では計りがたい外部支援への依存からの脱却をめざさない限り、地域開発の明日はない。また短期的に農薬・化学肥料投入で収量が増えても、生活基盤である土壌や水など自然環境が汚染・破壊されては元も子もない。この矛盾の克服が、当面、エチオピア、ベトナム、ラオス等での活動の主要課題になっている。

三　経験から学んだＪＶＣの運動体論——全員参加型の理念と矛盾

一九八〇年バンコクで設立されたＪＶＣ（発足時の名称は「日本奉仕センター」。しかし多くのメンバーは「奉仕」という言葉を嫌がったので後に改称した）は、活動を担う個人が勝手に（＝自発的に）星雲のように集まってきた運動体であった。日本国内に本部もなく、基礎財産もなく、理念や統制的な管理部門もなく（筆者の世代感覚でいうと「全共闘」的な運動体に近い）、規約もなく、何もなかった。それでも集まってきた人たちには、難民として国境を越え戦乱や紛争を逃れてきた人々への共感は共通していた。

当初、唯一人の専従・有給の事務局長であった星野昌子さんを中心に、数十人の在タイ主婦ボランティアと、あっという間に一〇〇名を超えた青年・中年旅行者風（「ヒッピー風」という感じの人々も）活動者で構成されていた運動体は、星野さんを囲む助言者を含め、「集合的直接民主主義」というような方法でものごとを決めていた。

カンボジア国内に活動を拡げ、またアフリカ・ソマリアでの難民救援を決めた一九八三年には、ようやくバンコクから日本国内（東京都杉並区阿佐ヶ谷の小さな事務所）に拠点を移した。一年単位で働く長期スタッフの中で、活動が恒常的なものとなり、支持母体である日本社会との接点を大きくしたいという意識が明確になったためである。これにともない、将来は社団法人になることも意識して、会員に支えられるＪＶＣ（名称変更、日本国際ボランティアセンター）へと改組し、会員制・執行委員会と活動・存在目的を明記した規約を持った団体（任意団体）として再発足した。会員は全員が決定権を持つ正会員であり、会員総会が団体の最高議決機関となった（欧米のＮＧＯの多くは、財団型組織として理事会主導型の運営を行っており、議決に関わることのできる人をしぼり、会員は基本的には会費・寄付などで支援を行う「賛助会員」として位置づけている）。

しかし、一つの矛盾は、難しい政治状況にある海外の国々（たとえばカンボジアやベトナム、エチオピア、南アフリカなど）での活動を決める際に、一〇〇〇人、二〇〇〇人を超す会員全員が同じレベルで関連情報を共有し、判断を下すことができるかという問題である。現地に行った者による報告会や機関誌などを通して基礎情報や判断を共有しようと努めるが、これが難しい。また、専従職員を中心とする日常的な広報活動や資金集めの努力の結果が大きいためか、本来基本的な運営費（総活動費の一五～二〇％）を支えるべき会費収入の割合は、総活動費の三～四％を超えていないのが現実である。通常年一回の会員総会では執行委員会・事務局提案を中心に質疑を行い、会員は事実上「賛助会員」に近い位置づけとなり、「活動の決定に参加しにくい」という批判や不満が毎年総会で出された。

活動参加者に関しては、一九八〇年発足当初、当時のＪＶＣバンコク事務所（星野事務局長）の方針で、かなりの裁量が現場担当者に委ねられていた。このやり方は組織の分権化を進め、人を活かし活力を生む基盤にもなるが、悪くすると個人の勝手な思い入れが強く作用し、担当者が変わるたびに大きな方針の変更があるという欠点にもつながる。筆者自身八〇年三月バンコク到着後、すぐに星野事務局長から東北タイ・ラオス難民キャンプでの自動車修理学校活動を計画立案から全面的に任され、その分野に経験があったとはいえ、驚くとともに責任の重さに呆然としたことがあった。ＪＶＣの長所でもあり欠点でもあるが、初期の頃からアジア・アフリカでの活動も東京の担当者を含め国別チームとして、活動実施から資金集めまで責任をもって行うあり方は、ＪＶＣ自体が単一組織であるというより複数の活動チームによる連合体である雰囲気を作っていた。

　最近ではＪＶＣはＮＰＯ法に基づいて東京都に対して法人化の申請を行い、一九九九年六月末に特定非営利活動法人の認証を獲得した。それにともない会員総会において議決権を持つ「正会員」の他に新たに「賛助会員」を設けるという規約改正を行った。二〇〇〇年四月現在、正会員を選択した人が四〇〇人、賛助会員を選択した人が一三〇〇人となった。従来の体制よりすっきりした組織になったと思うが、正会員全体での意思決定をどこまで実質的に行えるかが依然として課題となっている。また、任意団体当時のアドバイザー的性格の強い「執行委員会」（二〇名の執行委員）は、決定においても義務においても重い責任を持つ「理事会」（一二名の理事）に置き換わり、以前の状態と比べると理事と専従職員による事務局との情報・意思決定の過程の共有化は進みつつある。

四　今後へ向けて

ＪＶＣの行動基準づくり

　一九八〇年代末に、ＪＶＣは一つの団体として方針や行動規準のばらつきがあるという欠点を強く意識し、まず現場と東京の専従職員などを中心にして長期目標や行動規準を言葉で明確にしていく作業を行い、それを執行委員会とさらには総会での議論へとつなげていった。発足当初は、まず実働があり、「難民救援における人命尊重・人道性」などかなり基本的なあるいは漠然とした一致点から出発したための欠点があった。ある程度の行動と経験を集積してから、後づけ的ではあるが、その過程を振り返りながらＪＶＣの基本的方向と行動基準を摸索していった。

　一九九九年秋、ＪＶＣ各海外事務所の代表者と理事が集まり「海外代表者会議」を開催した。ともすれば拡散しがちなＪＶＣの活動を以下の四本の柱としてまとめ、これからの方向を構想した。

「持続可能な開発」をめざしてカンボジアで行っている堆肥づくり（1997年）。

（１）循環型経済・社会づくりにつながる「持続的な開発」　政府や多国籍企業によって、「経済のグローバル化」への論議が盛んに行われ、反対も許されないような雰囲気もあるが、この「グローバル化」は何をもたらすのか？　世界経済に組み込まれる時期（九〇年代前半）の、カンボジア・ベトナムで筆者が見てきたように、国、企業の優位が決まっている段階では、「遅れてきた者」は底辺に位置づけられるだけであり、また市民社会の未成熟な場に持ち込まれた攻撃的な「市場経済」は、極端な貧富の差を助長していく。社会的「安全網」（セーフティネット）すらないゆえに、貧しさがある程度等しく担われていた八〇年代と異なり、「土地なし農民への転落」、「子売り・娘売り」のような否定的な現象が九〇年代のカンボジア・ベトナムでは一般的になってしまった。

このような弱肉強食的流れに抗して、ＪＶＣは引き続き森林・水などの自然資源を地元社会が管理活用すること、農民同士の助け合いの仕組みを広げることなどを協力の基本と考えている。外貨獲得のための化学的工業的農業ではなく、自然環境との共存の中で小農と地域の単位で「食」が確保できる仕組みが長期的に見てもっとも健全で持続的であると考えている。東南アジア各地域での「点」としての成功を「面」に広げるために、地域や中央の農林業行政とも協力して影響を広げていきたい。これは、翻っては日本の「食・農」の問題でもあり、日本各地の農業者・消費者の運動と、アジアの農民の運動をつないでいく活動ともなっている。

（２）人道支援を通した紛争問題への対応　さまざまな地域紛争の中でも、かつてカンボジアで行ったように、国際政治によって孤立させられている人々の側に立って人道支援を通してその声を伝えることは、ＮＧＯが政府機関などに対して優位性をもって行えることの一つである。またバルカン、アフリカなどの地域で政治的中立性を確保すれば、日本のＮＧＯが欧米ＮＧＯよりも動きやすい分野であろう。ＪＶＣは緊急救援や開発の分野での実働型ＮＧＯとして紛争後の復興・融和にどう関わるか、紛争を未然に防ぐ（もしくは軍事力ではない方法で解決する）ためにどう動いたらよいかなど、朝鮮半島（東北アジア）との関わりを具体例としながら、カナダのＮＧＯやオクスファム・グループ（第12章参照）など国際的なネットワークと連携しながら摸索していこうとしている。

（3）紛争や自然災害を被った地域において救援や生活基盤の再建を行うこと　表面的には自然災害に見えても、その背後には経済活動や内戦による森林資源の破壊、大型開発の結果としての水系バランスの異常があることが多い。その意味で、ＪＶＣの現地チームが駐在することなどを通して緊急的な活動に対処するとともに、背後にある構造的な問題も可能な限り明らかにしていきたい。現地に呼応する市民社会がある場合と、独裁的政権下にある場合とでは現実的な対応・配慮は異なるが、それぞれに対応した関わりをすることもＮＧＯならではの必要な活動である。カンボジアやベトナムでのＪＶＣの過去の活動事例を活かして、今後も紛争地での職業訓練などを通して個人レベル、社会レベルの生活基盤再建を支援することも大切であり有効である。

（4）環境問題、南北問題などの構造的問題について調査研究を行い、啓発・提言・世論づくりのネットワーク構築を積極的に行うこと　これからのＮＧＯは「額に汗して働く」だけではなく、構造的問題への理解と提言能力なしには社会的に生き残ることはできない。海外・国内を問わず現場での地域循環型社会の実現をめざす実践的な活動や日本のＯＤＡ改革への提言を平行してすすめる。また、市民のネットワークを通して行うことにより、多国籍企業、ＷＴＯ、ＩＭＦなどの国際機関による「上からのグローバル化」に歯止めをかけうる市民社会セクターそのものを豊かにする過程としたい。

ＮＧＯの独自性の確保

難民救援活動は人道的な立場からも説明できるが、本来極めて政治性の高い分野での活動であり、超大国や一方の政治勢力側に片寄ることなくＮＧＯの独自性を確保し続けることは極めて難しい。難民救援活動は対立する二つの政治勢力の真っ只中に入る行為である。国連といえども、安全保障理事会の常任理事国、なかでも財政面で国連を支えている米国を中心とする西側諸国の影響力を大きく受けている。私たちは、理論的・学究的というより、難民キャンプや西側陣営＝資本主義・自由主義ブロックの「敵」とされている国々（たとえば、八〇年代の「旧インドシナ」や「アフリカの角」など）での活動を通して、世界の政治構造を体で理解し、その中で、国連、西側陣営、東側陣営のいずれも絶対善でもなければ絶対悪でもないことを学んできた。私たちは小さな存在であるが、直接見聞きしたことに基づいて経済的収奪や人権侵害・紛争などで被害を受けるふつうの人々の苦しみを可能な限り日本や世界に伝え、勇気をもって発言することの大切さを知ったのである。

ＯＤＡとの関係（第1章第五節参照）

ＪＶＣは対日本政府・外務省との関係でも「緊張ある対話」の関係を貫いている。外務省の「要望」に反して、国交のなかったカンボジアでの復興協力を一九八二年に開始した。八〇年代を通して、「対難民・対カンボジア国内への援助の不均衡」を日本政府に訴え、一九九二年、国連ＰＫＯ（ＵＮＴＡＣ）の展開にあたって「自衛隊派遣ではなく市民による国際協力を」という主張を強力に行った。また、一九九四年、日本政府の不十分な調査に基づく「農薬援助」に際しては、田んぼの水が生活用水でもあるカンボジアの現実からその危険性を訴え、カンボジア国内で活動するＮＧＯおよび日本国内の市民団体・ＮＧＯを糾合して情報公開を迫り、反対運動を展開した。日本のＯＤＡの歴史の中では珍しく両国の市民側の主張が通り、農薬援助を一年で凍結・中止とすることができた。このような背景と方針もあり、ＪＶＣは反政府団体ではないものの「うるさい批判的ＮＧＯ」と見られており、政府と「二人三脚」でやっていくというＮＧＯとは明確に一線を画している。

政策批判・政策提言の面だけではなく、市民の支払う税金によって行われるＯＤＡがより適切かつ有効に利用されるべきであるとの主張に基づき、ＪＶＣはＮＧＯによるＯＤＡ資金の積極的活用への道を切り開くことを主張した。ＮＧＯ・市民団体の中には、ＯＤＡは「汚い金」であるから受け取るべきではないという意見もあったが、ＯＤＡ改善のための政策対話と同時に、具体的にＮＧＯの活動を通してＯＤＡ資金の一部がより良く活用できることを示すことも必要であると考えた。ＮＧＯによるＯＤＡ資金の積極的活用は、事業面に限定されるなどの限界はあるものの最終的には「ＮＧＯ事業補助金」制度などにつながり、今日に至っている。

ＪＶＣは一九九八年度の「ＮＧＯ事業補助金」の申請の際、「会員名簿」添付に関して外務省の担当者ともめた（会員制度をとっていない団体の場合は、名簿提出は求められないのである）。従来、会員の住所は「都道府県名」までは了解されていたが、一九九八年度には番地までの詳細な会員名簿提出がなければ申請を認めないという条件が外務省から出された。個人情報保護の理由で会員本人の了承がなければ公開しない方針をとっていたＪＶＣとしては、全会員名簿の提出はせず、了承が得られた人のみの名簿を提出した。他団体の多くは素直に名簿を提出したようであるが、ＪＶＣはこの件が原因となったためか、この年の補助金は大きく削られることとなった。しかし私たちの「会員名簿添付」という項目削除の主張は翌年度からようやく実現したのである。

原則的なところで主張しなければＮＧＯもただの下請け機関に陥ってしまう。いまだ官主導および官尊民卑の風潮の強い日本社会では、公正さやまともな主張をする個人や団体の方が孤立する傾向にある。ＪＶＣでは、「ＮＡＴＯ空爆停止を求めるＮＧＯ声明」のように自らリードする場合でも、また「新ガイドライン」への反対意見表明などの署名に加わる場合でも、団体内の合意形成を図った上で明確な意思表示をしている。自己満足的な「援助」や「慈善」＝ＮＧＯの団体では、（日本の）海外協力全体も良くならないし、そのもととなる日本社会の改革改善もないと考える。

おわりに――問題の重みを担い続ける

かつて、カンボジア・タケオ州病院で出会った、地雷を踏んで両足を失った少女の眼差し。ベトナム都市部で、腰に巻きつけた小さな風呂敷き包みを唯一の財産として、食と軒《のき》を求めて歩き続ける老人の後ろ姿。エチオピア北部の山中で見た禿げ山。農家の空《カラ》になった食料用瓶《かめ》の底とそこに佇む家族……。

直接には役に立てなかった自分自身の無力感とともに、忘れることのできない人々と光景が心に浮かぶ。世界の政治、経済、社会構造は、個々人の具体的な絶望や苦しみを通して突然開示される瞬間がある。過酷な生存状況ゆえに、ある種神々しさすら感じさせるこのような人々は、自らの姿を通して構造上の歪みの中で生きることの極限を示してくれる。私たちＮＧＯの活動は、一つの地球という共同社会に暮らすこのような人々が見えるようにしてくれた問題の重みを担い続けることができるのだろうか。

第4章　シャプラニール★外国NGOの試行錯誤の実際

――住民参加とはどういうことか

日本福祉大学教員
シャプラニール＝市民による海外協力の会
監事　斉藤千宏

はじめに――「村人が主役」

「シャプラニール＝市民による海外協力の会」は、一九七四年以来、バングラデシュに駐在員を派遣し、同国農村部の住民による生活改善に向けた努力を支援してきた。二〇〇〇年現在、首都ダッカの現地事務所の他に四つの地方に活動センターを置き、およそ八〇名のバングラデシュ人スタッフを雇用している。シャプラニールの支援が及んでいる地域住民の数はおよそ一〇万人程度である。またこれまでに、シャプラニールのバングラデシュ人スタッフが自ら地域密着型NGOを立ち上げ、本会から独立していった例が二件ある。北部の二つの県をカバーして開発活動を展開している「開発協会」と、最近独立したばかりの「パプリ」（「村づくりへの住民参加」という意味の頭文字をとった呼び名）である。

シャプラニールは「住民参加の実現」という理念を最初からその目的として設立されたNGOではない。したがって住民参加についての確たる定義を掲げて活動してきたわけではない。ただ、バングラデシュにおける最初の協力活動から「村人が主役で、外国人は脇役」という理念を掲げたように、住民が主体となって自らの諸問題を解決する、その力をつける過程をいかにして支援できるのかを模索してきたことは確かである。本章では、二五年にわたる支援の歴史の中で本会がどのような問題に突き当たり、それらをどのように解決してきたのか、いわば実践を通じた「学びのプロセス」について振り返り、そこで得た教訓を読者の方々と共有することを目的とする。そのために、ここではこの「プロセス」を以下の三段階に分けて議論をすすめる。

第一段階が、一九七四年から七九年までの六年間で、舞台はポイラ村である。「村づくりの主役は村人で、外国人（日本人）は脇役」との理念で模索を開始した。しかし何の答えも出ないうちに村駐在の日本人ボランティアが襲撃される事件が発生し（一九七七年）、それがきっかけとなって次の段階へと進む。第二段階は一九八〇年から八七年までの八年間で、「ショミティ」間接支援体制（アウトリーチ）の時期と位置づける。この段階は、前段階で追求した「主役は村人」が進化して、同じ村人の中でも「貧しい村人が主役となる」へと変化した。ここでもさまざまな問題に直面し、本会は再度住民との関わり方の変更を余儀なくされる。そして第三段階が、一九八八年から九七年までの一〇年で、この段階は「ショミティ」直接支援体制の時期で、地域活動センターの時代とも呼ぶ。この間、九七年度にはバングラデシュ人スタッフの大半が参加するというストライキが発生した。ストは二カ月続いたあと終了したが、それが問いかける中身は極めて重い。その直後からシャプラニールはバングラデシュへの協力方法の問い直し作業に入っている。その意味で二〇〇〇年の現在は再び移行期にあるといえる。

ショミティ方式――土地なし農民たちの自己組織

ここでショミティについて簡単に紹介しておこう。ショミティとは、住民（といってもその大半が「貧しい」存在である）自身が自らの暮らしを向上させる目的で組織するグループのことで、バングラデシュで活動している多くのＮＧＯは一九七〇年代の後半から、ショミティこそ住民が主体的に開発に参加する基本装置と位置づけ、ショミティづくりを通じた住民への支援を活動の中心に位置づけてきた。シャプラニールの協力活動も、一九八〇年から始まる第二段階以降はその大枠の中でなされてきた。

ショミティは村の男女別々に組織され、各ショミティを構成する人数は一五名から二五名である。バングラデシュの平均的な村には二〇〇ほどの世帯が存在する。仮にその中の半数がショミティ活動に参加するほどに組織化がすすんだとして、その村で活動するショミティ数は五つ程度ということになる。ショミティに集う村人は、定期的に会合を持ち、自分たちの抱えるさまざまな問題を出し合い集団的に解決する方策を探るが、そのための重要な手段として定期的な貯金積み立てをし、自らのなけなしの資源を動員するのである。

ショミティ方式の登場から二〇年が経過し、ショミティへの支援方法は変化しているとはいえ、バングラデシュをはじめほとんどの発展途上国の開発で、ショミティのような住民の基礎グループが重要であるという認識は、開発関係者の間でますます高まっている。最初に結論めいたことを述べるなら、シャプラニール（はじめ大多数のＮＧＯ）はショミティを通して住民の生計向上努力をいかにして支援することができるかを追求してきたが、一方で、「ショミティを、自律した住民の開発組織として自立させる」ための明確な戦略を持っていたわけではない。換言すれば、「ある一定期間（たとえば五年）は自立するための支援はするが、その期間が過ぎれば評価作業をして終了」といった、明確なプロジェクト・サイクルを想定して協力活動をしてきたわけではない。この点を踏まえた上で、以下「学びのプロセス」を振り返ることにする。

ショミティから融資を得て、アヒルを飼育する女性（写真提供：シャプラニール＝市民による海外協力の会）。

一　ポイラ村での試行錯誤

詳しくは『シャプラニールの熱い風』（パートⅠ・Ⅱ、めこん出版、一九八九・一九九二）に譲るが、シャプラニールにとっての海外協力活動は、駐在員がポイラ村において開発活動の実施を決定したときに始まる。現場からの要請に応えてボランティア数名が日本からやって来て、ポイラ村での活動に加わった。

「日本人ボランティア」がまず試みたことは、村の貧困世帯の女性が少しでも現金収入が得られるようにと、ジュート（黄麻）の手工芸品生産活動を立ち上げることだった。これを選んだ理由は、原料のジュートはどの村でも容易に入手できること、外出しなくとも家の中で内職として生産できること、住民は民具としてその制作に親しんできたこと等の理由であった。マーケットは外国ではあるが、国際ＮＧＯの支援を得て確保することが期待できた。選抜した村の女性を技術研修に送り、リーダーを育てた。品質管理の意味を理解してもらうのに苦労もしたが、ほどなくして生産活動も順調に伸び始めた。

開始後二年あまりが経過した一九七七年四月、事件が発生した。村に住み込んでいた日本人ボランティア二名が十数人に襲われ重傷を負ったのである。そして活動を離れざるをえなくなる。東京の本部は、ポイラ村での支援活動を一旦停止して、事件の原因を探るとともに、今後の展望を切り開くべく次の駐在員を派遣した。彼は地元ＮＧＯに住み込み、活動家たちとの交流を深めた。その中で事件の真相は得られないまでも、発生の背景や教訓が明らかになってきた。

オーナーシップ

第一の点は、「オーナーシップ」とか「活動の持続性」といった概念に関わることである。事件発生から数カ月後、親しくしていた地元のＮＧＯであるＧＵＰ（「民衆による開発努力」という意味の頭文字）に、事件の背景およびポイラ村での活動に対する村人の参加度合いについて探ってもらった。その結果、村人は「ジャパニ・プロジェクト」と呼んでいることが判明した。つまり彼らは、この活動を日本人のものとして外から様子見をしていたのだった。ＧＵＰの評価チームによると、女性の手工芸品生産組合は今後しばらくは継続するだろうが、その他、青空学校プログラムや野菜のデモ農場などは、明日からでも活動停止するだろうとのことだった。要するに、村人の間に村づくりの活動を「わがものとして、活動の一部分は自分の責任のもとに遂行するという意識」（オーナーシップ）が育っていなかったのだ。したがって、「責任を全面的に負っている」日本人ボランティアがいなくなったら活動は継続しない状況だったのである。

実際、ポイラ村での活動は「日本人は側面からの支援役」としながらも、半年か長くて二年の単位でやって来る日本人ボランティアが中心であった。日本人数人が村の宿舎に「合宿」し、毎晩日本人だけでミーティングが真剣に行われていた。「ものごとは、その夜の場で決められるのだろう」と村人は思ったに違いない。それでも村人のオーナーシップを育むような方法はあるのかもしれないが、日本での、ましてや外国での開発協力体験もほとんどないボランティアが、そのような方法に習熟していると期待することは無理であろう。

また、ポイラ村での活動開始に際して「入り方」のまずさも指摘された。マニュアルも経験も何もない状態でスタートしたのだから仕方のない面が大きいが、村人とプロジェクトに関して契約を交わすこともなかったし、口約束しながら実施できなかった事業計画も多くあった。男性優位社会の中で、女性を対象とする事業に偏ってしまったことも無視できない要因であった。そして一部の村人の間で次第に不信感や不満感が高まっていたが、ベテランのバングラデシュ人スタッフを抱えていないので、住民との意志疎通が十分にできなかった。こうした要因が積み重なった結果起きた襲撃事件であったと判断された。

住民とは誰か

第二の点は、「住民とは誰か」（ＮＧＯが行うフィールドワークの受益者は誰なのか）という問いに関わることである。ポイラ村での活動、なかでも女性の手工芸品活動においては、主役は貧しい女性であるとしても、その活動は村の既存の体制の中で承認され、有力者の理解・支援を得ながらすすめることを前提としていた。襲撃事件の後、村駐在の日本人が撤退した結果、予期せぬ形でこの前提に基づいて活動がすすむことになった。村の男性が給与をもらい女性組合の面倒を見、また有力者層が運営に関与するようになった。表面的には「地域住民による運営」という方式が実現したのである。

ところがすぐに女性組合は村の政治に巻き込まれていった。地元出身の与党大臣が関与し、女性組合は政府登録を受けて公式の協同組合になった。当時すでに一〇〇名ほどの女性が手工芸品を生産していた。政治家にとってこの数は、選挙の際の票田としても有力だった。また、当時ポイラ村で「最もカネが動いている所」がこの女性協同組合だった。組合の積立金の額も魅力的だったであろう。有力者がパトロンとして組合の面倒を見る代わりに、女性組合員を選挙運動の際動員したり、また、積立金を政治活動に流用したりした。当然のことながら組合員女性の中で対立が始まった。ほどなくして組合は分裂状態に陥り機能しなくなった。

この苦い体験から学んだことは、住民による運営が実現されているとしても、一部の有力者が牛耳るような運営ならば、それは住民参加とはいえないだろう、言い換えると、村の有力者と貧しい人たちは一緒に活動はできないだろう、という点であった。シャプラニールに限らず他のＮＧＯでも、ポイラ村での体験と同じような失敗を経験していた。たとえばＢＡＭ（「すべての人の友」という意味のフランスのＮＧＯ）は、手動式ポンプ井戸の配給プロジェクトでＮＧＯ業界では高い評価を得ていたが、入手者を詳しくモニターしてみたら「貧しい層」には届かず「有力者」が取得していたことが判明した。また、当時すでに地元ＮＧＯの最大手だったバングラデシュ農村振興委員会[1]（ＢＲＡＣ、Bangladesh Rural Advancement Committee）も、農村開発プロジェクトで同様の問題に直面していた。

（１）一九七一年、パキスタンからの独立戦争後、Ｆ・Ｈ・アベッドによって設立された。（編者）

そこでの結論は、ターゲット方式と呼ばれるように、経済社会階層を貧しい層に絞って関与する必要があるということであった。また、地域住民にとってはよそ者であるＮＧＯの役割とは、最初から現金収入を増やすことを目的としたプログラムを「提供」し、その運営を村の既存のリーダーたちに任せるのではなく、貧しい住民が自分たちの手で互助組織（つまりショミティ）をつくり、自ら収入向上に取り組み、さらにそれらの組織がネットワークを形成していくような活動を「促進」し「支援」することにあることも学んだ。

以上明らかになったことを踏まえ、ではシャプラニールとしてどうするのかを、当時現地駐在員をしていた筆者も中心の一人として加わり、検討した。選択肢は三つだった。

第一が、日本で資金を集めて適切な地元ＮＧＯに資金を援助する、つまり「配分屋」になること。第二が、開発事業に直接参加する（ただし、ショミティ支援は「間接的」）。第三が、バングラデシュからの撤退であった。検討の結果、第二案が採用された。第一案に驚くかもしれないが、シャプラニールから見たら当時すでにプロフェッショナルな地元ＮＧＯはいくつも存在したのである。そして、効率的・効果的な開発協力を中心に据えるなら、第一案が最適ではないかとも考えたのである。

しかし、そのとき選択したのは第二案だった。シャプラニールは「直接的に」バングラデシュでの開発に参加することを通してのみ、「南の民衆」側の現実から南北問題を理解しうる、そして、直接的な開発体験から学んだことを日本社会に伝えていくことが、シャプラニールの存在理由であり目標の中心であると考えたのだ。この目標は「配分屋としての関わり」では無理だと判断したのである。

二　ショミティ間接支援体制の限界

バングラデシュのＮＧＯ業界では名の知られたベテランスタッフを雇い入れ、新たな体制で活動を再開したのが一九八〇年である。ポイラ村方式と異なるのは、すでに地域住民自身のイニシアティブでショミティづくりが試みられている所にのみ支援しようという点である。その意味で、この段階をショミティ間接支援体制と呼ぶ。ポイラ村では「ジャパニ・プロジェクト」と呼ばれたように、住民自身の中にオーナーシップを形成できなかったが、その問題をクリアしようとしたのだ。また、ショミティ方式によって対象となった土地なし農民層の参加を保障できると考えた。さらに住民と日本人駐在員の間に横たわるコミュニケーション・ギャップを補うためにベテランス

「さあ、識字学級の開始です」。教材をもらって緊張ぎみの識字学級参加者たち（写真提供：シャプラニール＝市民による海外協力の会）。

タッフを採用した。

　こうして各地に散在する五カ所のショミティに支援を開始した。ほどなくしてシャプラニールはそれを「地域組合連合会」と呼ぶようになった。地域でイニシアティブをとる者は、地域の有力者の息子であったり、同国を代表する地元ＮＧＯのスタッフを辞め出身地に戻って独立して開発ＮＧＯを興そうという者であったり、貧農自身であったりとさまざまであった。後者は、「貧農」ではあっても、バングラデシュでは比較的高い学歴の持ち主で、社会的階層としても決して低くはない。シャプラニールが提供したのは、ショミティ運営の研修、各種の「経済プログラム」用ローン、識字教室プログラム等であった。同時に、地域の専従スタッフの人件費・運営費も贈与した。新たな試みを始めて数年を経た八五年頃には左図のような支援体制が確立されていた。ちなみにシャプラニール・ダッカ本部のバングラデシュ人スタッフは当時で六名程度、地域組合連合会のスタッフは、それぞれ数名だった。先の「開発協会」だけは別格で、シャプラニール本体よりも多く一五名ほどのスタッフを抱えていた。

地域連合会への支援

　一九八七年に入って、ダッカ駐在員からこの支援体制を大きく転換したい旨の提案が東京本部に出された。それは、この体制では真に支援対象とする貧しい地域の住民がどの程度生活改善ができているのかどうかを、シャプラニールがほとんど把握できていないからであった。ダッカ本部のバングラデシュ人スタッフが抜き打ち的に現場を訪問しても、状況判断は容易ではない。また、地域組合連合会のスタッフが権力をいっさい握ってしまい、そこではプログラムが効果的効率的に運営されなかったり、不正が生じても、シャプラニールが効果的に介入したりできない状況であった。

スタッフは自分の生まれ育った村で働いており、「自分の村のために何とかしたい」という気持ちは持っている。このことを否定はできない。ところが難しい点は、彼らがそうした心意気を持っていても、同じ村の中で自分たちよりはるかに厳しい生活をしていて、学歴の面でも一段も二段も低い、つまり自分たちよりはるかに貧しいショミティ・メンバーを主役として、その人たちが「参加」できるような仕組みをつくる仕事に習熟していないことだった。いわば住民参加を促すプロとしては「レベルが低い」のだった。

図　ショミティ間接支援体制

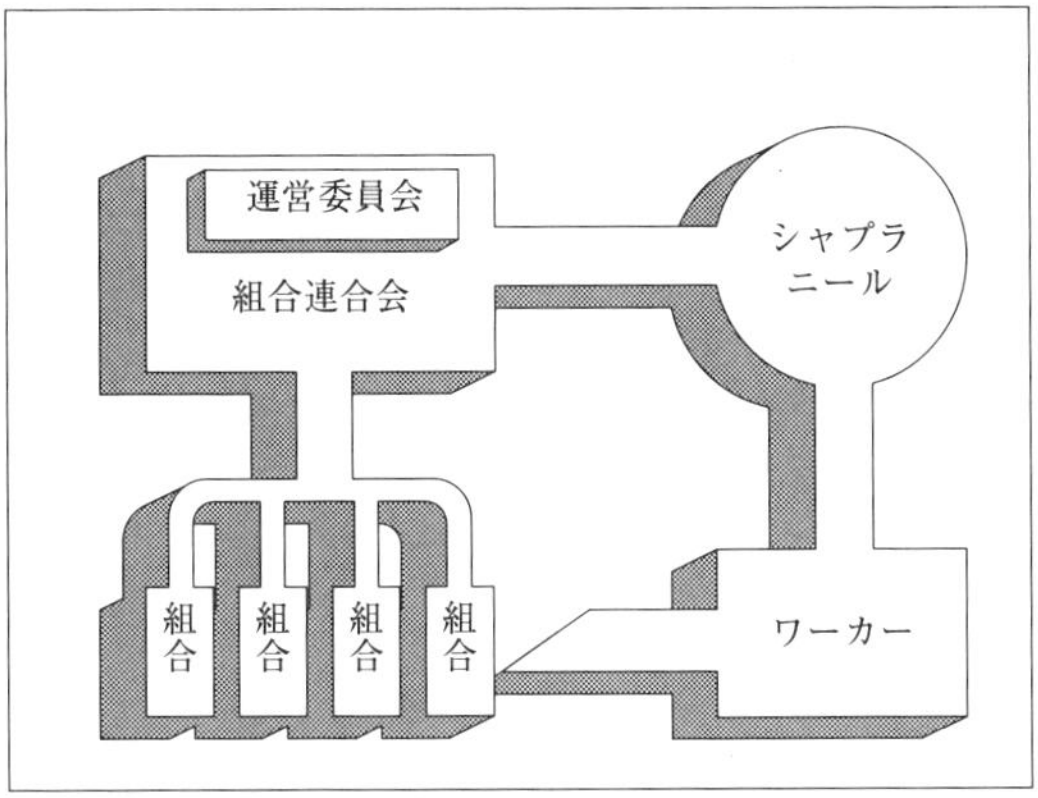

「村のために」という彼らの思いは、ともすると「オレがシャプラニールからカネを取ってくるから、任せておけ」、そしてショミティ・メンバーにしてみれば「彼らに任せておこう」ということになりがちである。このような状況のもと、住民にとっては大金が村の外から来るのである（つまりシャプラニールの援助）。当時の駐在員は次のように記している。

「地域組合連合会が、さまざまな問題、たとえば不正、特定の個人による独裁、コミュニケーション・ギャップ等の問題を抱えていることを私たちは見てきた。しかし、これらの問題の存在が明らかになった場合でも、私たちにできることは何らかの助言を与えるか、あるいは資金協力を停止するかのどちらかであって、直接それらの問題に関与する立場にはなかった。なぜなら、地域開発の主導権は地域の人々自身によるべきである、という美しい理論がそこにあるからである」。（会報四九号、一九八七年一〇月）

実際にシャプラニールから提供されるローンを活用した経済プログラムは、極めて低い実績しか残せていなかった（同ローンにも、地域組合連合会を経由してショミティに向かうものと、地域組合連合会自体の資金づくりのためのプログラム用との二種類があった）。これはショミティの識字活動や、ショミティ自身が積み立てた貯蓄を元手に実施する経済プログラムが高い成果を上げていたのと対照的だった。こうしたローンの扱いや返済をめぐって不正がしばしば生じた。また、うまくローンを活用できないのはスタッフの経験不足・能力不足という側面も、もちろんあったであろう。その欠点を補うためにシャプラニール側からのケアが不十分だったことも否定できない。

そこで、地域組合連合会のスタッフをシャプラニール自身が雇用してしまうことにより、地域の現場で生じる問題に直接指揮権を発動しようという案が生まれた。しかし、提案者ももちろん承知の上だったが、「地域住民の主体的な開発努力を側面から支援する。そうした地域の開発組織を育成する」というシャプラニールが、ポイラ村での苦い経験から生み出した方法論からすれば、この変更は理念的にはむしろ後退である。一九八七年六月末に鎌倉で開かれた合宿でこの問題が中心議題となり、シャプラニールの歴史に残る大論争となった。

「少々の不正は程度の問題で、外国人は地域レベルの問題に直接関与し責任を負う立場に役割を置かない方がよい。この方法の弱点を克服する対策を編み出せばよいではないか」という主張がある一方で、駐在員は「支援する側（カネを出す側）の社会的責任を考えると、草の根を腐らすわけにはいかない。住民参加という理念を保障する方法的枠組みそのものが重要なのではなく、貧しいショミティ・メンバーの生活を実際に向上させることができているのかどうか、もしそれができていないとしたら、理念的には後退でも、現実を直視した方法に変更する必要がある」と主張した。結果、シャプラニールは後者の主張を採択したのだった。

以上、地域組合連合会に対する間接的な支援を否定的に振り返ったが、住民の暮らしの場、すなわちショミティ側では、集団的に自分たちの生活を改善していく上で、めざましい実績を示したショミティがいくつも出現していた。この点にふれなければ不公平となろう。

実績をあげたショミティ

めざましい実績の具体例として、メンバー自身やその家族に不幸が生じた際にショミティ基金をもとに「義援金を出そう」といった相互扶助が実践されたり、夫婦間あるいは村内のもめごとをショミティが仲裁する機能を果たしたりするようになった。とくに女性たちにとっては「集まること」そのものが彼女たちの社会的な力をつける場として機能していった。女性ショミティで土地を借り受け、集団的に耕作を始めるショミティも出てきた。

一方、男性たちはショミティ基金をもとに、官有地を入札して使用権を取得し、集団的に農作物の耕作や漁業をしたり、また、基金をもとに家畜や小型船を購入してショミティ・メンバーに貸し、メンバーの「雇用」と収入手段を創出したりするようになった。こうしたショミティが形成した基金は、一人あたりにして数カ月分の収入に相当するまでになった。この基金が緊急時には大いに役立った。一九八八年にバングラデシュでは国土の大半が水没するという大洪水に見舞われたが、現場の村々での二次被害の拡散は予想されたより低かった。ショミティ基金で緊急の必需品を購入できたし、日常的な相互扶助や識字学習を通して生水を飲まない等の衛生知識が向上していたのである。

ショミティが効果を上げていたことは、シャプラニールの援助とはまったく関係なく近隣の村に自然発生的に組織されるショミティがいく

ショミティからの融資で牛の肥育を始めた家族（写真提供：シャプラニール＝市民による海外協力の会）。

つも出現したという事実によって証明されている。その時期多くの日本人スタディツアー参加者がショミティを訪問し、自分たちで生活を良くするのだという彼らの熱意にふれ、深い感動を受けたが、その感動はけっしてピント外れのものではなく、ホンモノだったと思う。つまり、さまざまな問題を抱えていたとはいえ、ショミティを基本戦略に据えることで、ポイラ村での第一段階よりは住民による主体的な開発活動は確実に進展したといってよいであろう。

三　ショミティ直接支援体制の限界

先にふれた鎌倉会議での決定を経てシャプラニールそのものとなった地域活動センターのスタッフ（その多くが元地域組合連合会のスタッフ）を最前線として、ショミティ直接支援体制が開始され、現在に至っている。この間、ショミティの発展度合いを査定する手法が開発された。また、一九九四年には六〇〇にのぼる世帯の詳細なデータを収集し、五年後の九九年には、この間にどのような変化があったかを見るために、再度同じ六〇〇世帯に対し「インパクト調査」を実施した。現在、統計的な分析作業に入っている。

このように、ショミティ・メンバーの状況把握やシャプラニールが実施したプログラムの効果を評価することが随分と容易になった。この間にも、現地スタッフによる資金の横領といった不正行為が稀れに発生したが、それに対しても断固たる対応ができるようになった。その意味で、方向転換の目的はある程度達成されたと評価できる。外務省とＮＧＯによる相互学習評価作業でシャプラニールは、評価対象ＮＧＯの第一号となり、評価チームを受け入れた（九七年度）。その報告書で、ショミティ方式を軸とする方法で住民が実際に生計を向上させていることが高く評価されている。[2] この間、東京本部の方針もあり、この体制のもとで活動規模は五倍以上も大きくなった。バングラデシュ人スタッフは一〇〇名になった。

（２）「ＮＧＯ・外務省相互学習と共同評価報告書」ＮＧＯ・外務省定期協議会、一九九九。

しかしショミティ直接支援体制が開始されてから一〇年が経過した頃には、再び大きな疑問が生じてきた。直接支援体制で貧困層の底上げができ始めたと評価できる一方、それはあくまでシャプラニールという外部からの強い介入があるからこそ可能になっているだけであり、シャプラニールの介入が終われば、持続的に自らのメンバーの生計向上に有効に機能するショミティの数は極めて少なくなるだろう。とすれば、支援のための介入をいつになったら終了できるのか？　この点にどう対処すればよいのかという問題である。

ストライキが意味するもの

そうこうしている矢先、一九九七年末、「市民による海外協力」というスタンスに立ったこの体制の是非を根本的に問わざるをえない事件が起きた。ストライキである。シャプラニールが雇用している大半のバングラデシュ人スタッフが突きつけた要求は、スト直前に契約が更新されなかった元スタッフ数名の復職と、その年度になって新たに（彼らにとっては）上司として採用されたバングラデシュ人スタッフの解雇であった。つまりストの直接的な背景はスタッフの雇用不安であった。シャプラニールはスト側の要求は呑まなかったものの、新たに採用された者（解雇要求の対象となった者）が辞任したこともあり、二カ月後には「解決」した。ちなみにショミティ・メンバーである村人はストにはいっさい関知していない。

一〇〇名も雇用しているのだから、ストが起きたこと自体は不思議ではない（とはいえ責任は免れないだろうが）。ただ問題にしなければならないのは、今後はストが起きないような対策を立てるということではなく、「市民による海外協力」が何ゆえにストといった労使問題で悩まなければいけないのか、支援体制に何か妥当性を欠く部分があるのではないかを問うことであろう。スト終了後、シャプラニール内部でストの意味をめぐって議論がたたかわされ、バングラデシュでの協力方法は現在過渡期にある。

おわりに——ストから学んだこと

本章を終えるにあたって議論されたいくつかの点を以下にあげたい。

（1）こんなしんどい問題も断固乗り超えて、一〇〇名規模のバングラデシュ人スタッフを雇用しないと（あるいはもっと大きくならないと）、本当に「意味のある、効果的な」海外協力ができないのだろうか？　プロジェクトを直接指揮しなければ「村の現場が見えてこない、社会的責任を負えない」として一九八七年に大きな変更をしたが、この体制を再考する必要があろう。

（2）日本の市民社会から駐在員を派遣して、日本の金と責任で直接開発プロジェクトを実施している以上、いくら現地スタッフの中間管理職を採用しても、最終的には日本人駐在員が最終決定せざるをえない。とりわけ人事、労務関連はそうである。その体制のもとでは駐在員は管理業務に超多忙になる。せっかく「直接実施」方式にして、村のことを見えやすくしたのに、これではむしろ駐在員はかえって見えなくなってしまったといえないだろうか？

（3）日本人（ないし外国人）がトップにいて開発プロジェクトを指揮しなければ、効果的で効率的なショミティ支援ができないとは限らないであろう。実際に高い実績を上げている地元ＮＧＯがいくらでも存在するのだから。また、仮に管理業務に長けた日本人駐在員が得られたとしても、そこにどんな意味を見出すかが議論されなければならないであろう。

（4）バングラデシュ人スタッフ（いわゆるＮＧＯスタッフ）が増え続けてきたが、「自律した住民組織として自立させる」という視点に立てば、このことは自立とは反対の方向、つまり地域住民をＮＧＯという地域の外部の機関に従属させる方向へとすすんではいないか。こうした疑問に対しても明確に答えなければならないであろう。

以上のようなことが、ストによってつきつけられたと考えている。

（本稿の内容の大半はシャプラニールの共通見解となっていることだが、一部、とくにストが示唆する点に関する論点は、筆者個人のものである）。

第5章　ＪＯＣＳ★「共生」の倫理と論理を問い直す

――歴史意識、人々と共に生きて

元（社）日本キリスト教海外医療協力会（ＪＯＣＳ）総主事
静岡産業大学教員
小杉　尅次

はじめに――ＪＯＣＳの誕生

本章では日本キリスト教海外医療協力会（ＪＯＣＳ、Japan Overseas Christian Medical Cooperative Service）の四〇年におよぶ軌跡と働きを振り返り、二一世紀の国際社会におけるＪＯＣＳの理念的展望と具体的な実践課題を、「共生」の倫理と「共生」の論理の検証という二つの側面から提示したい。すなわち、人々はなぜ共に助け合いながら生きなければならないのかを、倫理的、論理的視点から論ずる。

ＪＯＣＳは一九六〇年に結成され、今日まで東南アジアを中心に保健医療（栄養、リハビリなども含む）の領域で活動を続けているＮＧＯである。その活動を支え方向づけているのはキリスト教である。それはこの信仰自体が要請する倫理と論理の具体化であるといってよい。ＪＯＣＳのＣは、「協力」のＣであると同時に、「キリスト教信仰」のＣを意味している。このＣにＪＯＣＳの自己理解と他者・隣人理解が明確に表明されている。

ＪＯＣＳが誕生したのは一九六〇年であるが、その基礎はすでに一九三〇年代に準備されていた。一九三〇年代の日本は「満州事変」や「虜溝橋事件」に象徴されるように、明治維新以降「富国強兵」を国是として掲げてきた軍事政権が、中国大陸や台湾（美麗島）、朝鮮半島へと侵攻して行った時期でもあった。隣国中国の去就は、心ある多くの日本人にとり、「良心の問題」であった。その思いは当時、主として関西在住のキリスト者医療従事者・医学生にとっても同様であった。これらの人々こそ、ＪＯＣＳの「生みの親」であり、戦後「日本キリスト者医科連盟」（ＪＣＭＡ）の母体となった人々であった。

一九三〇年代末、関西に居住するキリスト教系医療従事者たちは、国内において、また侵略されつつあった中国大陸の中に、病を抱える社会的弱者の人権や生存権が脅やかされている非人間的現実を見た。そして彼らは自ら中国大陸に赴き、医療活動を開始した。彼らがＪＯＣＳの前史を形成したのである。ここには、個としての人間の病いを治療、根絶するという課題と、社会の病魔、その病根の治癒・根絶という、すぐれて共同体的な「共生」のあり方に直結する問題とが提起されている。

その意味において現在のＪＯＣＳのすべての活動は、その根底に、個としての人間存在に対する保健医療の展開と同時に、政治・経済・社会のシステムの癒しと変革という視点を本来的に持っているはずである。

筆者はこのＪＯＣＳに総主事として二年間関わった。非医療従事者である自らの立場からくる認識や視点の違いを十分に認めつつ、一つの試論の形でＪＯＣＳの現状と問題点について述べることにする。

一　敗戦後の日本社会とＪＯＣＳ

派遣ワーカーの推移とＪＯＣＳの特異性

欧米ＮＧＯの長い歴史から考えればＪＯＣＳの四〇年は決して長いとはいえないが、国内ＮＧＯ多くが一九八〇年代に設立された経緯と比較すると、最も古い歴史と独自の伝統を保持しているグループであるといえるだろう。

バングラデシュ南部、ボリシャル県ゴルノディにある地元のＮＧＯにＪＯＣＳから派遣された女性ワーカーの住まい。

「先駆者性」としての意味と同時に、だからこそ大きな社会的責任が委ねられているともいえる。[1] そうした理解からこの四〇年の歴史を現在までたどっておく必要がある

（1）隅谷三喜男『アジアの呼び声に応えて』（新教出版社、一九九〇）は、ＪＯＣＳ発足二五年を記念して出版され、それまでの活動史、意義を内側から詳述している基本的文献である。

左表はこれまでの活動をまとめたものである。ただしこの表は国内での諸活動や組織運営に関わる状況についてはふれてはいない。あくまでもアジアを中心に派遣されたワーカー（筆者は「共働者」と呼ぶのが適切だと考えるのだが）たちの、海外での活動を念頭において作成されたものである。

一九八〇年代以前とそれ以降を比較してみると、被派遣国にカンボジア、タイが新たに登場してくること、また派遣ワーカーとして、医師や保健婦などと並んで医療系福祉分野の専門家、教師、プログラム・コーディネーターが派遣されているという事実に気づかされる。これこそ、ＪＯＣＳの新局面といえる。また、こうした新しい胎動は、派遣ワーカーの数を時代別に比較してみると明らかになる。最初期の一九六一～六五年には九名であった人数が、一九九一～九五年には一八名となっている。もっとも、この数は短期・長期（通常は一期三年）両方のワーカー総数ではあるが、ＪＯＣＳの最近五年間における活動がより活発になった結果だといえるであろう。また、この時期の財政状況はこれまでで最も良好であった。その後はやや低下傾向にある。

表　ＪＯＣＳ海外派遣ワーカー概況・国内支援状況

ワーカー派遣年度（西暦）	派遣人数*1	派遣ワーカーの職種・専門領域のうちわけ	派遣国・地域*3	海外受入団体機関数*4	会員数*5	寄付・会費収入（単位千円）*6
61～65年	9	医師５、看護婦４	インドネシア、ネパール	6	1961年 254名	5,040
66～70年	13	医師10、看護婦２、助産婦１	インドネシア、ネパール、台湾、ナイジェリア、インド	7	1966年 1102名	37,280
71～75年	11	医師８、看護婦１、助産婦１、栄養士１	インドネシア、ネパール、バングラデシュ	4	1971年 3847名	41,600
76～80年	14	医師８、助産婦１、保健婦２、栄養士２、教師１	ネパール、インド、台湾、バングラデシュ、インドネシア	6	1976年 5458名	79,180
81～85年	15	医師６、助産婦２、保健婦５、栄養士１、教師１	ネパール、バングラデシュ、インドネシア、台湾、タイ	10	1981年 6320名	119,780
86～90年	16	医師７、助産婦１、保健婦６、看護教師１、看護婦１	ネパール、バングラデシュ、パキスタン、カンボジア、インドネシア	9	1986年 7623名	172,630
91～95年	18	医師７、助産婦１、保健婦５、プログラムコーディネーター２、看護婦１、アドミニストレーター*2 １、教師１	ネパール、バングラデシュ、カンボジア、台湾、タイ、インドネシア	10	1991年 8107名	229,821
96～00年	13	医師４、保健婦２、助産婦１、プログラムコーディネーター２、教師１、アドミニストレーター３	ネパール、バングラデシュ、カンボジア、タイ	4	1996年 8026名	197,353

注：＊１　新規派遣者と継続派遣者を合計した総数。同伴家族の人数は含まず。2000年３月現在の延べ人数は109名。

＊２　アドミニストレーターとは、海外現地の活動や施設運営などの円滑な推進のため、日本側から派遣された統括責任者のこと。

＊３　2000年３月現在で計９カ国。

＊４　2000年３月現在で延べ56団体（重複あり）。

＊５　1999年３月現在で7493名。

＊６　1000円以下省略。1999年３月現在で１億8281万円。

出典：この表はＪＯＣＳ東京事務局・三宅直子さんの協力を得て作成した。同氏に深く感謝したい。

財政的独立

それでは、四〇年におよぶ「老舗《しにせ》」としてのＪＯＣＳの基本的特徴はどこに見出され、その特異性、独自の傾向性とはいったい何なのかを考察してみよう。

社会的存在としてのＪＯＣＳの歩みは一九六〇年からであるが、法的存在としては、その二年後の社団法人化とともに社会の中で本格的に歩みを開始したといってよい。この法人化は同時に、従来のＪＯＣＳの意識を根本的に変革することをも意味していた。すなわち、キリスト教信仰という（共通の）価値観や倫理観のもとに結合し、参加する人々の、一〇〇％の任意性と自発性に基づいて展開されてきた活動が、それ以降は、社会全体に対して責任を負う一市民組織として歩まなければならないという自己理解に立つことを意味していた。そして、この意識変革はある程度まで、成功したといえるかもしれない。

カンボジア、タケオ県バティ郡で働くＪＯＣＳワーカー（保健婦、右下）が世界保健機関（ＷＨＯ）の結核担当者と同郡病院で話し合っているところ（1995年）。

その証拠の一つは法人化されてから現在に至るまで、ＪＯＣＳの会員数の増加、その寄付や会費の増額というデータに示されている。収入源は、個人の意志が明確な「寄付」と、全国の支援者から送られてくる毎年二〇トン以上もの使用済み切手の「売却収入」だけであって、国や地方公共団体からの「公的助成金」は、一円たりとも含まれていない。また、民間助成金も受け取っていない。すべて、宗教や信条を越えた広範な人々からの「浄財」の結集である。そのことは、会員約八〇〇〇名中その半数以上が非キリスト教徒であるという事実からもわかる。この事実は、「官」との誘惑多き微妙な関係になりがちな「民」としてのＮＧＯの立場からすると、特筆大書に値することがらであろう。この「官」ないしは、いわゆる「ひも付き」補助金から財政基盤が独立しているという現実は、第一にあげられるべきＪＯＣＳの特徴である。けだし、「経済的自立は、精神の自立を意味する」（内村鑑三）のである。

二　JOCSの自己理解と「隣人」理解

戦争責任の自覚

このようにJOCSは、今日まで国内外の幅広い市民一般の寄付によって支えられつつその活動を押しすすめてきた。それでは、その活動の対象地域はどこであったのであろうか。それに言及することがJOCSの第二の特徴を確認することになる。同時にそれは、JOCS成立の歴史的由来と動機、すなわちその「過去」に着目することを意味する。先の表からもわかるように、ワーカーたちが派遣された地域、国々はインドネシアをはじめとして、圧倒的に北東アジア（台湾）および東南アジアに集中している。八〇年代に入り、パキスタン、タイといった国々が加えられた。

では、JOCSがその「O」、すなわち「Overseas」を主に東南アジアに限定しつつ歩んできたのは、どのような理由によるのであろうか。ワーカーが最初にインドネシアに派遣されたのは、偶然の選択であったのであろうか？　それを明らかにするために、改めてJOCSの前史を振り返る必要がある。

一五年戦争を間にはさんだ戦前と戦後の時代の日本の政治的動向に対して、日本人キリスト者が自らの信仰上のスタンスをどのようにとったのか？　対国家との関係のあり方という深刻なテーマが、ここにある。冒頭でもふれたように、JOCSの前史を担ったのは、一群のキリスト者医療従事者・医学生たちであった。彼らはキリスト信仰に生きる者として明確な共通の土俵を保持し、自由なき国家統制下の日本の一九三〇年代後半期を呻きつつ、しかし良心に従って生き歩もうとしていた人々でもあった。

一九三七年七月七日、中国大陸に向けて日本軍の武力侵攻が本格的に開始されたとき、彼らは関西の地でその事態の展開に心を痛め、彼地の人々に対する負い目を痛く感じながら、キリスト者としてのあるべき対応の道、執るべき歴史への参与を模索していた。そして彼らは一九三八年八月、中国中部の太倉地方への「難民救済施療班」の派遣を決定した。彼らこそワーカー第一期生、ＪＯＣＳのパイオニアである。母国の「戦争責任」、国家権力の犯罪行為に対して、草創期ＪＯＣＳの担い手たちは、自分たちの専門的知識や技術を総動員させることを通して、今自らが生きる歴史と時代に対して、自分なりの責任を果たすべく立ち上がったのである。

その際私たちは、近代欧米の高度な医学を修めた「医師」たちと並んで、いわば「魂《たましい》の医師」とでも呼びうる「牧師」たちが、常に同道同行していたという歴史の事実を忘れるべきではあるまい。換言すれば、一九三〇年代の彼らはすでにその時代にあって、全人的人間の癒しに対する深い洞察と明確な理解を持っていたということである。現在のＪＯＣＳはこの点どうであろうか？

人権の尊重と共働

日本の現代史は戦後、「自由」「平和」「民主主義」「人権尊重」という四大理念に基づいて開始された。たとえば、戦前の中国での「難民施療班」の働きは、「人権の尊重・擁護」を中核とした問安・医療行為であったととらえ直すことができよう（問安とは、キリスト教関係でよく用いられる言葉で、信者や関係者の消息を訪ねたり励ましたりする、などの内容を含んでいる（編者））。戦後ＪＯＣＳはそれをまず、インドネシアを最初の対象地域として選び、そこから他の東南アジアの国々へと活動を展開し、今日に至っている。インドネシアがまず選ばれたのは言うまでもなく、帝国主義国家・日本のアジア諸国に対する理不尽な侵略と支配という蛮行に対する罪責の告白、その償いの具体化というＪＯＣＳの明確な自己理解があったからである。

したがって、「人権の尊重」とは単に、生物学的個体としての人間の肉体上の治療行為にとどまらず、政治的・社会的拡がりを内に持つグローバルな共同体的行為として理解されるべき概念である。それは、これらの国・民の間における民主主義思想の深化・共有化や、その実際的制度化のための協力・貢献と、病める個々の人間に対する癒しのわざとが、同じレベルにおける認識や課題とならねばならないということだ。この姿勢は、ＪＯＣＳの海外活動に対する根本的精神、すなわち派遣する者も派遣されて働く者も海外現地の人々の主体性と自主性を徹頭徹尾尊重しつつ、そこで「共働する」というスタンスのとり方と深く連動してゆく。政府開発援助（ＯＤＡ）などの「一方的援助」の姿勢とは根本的に異なるべきＪＯＣＳの基本的姿勢がここにある、というべきである。

三　ＪＯＣＳの歴史理解と「共同体論」

以上述べたようなＪＯＣＳの自己理解と「隣人」理解は、戦後半世紀が経過した現在において、従来の認識や理解を何の批判もなく、そのまま踏襲し維持継承されていけばよいのであろうか。隅谷三喜男ＪＯＣＳ前会長は一九九八年四月の退任時、この点に言及し、二一世紀ＪＯＣＳはこれまでとは異なる「新しい視野」に立って大胆な試行錯誤のアクションを起こすべきことを力説している（『ＪＯＣＳフォーラム』第一七号、一九九九）。筆者もまた現在のＪＯＣＳが、組織面においても活動の現状から考えても、スリム化が急務かつ必須の課題ではないかと考える。肥大化し、いまや不要化した機構を大胆に整理し、新たに必要とされる場所やプロジェクトに、現有する全エネルギーを効率的、効果的に投入すべく大胆な決断に基づくアクションが求められている。

「二一世紀ＪＯＣＳ論」

そこで筆者はこの点に関して二つの問題点を指摘し、今後の本格的な「二一世紀ＪＯＣＳ論」展開のための素材として提供したい。第一は、ＪＯＣＳの「歴史認識」であり、第二は「共同体」論である。

既述のようにＪＯＣＳは、日本人としての戦争責任の自覚とアジア諸国の戦争被害当事者に対する償いの行為として始まった。贖罪意識に立つこの自覚と実践は、少なくとも一九四〇年代、五〇年代を生きたＪＯＣＳ関係者の中では極めて痛切であり、また深刻なものであったはずだ。

だが、戦争の加害者「意識」に基づく贖罪行為の自覚的「展開」という歴史認識は、六〇年代以降の国際情勢の変化、すなわちアジア諸国が植民地支配から解放され、次々と独立していった主権回復の闘争を目の前にして、なおも有効な認識であるといえるのだろうか？　さらには、七〇年代以降のアジア地域における人口の大爆発、貧富格差の拡大、環境破壊、人口の都市集中などの新たな問題群の出現、一九八九年秋の「ベルリンの壁」崩壊とそれに続くソ連瓦解（一九九一年）というような二〇世紀最大の世界的事件は、「冷戦後」のアジア社会にも巨大な影響を与えたと同時に、まったく新たな変革を要求してきているのではないか。

こう考えてくると、ＪＯＣＳのこれまでの（アジアに対する）歴史認識はいまや、根本的に変革されざるをえまい。少なくとも現在以上に深められていかなければなるまい。過去の行為に対する真摯な反省や歴史認識だけでなく、現在と将来に対する状況理解、予測されうる今後の事態を見据えたしなやかな歴史観が求められているのではないか。この点で、ヴァイツゼカーの次の発言にみられる現代認識は、傾聴に値するものがある。「過去に対して両の目を閉ざす人間は、結局のところ、現在に対しても目を閉ざすことになる。……自分の内にある非人間的なものを忘れる人間は、再度、その非人間的なものに、足をすくわれやすいものだ」。（『荒れ野の四〇年』岩波ブックレット55、一九八六）

開戦時には殺人行為が堂々と合法的に許される戦争行為が、しかし絶対に許されざる大犯罪であり罪悪なのだと断言できる根拠は、人を殺す行為そのものが人間として決して黙過できない「非人間的な行為」だからだという一点に尽きる。アジアの諸国民に対し日本人の戦争の罪責を加害者として担おうという歴史認識だけからではなく、戦争という行為そのものが、実は人間の「いのちの尊厳」に対する最大の否定、冒瀆である、それ故にこそ、（アジア社会に対してだけではなく）世界のすべての国・人々、地域に対しても、同時代を生きる人間として生命に対する責任を担うべきなのだ。こうした豊かな広々とした人間理解を根底に据えた歴史認識に立つとき、ＪＯＣＳは歴史的に関係の深いアジアのみならず、アフリカや中南米、さらには東欧諸国、北米・西ヨーロッパの国々に対しても関心を向け、そこにおける「非人間的な行為」に対して、個別・具体的な協力、モノやカネに依らず、働き手を直接派遣する、という独自の保健医療活動をすすめていけるであろう。そのときにＪＯＣＳは、「地の塩」となれるのではないだろうか。

歴史とどのように向き合い関わって生きるかという点で、筆者はとくに若い世代の人々に、ヴァイツゼカーの次のような含蓄ある言葉を紹介しておきたい。「若い世代の青年たちには、自らが直接加担しなかった過去の〔戦争の〕罪過に対して、責任を負う必要は何もないでしょう。しかしながら、その過去〔の時代〕が引き起こしてきた現在の事柄に対しては、あなたがたも責任を負うべきなのです」（〔　〕内は引用者の補注）（前掲書）。ここには、年齢世代、性差階級の相違を越えた、社会における人間同士の共なる歩み、共同体的生活のあり方を根底から考え直させる思想があるといってよい。この今を生きるすべてに対して、人が責任主体的に関わろうとするとき、そこではじめて、共に生きているという実感、「真実な共生の感覚」を持つことができるのである。ＪＯＣＳはこの「共同体」理解を持っているのであろうか。この時代と現代社会の只中で日常的に見聞きする「非人間的なもの」の横行や支配に対して、ＪＯＣＳは真に鋭敏な感覚を持ち広いアンテナを張りながらこの日本に存在するＮＧＯなのであろうか？　それが今問われている。

おわりに――「癒しの群」

個としての人間は、たった一人では生きていけない。肉体の病の癒しの恩恵に浴した村民は、しかし家に帰れば、村落共同体という集団社会の政治上・経済上・精神風土上の「病魔」からは解放され、癒されていないのかもしれない。それ故にこそ、個としての人間の肉体上の癒しは、共同体全体の癒し（マックス・ウェーバーはそれを、「非魔術化」と呼んだ）と不可分離のことがらにならざるをえない。

「万物がうめき苦しんでいる」（新約聖書）。だからこそ、あえて自ら、「非人間的なもの」と向き合い、その痛苦を共に分かち合い、しかし同時にそこで癒された者のその喜びを共に感じとるこころと豊かな感性が求められてくるのであろう。二一世紀のＪＯＣＳは果たして、このような心豊かな、人間性あふれた、しなやかな「癒しの群《むれ》」になっていけるのであろうか？

コラム②

シェア

★在日外国人への取り組み

シェア＝国際保健協力市民の会（ＳＨＡＲＥ）
副代表　沢田貴志

ホセ（仮名）は自分の体が衰弱していくことを感じながら、どうしてよいかわからずにいた。咳や痰がもう三カ月も続いているが、薬局の薬を飲んでいても悪くなるばかりだ。一度病院へ行ったが医療費が高かったのであきらめてしまった。建設現場の仕事ももう随分休んでしまい、生活費も底をついてきた。病院に行こうにもお金がない。医療費を支払えなかったら通報されて強制送還になりはしないだろうか。そう考えると彼の足は病院に向かわなかった。ビザもパスポートもとっくに切れていたのである。

貧しい家族に仕送りをするために超過滞在をして働く外国人労働者。彼らの姿が世界中どこにでも見られるようになったのはこの一〇年ほどのことである。「経済のグローバル化」は世界中のどんな農村でも国際市場の一部にしてしまった。昔ながらの共同体が機能しなくなり、現金収入が必要となる。そのため人々は都会へ、そして外国へと出稼ぎを余儀なくされるようになっている。

人の移動が激しくなる中で、登録された「正規の」住民と、登録されない「非合法の」住民が多くの地域で存在するようになる。正規の住民は就労条件も良く、医療を受けることも比較的容易である。資格を持たない住民たちは、厳しい条件での労働を余儀なくされ病気にかかる機会も多いが、医療を受ける上で障害が多い。こうして結核やＨＩＶ／ＡＩＤＳなどの感染症にかかるケースも増え、そのことが明らかになれば、新たな差別へとつながっていく。貧困と不健康の再生産である。

こうした事態は、どこか遠い世界で起きているのではなく、紛れもなく私たちが住んでいる日本でも起きている。

ホセが住んでいたのは東京。幸い友人たちが心配して、外国人の相談を受けているＮＧＯの外国人スタッフに連絡、別のＮＧＯが運営する診療所を受診した。結果はひどく進行した結核だった。進行した結核に対する治療費は、国籍や滞在資格にかかわらず公的に保障されることになっている。しかし、こうした制度の情報は、行政サービスの外に置かれている彼らには届きようがなかったのである。

私たちシェア＝国際保健協力市民の会は、発展途上国に医療協力を行うＮＧＯであるが、一九九一年から日本に滞在する外国人の医療相談も受けている。私たちのもとには、労働災害・感染症・出産などさまざまな相談が持ち込まれる。近年は、教会や外国人互助組織など外国人が多数集まる場に出かけ、地域の外国人ボランティアと協力して健康相談会の実施を行っている。年に六～七回実施している相談会で解決できる問題はわずかであるが、病気そのものや制度についての情報を広げる場として機能している。

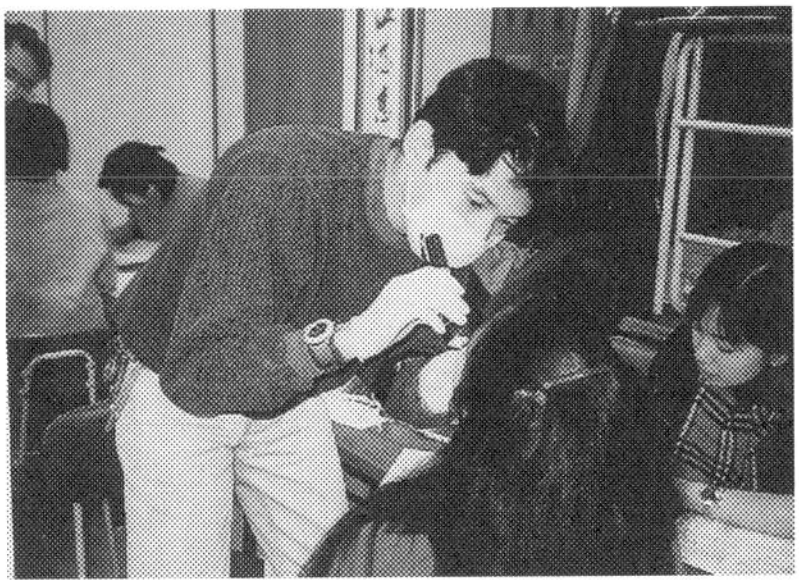
外国人コミュニティへ出かけての健康相談。

相談の内容によっては、医療機関や医療関係のＮＧＯだけでは解決が困難であることも多い。そんなときに頼りになるのが、地域のさまざまな人権団体や相談窓口である。母子の問題であれば女性のためのシェルターが、あるいは労働災害であれば労働相談や法律相談に詳しい団体が、大きな力になってくれる。

まったく新たに生じた課題のように思える「外国人の医療問題」であるが、そこではこれまで培ってきた市民社会のネットワークの力が試される。現在こうした連携の輪は、外国人たち自身の間にも広がりつつある。ホセのケースにあるように、外国人自身がＮＧＯのスタッフとなり自分たちの同胞の相談にのっている団体も少しずつながら着実に育ってきている。

今後労働人口が不足し、多民族共生社会への脱皮が不可欠となってきた日本。社会の変化に制度が追いつかなくなった今、ＮＧＯの真価が問われている。

第6章　ペシャワール会★アフガン国境にて

――近代への批判

ペシャワール会医療サービス（ＰＭＳ）病院
院長　中村　哲

はじめに――ペシャワール会の結成

私たちの現地活動が始まったのは一九八四年五月、私が日本キリスト教海外医療協力会（ＪＯＣＳ、第5章参照）から派遣され、パキスタン・北西辺境州でのハンセン病（らい）コントロール計画に携わってからである。ハンセン病の分野にあえて身を投じたのは、現地に赴いてからである。パキスタン全土で本病を診る医師がほとんどいなかった。一般的な外科や内科なら失業するほど医師がいたし、技術面でもカネさえ出せば日本並の医療は受けられる。問題は単に技術協力ではなかった。外国人として地元がやりたくてもできぬことに力を注ぐべきだと考えたのである。ペシャワール会はこのときに結成され、一九九〇年に私がＪＯＣＳを退いて独立した。結成以来一七年間、活動を通して内外でさまざまな出来事に遭遇し、考えさせられることが多かった。過去の軌跡を紹介し、多少の参考に供したい。

ペシャワール会の主要活動地域

一　ハンセン病の根絶をめざして

現在、ペシャワールの基地病院、アフガニスタン北東部に三診療所、パキスタン北部に二診療所を拠点として、一五三名の現地スタッフで年間延べ約一八万人前後の診療を行っている。第一期一五年を節目として、恒久的な基地病院（PMS＝ペシャワール会医療サービス）を建設し、第二期三〇年を想定して半ば現地に土着した。病院は一九九八年四月に落成、七〇〇〇万円以上の建設費と二年の歳月をかけ、ペシャワール会独力の補給で作られた。敷地二〇〇〇坪、建坪約一〇〇〇坪で、

空襲に備える村民たち。村民がゲリラでもある。

七〇床の入院設備を備え、五つの診療所を統轄している。主にハンセン病の多発地帯をカバーすべく、次第に農山村部に診療圏を拡大しつつある。

私が現地に赴任したのは、アフガン戦争の最も激烈な時期であった。一九七九年一二月、旧ソ連軍一〇万人の侵攻以後、今なお内乱が尾を引いている。この間、二〇〇万の死亡者と六〇〇万人の難民を出し、ペシャワール周辺の北西辺境州に二七〇万の難民が一二〇カ所のキャンプに分散して置かれていた。

初期の主な協力は、北西辺境州（人口約一〇〇〇万）に限定され、当時すでに登録されていた二四〇〇名（現在約七〇〇〇名）のハンセン病患者の合併症治療センターの改善にあった。しかし、地理的にも歴史的にも、パキスタン北西辺境州はアフガニスタンと一体で、人々の往来が完全に自由である。二〇〇〇キロメートルの国境は閉鎖できない。いくらパキスタン側で力を尽くしても、新手の患者がアフガニスタンから続々と現れる。両者の協力なしにコントロール計画は不可能である。こうして私たちも、医療の立場から自然に内戦に巻き込まれていった。

初めのうちは、難民キャンプを中心に活動していたが、事情がわかってくるにつれて、長期的な視野に立つ再編成が痛感された。第一に、難民は一時的な滞在者であり、内乱が下火になれば帰郷する。第二に、ハンセン病の多発地帯は同時に無医地区で、マラリア・赤痢・腸チフス・結核など他の重症感染症も多発する。第三に、これら無医地区が途方もない山岳地帯にあり、患者のほとんどは町に下りてくるバス賃さえないことである。これらの事実を考えると、本格的に事を構えるならば、難民帰還後をも射程に入れ、広大な山岳地域に拠点を設け、地域医療センターの役割を果たしながら、ハンセン病を諸々の感染症の一つとして早期発見・早期治療に努める以外に方策がないと判断したのである。

だが対象となる地域は、パミール高原から西南に伸びるヒンズークシ山脈北東部全体である。この険しい山岳地帯はあまりに広大で、登山隊でさえ滅多に入らない。おまけに内乱まで重なり、実施するなら相当の規模と長期にわたる活動を覚悟せねばならなかった。当時「難民救済」を掲げて多数の国際救援団体が欧米諸国から押し寄せていたが、いずれも数年間の短期プロジェクトであり、私たちの計画とはまるで事業のスタンスが異なっていた。

二　ペシャワール会の拡大

バローギル峠の村で診療する筆者（右）とスタッフ。

当時、「国際化」や「NGO」などという言葉すら聞かれなかった状態の中で、日本側「ペシャワール会」だけを補給の綱として、苦闘が開始された。日本の市民団体が独力でこの種の医療活動を達成した例はなかった。ペシャワールでスタッフの訓練に励んで内乱の下火になるのを待ち、他方で活動予定地での住民たちとの接触を始めた。一方、これに合わせて、日本側では「長期継続補給」を合言葉に必死の国内活動が続けられた。現在、設備投資を含めると一億円前後の現地活動費（うち自己資金七〇％以上）に達し、うち九五％以上が現地に投入されるという、類例のないボランティア組織として成長するに至った。これは、私を含めてすべての事務作業、現地派遣が手弁当によって賄われ、組織維持費を極度に切り詰めた結果である。現在、会員数約四〇〇〇名、殉職も厭わぬ献身的な現地の実戦部隊一五〇名はもちろん、補給を忍耐強く支える日本側の良心的協力の結晶である。計画は紆余曲折を経ながらも、各国の撤退に逆らうように、着々と実施されて今日に至っている。

この経過の中で、日本からのワーカー派遣が痛感され、一九八八年以来、医師・看護婦・理学療法士・検査技師など、延べ二〇名を超える人員が現地で協力した。二〇〇一年現在、医師二名、看護婦一名、事務連絡員四名が常駐している。いずれも現地語を習得し、風土になじんだ粒ぞろいで、長期ベースの赴任である。長い者は一〇年を超える。とはいえ、日本からの人材確保は試行錯誤の連続であった。ペシャワールで最低限求められる公用言語だけで、パシュトゥ語、ペルシャ語、ウルドゥ語、英語と、四つある。それに加えて、中世さながらの気風、男女隔離の風習、割拠対立、テロの横行の中で、とくに女性ワーカーの苦労は並大抵のものではなかった。

私たちの場合、ワーカーの観察期間を約六カ月から一年とし、最終的に継続するかどうかを決めるパターンが定着している。もちろん、限定された分野での短期技術協力もあって、それはそれで実をあげた。他の機関と異なるのは、この「観察期間」で、ワーカー本人の希望と現地の要求が一致すると思われるときに派遣を決めることである。それゆえ、なかには不本意に帰国を要求された気の毒な例もあったりした。徹底した現地主義である。二〇〇〇年夏、中央アジアを襲った未曾有の大旱ばつはアフガニスタンで最大の猛威を振るい、一二〇〇万人が被災、一〇〇万人が餓死に直面した。飲料水さえ枯渇して家畜が死亡、数十万人の遊牧民たちが壊滅、農民たちは次々と村を捨てて流民化した。現地国連機関の強い訴えにもかかわらず、国際社会は、タリバン政権の制裁決議で応えたのみである。私たちＰＭＳは、ひとり東部の旱ばつ地帯に速やかに展開、七月以来三五〇の水源を確保、四八カ村、約三〇万人の農民の離村を必死でくい止めている。診療所のあるダラエ・ヌール渓谷では、伝統的水路（カナート）の復旧で灌漑用水をも得て、一旦難民化した二万人を奇跡的に帰村せしめた。このような大規模かつ適切な緊急支援が私たちの手でできたのも、それまで長く住民たちとの信頼を築いてきたからである。

こうして事業経過だけを述べれば、いかにも日本側が一方的に現地に与え続けてきたように見えるが、決してそうではない。私たちがこの事業を通じて受け取ったものも少なくなかった。戦争と内乱、民族・宗教対立、貧困と飢餓、都市化と伝統社会の崩壊、アジア社会のありとあらゆる矛盾の集約ともいえるところで、私たちは下から

「人間」を見つめ続けてきた。同時に、それまで意識しなかった戦争と平和、近代化の功罪、人間の幸せについて考え、「開発」や「進歩」を無条件に肯定する楽天的な信仰を揺さぶられた。その分だけ、私たちの視野が広がり、心豊かになったといえるかもしれない。

三　近代化による矛盾の縮図――ペシャワール

既述のように、現地の特殊性は、宏大な山岳地帯、割拠対立の気風、古代から現代までを包容する多様な生活様式にある。主要活動地域では、前近代的な独自の不文律による伝統的生活が今なお営まれている。主な言語だけで三〇以上、アーリアン系・モンゴル系・トルコ系諸民族が入り乱れる。さらに、アレキサンダーの東征、唐やサラセン帝国の侵入、モンゴリアによる征服、近代に至っては英露の抗争の舞台となり、幾多の歴史的荒波にもまれてきた。現在でも少数ながら、これら征服者たちの子孫が山奥で昔ながらの自給自足の生活を営んでいる。

険峻なヒンズークシ山脈を地理的条件として、古代から現代までが同居する希有な地域だといえよう。割拠対立をはらみながら、人々は異なる民族とのつきあい・共生の仕方を身につけている。ここには、私たちが明治維新以来身につけてきた科学技術の崇拝、近代化・進歩の楽天的な信仰、これらすべてを洗い流してくれる何かがあった。

一九七九年一二月、ソ連軍によるアフガニスタン侵攻に端を発した「アフガン戦争」[1]はこの諸民族共存のバランスに重大な衝撃を与えた。戦争でたたき出された六〇〇万人の難民たちは、何らかの形で長期の現金生活を余儀なくされた。これは農山村出身者には苛酷な体験であった。内戦以前も出稼ぎによる現金収入がありはしたが、収入の多寡が基本的な食生活を脅かすことはなかった。それが突然、生存さえカネによって制せられる体験を彼らは強いられたのである。

(1) 一九八八年にソ連軍は撤退したが、その後もアフガン国内での内戦は続いた。パキスタンのペシャワールはアフガニスタンと国境を接している。(編者)

湾岸戦争（一九九一年一月）までに、各国救援団体は事実上撤退した。アフガニスタン国内では一九九二年四月に共産政権が倒れ、戦場は農村部から都市に移った。前後して農村部難民二〇〇万人が独力で帰り、郷土復興が自力で開始されたが、地域によっては「食べる作物」よりも「売れる作物」に熱が入った。たとえば、小麦の作付けの代わりに麻薬用のケシ栽培を行うと、約一〇倍の現金収入を得ることができる。その収入で農民が小麦を町で買うという希代な現象さえ生じた。こうなると一部の者は楽ができるが、全体の農業生産力は低下する。それが農産物の高騰となって他の人々の生活を圧迫する。他方、「共に食べる農業」を支えてきた伝統的な相互扶助意識が色あせ、村落共同体そのものが分解し始めるという悪循環を生み出した。

主に農業に依拠してきた鍛冶屋・石工などの職人たちは失業し、「復興援助」によってふくれ上がったトラック台数は、ラクダやロバによる中小運送業を駆逐した。これらが人々の心に微妙な変化をもたらした。たとえば、かつて北西辺境州やアフガニスタンでは「客人歓待」は重要な不文律で、報酬ぬきのもてなし、よそ者への配慮があった。これが「目には目を、歯には歯を」という「復讐法」とともに、地域の治安を底辺から支えていた。自動車輸送網の及ぶところでは、人々はよそ者に対してだけでなく、互いに猜疑心を向けて、牧歌的な共同体が崩れ始めている。カネ社会の浸透がこれを揺るがしたのである。

外国団体の援助がこれに拍車をかけた。世界的に説得力のある「教育プロジェクト」が象徴的である。「識字率の高さ＝文化的」という神話を私は信じない。問題はその中身である。私たちの考える教育は、おおむね都市生活向けのもので、近代的生産に適合する労働の質を提供するものである。たとえば、自然理解を深めるはずの「科学知識」は、逆に共同体を支える宗教意識を希薄にし、人々の絆を破壊するのに役立った。すべてはアッラー（神）の定めとする諦念、あるいは血縁の絆に拘束されることは、新知識を得た若者には耐えがたい。彼らは「農村の迷信と陋習《ろうしゅう》」をわらい、自由な空気を求めて都市に集中する。しかし、焼け跡の首都カブールはもちろん、パキスタン側の町々でも、彼らの労働を吸収するだけの容量がない。失業者の群がペシャワールにあふれ、貧困とスラム化が進行した。

一七年前に比べると、事情ははるかに悪くなっているように思える。

四　抵抗する伝統社会

一九九〇年頃からパキスタン側の辺境で頻発した新たな内乱の背景は共通していた。おおむね彼らは西欧の文物を否定し、復古主義と外国人排斥、とくに反米主義を主張する点で一致していた。世界で取りざたされたイスラム原理主義[2]の土壌は、アフガニスタンとパキスタン北西辺境州の辺境では、こうして醸成されたといえる。

（2）イスラム原理主義とは、コーランに記されている教えを文字通り実行しようとする運動で、一九七九年のイラン革命以降、シリア、エジプト、レバノン、アルジェリア、アフガニスタンなどに拡がっていった。（編者）

アフガン戦争そのものが、近代化への反動としての性格を帯びていた。今はなきソ連＝旧共産政権の政策は、その方法はともかく、日本・欧米の国民にとっては常識と呼べるもので、識字の普及、男女平等、農奴制の廃止など、誰もが納得しうるものである。しかし、中世的封建制度を支える宗教的風土を、権柄《けんぺい》ずくで払拭できると信じたところに誤算があった。宗教撲滅運動という過激な政策が大多数の農民を内乱に駆り立てた。

二〇年におよぶ内戦の引き金が性急な近代化政策であったにもかかわらず、難民援助で殺到した西側の支援も、この点では五十歩百歩であった。開発によって「改善」されたのは、近代火器の供与で、大量殺戮が効率的に行われたことだけであった。東西の先進国の「国際援助」が、寄ってたかってアフガニスタンの破壊に貢献したと述べても、現場の証言者として、決して誇張だとは思えない。

一九九四年、「タリバン」（神学生）という新原理主義勢力がアフガニスタンに勃興した。徹底したイスラム法による統治を掲げて、各地で旧勢力を一掃、二年という短期間で国土の三分の二を統一した。二〇年の内乱に疲れた人々は、各地で彼らを受け入れた。一九九六年九月、首都カブールを手中に収め、旧政権さえ躊躇したナジブラ元大統領の処刑を断行、旧習を復活させる政策が欧米側の反発を招いたが、これは過去のいきさつを見れば、納得できる。荒廃した民心を嘆き、「古き良き時代」への懐古、形骸化したイスラムへの反発が、これを支えたのである。

おわりに――共に生き、一隅を照らす

ペシャワール会一七年の活動は、以上のような騒然たる現地情勢の中で行われた。私たちのモットーの一つは、「人の行きたがらぬ所に行け。人のしたがらぬ事をなせ」である。人が蝟集する所ならば、誰かがやるであろう。誰もがすることなら、誰かがするであろう。各国の撤退に逆らうように、私たちは次々と初期の計画を実施していった。会のもう一つの特色と呼べるものは、特定の地域の具体的な問題に取り組み、決して「国際医療」の一般的な論議に埋没しないことである。「議論より実弾を」(3)というのが方針だが、実際のところは、国内の会議などに出る時間的ゆとりがなく、次々と突きつけられる新たな難問に対応するのに追いまくられていた。現地情勢はどんなに説明を尽くしても、日本でわかってもらえることが少なかった。たとえば私たちが国連の権威のなさやいい加減さについて述べると、たいていの日本人から反発された。また、ペシャワール会には私を含めて、当時のお手軽な「ボランティア」や「国際化」の時流に反発する者が少なくなく、多くを語りたくなかったのである。そのため、どうしても「孤高のＮＧＯ」という印象を与えやすかったのかもしれない。

（3）日本のＮＧＯ側の事務経費にカネを使うより、現場を重視して現場にカネを投入する。（編者）

私たちの関心は無論、現地の「健康」にある。一介の臨床医にとって重要なのは、患者が単に命をとりとめることだけではない。彼らが良き社会生活を送れるように配慮することでもある。それができなければ、わずかでも慰めを与えることである。しかし、問題はあまりに圧倒的であり、実際に私たちが成しえたのは、人々と苦楽を分かち合いながら、戦争と迫害に疲れた者にささやかなオアシスを提供できただけである。

近代化・民主化の名のもとに行われた蛮行、自国で喝采を浴びる国際援助の虚構、そしてそれらがもたらした破壊的作用については、すでにふれた。牧歌的な迷信は、別の科学的迷信に取って代わられ、それがまた別のつまずきを生んだ。カネ社会の浸透は人間の利己的欲望を拡大再生産し、伝統社会を容赦なく轢きつぶした。それに対する反動もまた、同様な権力の力学にとらわれる限り、狭い見識を脱することができず、悲劇を増し加えた。

しかし、壮大なヒンズークシ山脈の麓で展開する悠々たる時の流れは、より大きな目でこれらの事象を眺めさせる。地球環境問題と開発＝経済成長とは、絶対に相容れない盾と矛である。人類が生物である以上、農村を捨て、都市化が無限大に進むことはありえない。カネがカネを生むバブル経済のフィクションは、資本の発生する貨幣経済の運命的な帰着である。資本は「市場」という妖怪に振りまわされ、健全な生産―供給体系がすでに破綻しかけている。やがて私たちが見るものは、不必要に生産された製品のごみの山と、薪以下に下落した札束と、都市の廃墟なのかもしれない。

それでもなお残るものとはいったい何であろう。実は、それこそが共に模索せねばならぬものであり、「人が人である限り失ってはならぬ共通のもの」を探る努力それ自体が、人々の狂気を鎮め、慰めと勇気を与えるものになるのではなかろうか。一見異質な文化、異なる宗教・風土に規定された外皮の奥に、共通の人間を発見すること、そしてその悩みや悲しみ、喜びや慰めを共有しようと相互理解に努力すること、こうした中に、平和と共生への道が隠されているような気がしてならない。実際、私たちの活動の最大の業績は、普段は相対立する現地の人々、アフガン人とパキスタン人、イスラム教徒とキリスト教徒、パターン人[4]と非パターン人、そのそれぞれが人工的な垣根を超えて協力し合える態勢を築きえたことではなかったかと思っている。それが国際協力かどうかは知らないが、私たちへの最大の見返りである。そして、それでよいのだと思っている。

（4）パターンとは本来アフガン人をいう名称ではあるが、最後のローディ朝がアフガン系であったのを除くと他はトルコ系。（編者）

コラム③

信州佐久での民際学的取り組み

★地域医療の現場から
――足元を掘り続けると大海原に至る？

長野県厚生連佐久総合病院内科医師
佐久地域国際連帯市民の会（アイザック）
事務局長　色平《いろひら》　哲郎

長野県東南部、人口一三〇〇人の南相木《みなみあいき》村。鉄道も国道もない山の村に、筆者は初代の診療所長として家族五人で暮らしている。自家用車が普及するまで、人は最寄りの鉄道駅小海《こうみ》まで三里の山道を歩いたという。養蚕や炭焼きなどの山仕事しか現金収入のなかった時代だ。今は村営バスが走り、農作業も機械化されたが、患者さんのほとんどは、そんな村の歴史を知るお年寄りたちだ。

診療の合間にその口から語られるのは「遠い記憶」である。今はない分校に子どもたちの歓声が絶えなかったこと。足ることを知り、隣り近所が支え合った暮らしぶり。山に生かされた日々であった。しかし天保七（一八三六）年の飢饉では村の餓死者一二〇余人。明治三〇（一八九七）年七月の赤痢では、寺への収容者二五〇名中死者四〇余名。今も村に残る篤い人情に感激する一方で、ひもじさと感染症流行の生々しい記憶があった。

分け隔てのなさ、生活の楽しみ、笑い、目の輝きの一方に、みてくれ、ぬけがけ、あきらめといったムラ社会の狭さがある。このような二面性は、かつて放浪し、へき地医療に取り組むきっかけとなった東南アジアの村々を彷彿とさせた。

地域というものは、外からの援助では決して良くならない。「そこに実際に住んで日々の暮らしを送っている者が自ら作っていかなければ、決して良くならないんじゃ」。民俗学者、宮本常一氏の言葉である。「風のひと」としてこの村に移り住んだ外来者である私たち家族は、隣人である「土のひと」たちに日々大変お世話になっている。七〇〇年の歴史を持つ自然村相木郷《あいきごう》の包容力に感動しつつ、進行する高齢化と過疎化の波に「ムラの自治」の将来を案ずる医師としての日常がある。毎年百数十人の内外の学生、社会人をムラに受け入れて、消えゆくムラの確かな何かをお伝えすべく地域の友人たちと取り組んでいる。

巨大開発としての長野オリンピック狂騒曲によって一九九〇年代初頭の信州は地域と環境に大きな負荷を受けた。

たとえば長野新幹線と高速道路網の整備に総額一兆七〇〇〇億円が投入され、鉄道や道路の建設現場《ゲンバ》には外国人男性の、飯場《ハンバ》わきのスナックには外国人女性の姿が目立っていた。このようなとき、現場の課題に取り組むべくNGO「佐久地域国際連帯市民の会」（アイザック、ISSAC、International Solidarity of Saku Area Citizens, 一九九〇年発足）は誕生した。ムラおこしに取り組みつつ、外国籍住民の「医職住」の生活相談にあたり、日本の若者が日本のムラとアジア各国のムラを往復することで現場体験していただくことをサポートしている。日々の取り組みで次第に保健医療の枠を出て、市民的公共性について考えざるをえなくなり、「国際金融の構造的暴力」を身近に自覚させられることになった。

「皆さんこんにちは。私たちアイザックは外国人の『医職住』に関する権利を守ることを目的として集まった民間のボランティアです。アイザックにはさまざまな市民、弁護士、医師が集まっています。もしあなたが雇主に虐待されたり、仕事をクビになったり、賃金を払ってもらえなくなったり、売春を強要されたりしたら、また医者にかかるのが不安だったり、アパートが見つからなかったりしたら、私たちに電話してください。電話での相談は無料です。私たちはできる限りの援助をします。もちろん秘密厳守です」。

親友のスマナ・バルア医師(国際医療福祉大学講師)と筆者。

迫害や飢え、また生活の困難を逃れていくつかの国境を越えた難民たちが日本列島に至り、バブル景気が例外的に続いていたここ信州で私たちは彼らと出会い、そして別れることを経験した。アフリカ人の体格のいい男性がHIV／AIDSに感染して体重が半分になり、鼻血を出しながら結核の治療のため入院した。あるタイ女性は亡くなるとき、つくづくと「タイのお坊さまにお会いできないことが残念です」と言い遺していった。このことをきっかけに友人のパイサン師というタイ人仏僧を日本にお呼びし、佐久地域のタイ人コミュニティの行脚と、長野市善光寺まで一週間の徒歩による頭《ず》陀《だ》修行に取り組んでいただいた。現在のアイザックは、足元の地域で「人間として人間の世話をする」ことが、何かしら世界という大きな海につながっていることを日々実感しながら、取り組みを続けている。

第7章　ＡＨＩ★自分たちの使命を実行するために
――ＮＧＯのアカウンタビリティ

アジア保健研修所（ＡＨＩ）
事務局長　佐藤　光

はじめに――今なぜアカウンタビリティか

ＮＧＯは、二〇年前の「良き思いと手づくりの組織運営」で人知れず活動を行っていた時代から、いまや社会を構成する一員としての責任が問われる時代へと入っている。その責任を果たすことで初めて、社会を変えていく力となりうることが共通の認識となりつつある。そのような中にあって、ＮＧＯ自身はその責任性（アカウンタビリティ）をどれだけ意識して活動しているだろうか。またＮＧＯはどこまでアカウンタビリティと真剣に向き合っているだろうか。

アカウンタビリティという言葉で表現されるこのアクションは、単に活動報告や会計報告を開示することを超えて、ＮＧＯに関わる人たちが共に学び育つために欠かせない要素であり、また社会をより良いものに変えていく市民が育つための必須の要素でもある。

本章では、筆者の属するアジア保健研修所（ＡＨＩ）[1]でここ数年間に起こった具体的なケースを紹介し、アカウンタビリティとは何か、なぜその実施が困難なのか、今ＮＧＯにとってなぜそれが重要なのか、そこから何が得られるのかについて述べていきたい。なおここで述べている意見は筆者個人のものであって所属団体全体の意見ではないことをあらかじめお断りしておきたい。

（1）アジア保健研修所（ＡＨＩ）は一九八〇年に創立された愛知県にあるＮＧＯで、アジアの保健開発ワーカーの研修を日本国内外で行っている。日本で行う一カ月の国際研修（年一回開催）では、アジアの八～九カ国から一五名の保健開発ＮＧＯ中堅職員を招き、住民主体の活動を行うために必要なリーダーシップ研修を行っている。また、アジア四カ国にある地元研修協力団体の行う研修への協力も行っている。また新たに元研修生を対象とした国際ワークショップなども行っている。

これらのプログラムに共通しているのは、研修参加者自身が教え学ぶという、参加型研修方式をとっていることである。発足当時から、広く財政的支援を募るため賛助会員制度を作り、現在、全国に約八〇〇〇名近い支援者によって支えられている。職員数は九名。年間予算は約一億円。収入のうち九五％が一般寄付と会費で賄われている。

お互いの経験を共有し合うＡＨＩの研修生たち。

一　アカウンタビリティとは何か

ことの発端

一九九四年、数名の支援者から「これだけの財政、支援者規模を持つＡＨＩが支援者に対して財政報告を定期的に行っていないことは問題ではないか」との指摘があった。そして翌年実施された創立一五周年記念募金においては、一般支援者の支出負担を配慮して、理事、評議員、委員経験者に限って募金を依頼したことが問題化された。

これらは、支援者各人を、運営を一緒に考える協働者として認めていないという支援者軽視の姿勢に対する失望感、怒りの表明であり、また研修で謳っている「参加」の理念が組織運営の中に生かされていないというもっともな批判であった。矢面に立った理事会、職員は大いにとまどった。しかし同時に、こうした問題の指摘と批判は、本来自分たちの組織が求めていたはずのものをないがしろにしてきた結果であると理解し、これらを積極的に受けとめる契機ともなった。

ＡＨＩはこれをきっかけに、それまで事務局一極集中型であった運営を改め、まず支援者に対して開かれた組織をめざし、さらには自分たちを支援者と共に歩む協働者として位置づけることを模索し始めた。たとえば全国の六都市で、その地方の支援者に対してＡＨＩの現状を知らせる集会を開いた。また、理事会・評議員会が実質的に意思決定プロセスを担えるよう、運営改善を行った。常任理事会を頻繁に開催して情報の共有を図ったのである。その後も共に考える支援者を増やしながら、組織としての方針や課題を支援者たちの参画を得て考えていく努力が続けられた。こうした背景がＡＨＩにアカウンタビリティを考えさせるきっかけを作ったのである。

「圧力」と「双方向性」

アカウンタビリティ（accountability）という言葉にはまだ日本語の適当な訳語がない。それだけ私たちにとって新しい言葉ということだ。説明責任、社会的責任、関係責任などと訳されている。普段使われている「責任」という言葉の意味は、与えられた資源を有効に使い適切な活動を実施する責任（実施責任）を表しているが、このアカウンタビリティという用語の場合は、業務、会計などの現状を資金提供者に対して説明する責任であると理解されている。しかし、アカウンタビリティとはもっと「奥行きの深い」責任を意味する言葉であることを理解する必要がある（序章参照）。

つまり次のような展開となる。まず、支援者側からの有言無言の問いかけが一つの圧力となり、ＮＧＯ側に自分たちの活動の現状を説明するよう促す。ＮＧＯ側が現状を説明すると、それに反応して支援者から同意、反論、さらには新たな質問が投げかけられる。これに対してＮＧＯは再び情報を提供し、これらを共有していく。しかもこうした関係は、資金提供者、会員、職員、理事、現地協力団体（支援先グループ）の間でもさまざまな形で展開する。連続した複層的なプロセスがらせん状に続いていくのである。このように、アカウンタビリティとは一方向的、一回限りに現状を説明すれば完結するというものではなく、相手側（ここでは支援者側）からのある種の「圧力」に対して、こちら側（ここではＮＧＯ側）が応答することに始まる一連の双方向的かつ連続的な情報の交流といえる。

アカウンタビリティの対話は続く……。

事例――会報で報告

アカウンタビリティが「圧力」と「双方向性」を含んでいることはＡＨＩの場合にも見られた。

一九九四年当時、ＡＨＩは財団法人として、財団理事会に対しては説明する責任（アカウンタビリティ）を果たし、主務官庁である県衛生部に対しては会計・活動報告を提出していた。しかし、報告する相手として支援者を視野に入れることはなかった。そして先述の通り、「資金を出している支援者に対して会計報告がされていない。それを指摘して気づいてくれたと思ったら、今度は創立一五周年記念募金が限定された『内』の人たちだけで実施されようとしている」と支援者から二重の批判にさらされることになった。支える人たちが思い描いていたＡＨＩの理念と現実との間にあまりにも大きな落差が生じたため、これが大きな圧力を作り出し、その圧力にＡＨＩは圧倒されたのである。

その後ＡＨＩは支援者に対し会計報告書を提出する。そしてそれに対する応答が得られた。

「初めてＡＨＩの台所事情がわかった」

「わかりやすかった」

しかもそれは新たな質問へとつながっていった。

「海外出張で使われている費用の内訳は？」

「国際研修でかかる金額の明細は？」

これらの質問には会報を通して報告するようになった。実は海外出張の費用などは、国によって事情が異なり、説明すると細かくなるため、「あまり説明したくない面倒な部分」の一つであった。しかしそれをあえて詳細に説明することで、非難どころかむしろ現実に対する支援者の理解に深まりが生まれ、事務局も次第に恐れず情報を開示していけるようになったのである。

二　なぜアカウンタビリティが困難なのか

三つの要因

アカウンタビリティが大切だということは、一般的には誰しも認めながら、なぜ内部から説明を始めにくいのだろうか。なぜ活動する側は、アカウンタビリティに対して積極的な意義を見つけにくいのだろうか。それには、以下のような三つの要因が考えられる。

①**「実行優先型」の発想**　まず人に説明することよりも本来の事業に集中し、そこに時間も金も費やすべきであるという「実行優先型」の発想がアカウンタビリティの必要性を低くしている。この発想は、ある組織がごく少数の

関係者で活動を始めた時期にはあまり問題にならない。なぜなら全員がすべてを把握しているという相互の信頼関係の中で事業をすすめることができるからである。しかしその後、事業が拡大し、より多くの人と共に活動するようになっても「実行優先型」の考えが続くとき、情報開示と説明がおろそかになる。

②「言行不一致が恥ずかしい」という心理　次に、組織にとっては「言行不一致」（理念に実行がともなっていない）を知られたくないという心理が、アカウンタビリティの実施にブレーキをかけている。

良い理念に基づいた事業が多くのＮＧＯで実施されている。しかし、現実は理念通り滞りなく完了することは少ない。外的にも内的にもさまざまな要因で当初の目標が達成できないことが多い。担当者は、自分の中で自分に対する不達成感があることを知っている。そして、できなかった現実をあえて支援者に伝えてまで同じ感情を再び呼び覚ましたくないという心理がはたらく。

③「予期せぬ批判を浴びたくない」という姿勢　第三に、説明をすると必ず発生するであろう批判を受けたくないという防御的姿勢がある。自分が予期せぬ批判まで飛んでくる。どうしてわざわざ批判される材料を出すのか、面倒だ、という思いである。たしかに支援者側も、えてして自分の持っている「理想のＮＧＯ像」という等身大以上のイメージを組織に投影し、それと異なる現実を「発見」したときに批判するということは起きうることである。

こうしていつのまにか職員や理事会は、支援者にあまり細ごまとした情報をたくさん送って逆にわずらわしたくないという意見すら持つようになる。そして支援者は少し離れたところに置かれ、「良い仕事」についての印象の良い話だけが情報として流され、支援者は共に考える仲間となる機会を逸していくのである。

事例──誰と共に考えるのか

一五周年記念募金のときの理事会と事務局の思考回路はまさに次のようなものであった。「毎年の会費と年末募金をお願いしている支援者にこれ以上頼むのは心苦しい。また、なぜこの募金が必要かを説明するのは細かい話になる。まずは身内で募金しよう」という論理である。こうして第一回目の募金が実施された。

ところがこれに対して、支援者からは「なぜ、その困っていることを伝えようとしないのか。水くさい。それは私たちを、組織を支えるメンバー、仲間と思っていないからではないか」という批判が出された。これを受け、全支援者に対してこの批判も含めた説明を行い、募金の依頼を行ったところ、一〇〇〇件以上の協力を得ることとなったのである。

三　ＮＧＯにとってのアカウンタビリティの重要性

では、これまで述べたようなアカウンタビリティの困難さを克服していく先には、いったい何があるのだろうか。何を得ることができるのだろうか。

自分が変わるために

今日、政府、企業の市民に対するアカウンタビリティの不足がいわれているが、同じことはＮＧＯにも問われている。三者とも情報を開示し社会からのフィードバックを受けつつ活動することが要求されている。とくにこれまで外部チェック機能のなかったＮＧＯは、他のセクター以上にアカウンタビリティが要求される。また、ＮＧＯは社会の課題を解決することを通して社会をより良いものに変え、人々に新しい社会のあり方を唱える役割も持つ。これを果たすにはまず、自らの組織そのものの中から同じ努力を始め、そこでの「社会」のあり方から変えていかなければならない。そのことなしに、より大きな社会を変えることはできない。

そしてこのとき、支援者にさらされ吟味され、それによって自らの身を律すること、つまりアカウンタビリティを持ち続けることが、自らを変えるための大きな手段となり、転換期にきているＮＧＯにとっての大きな原動力となるのである。

関与する人と共に育つために

支援者にさらされ吟味されることは辛いことである。ややもすると、相手はこちらの欠点を探しているのではないかという邪推すら抱くようになる。しかし、当然ながら相手はまず関わりを求めて問いかけてきているのである。そこにあるのは、「共に歩みたい。しかしその条件としてまず、いったい何が起きているのかを知り、自分なりに判断する材料が欲しい」という思いに他ならない。

こうした問いかけに一度は戸惑いを抱くかもしれない。しかしその後は、「ではどうやって、めざす目標と現実の事業のギャップを埋めるべきか」という、それまで事務局スタッフや一部の理事が悩んでいた問題を今度は支援者と共に考えるという形が出来上がってくる。筆者もこのアカウンタビリティの作業を続ける中で、少なくとも批判や問いかけに応答する立場の人間が支援者の間からも増えてくることを経験している。

問いかけに応えていく作業を通して、組織とその支援者たちは組織の課題を理解しさらに関わりを深めていく。こうして自分たちが責任を持って運営する組織の中で、お互いが共に学び育っていくことができるのである。さらにそれは支援者のみならず、組織に関与するすべての人々と応答し合っていく広がりにもつながる。

組織の使命、役割に刺激を与える

内外の圧力、要望に対して、常に開かれた姿勢で自分をさらしていくという作業は、自分たちの組織の使命、ビジョンに対しても刺激を与える。これまで長らく保ってきた組織のビジョン、使命、それに基づく実際の活動内容は本当に今必要とされていることなのか。もっと他にすべきことが出てきているのではないか。こういう疑問、問題提起は、自分たちのビジョン、使命、活動内容、そしてその結果を露わにしていく過程の中で浮かび上がってくる。外に対して自分たちをまったく閉ざし、「我が道」のみを行く組織は、いつのまにか組織のための組織となっていく危険がある。

おわりに――共通使命に向かって

現在日本にはＮＧＯが四〇〇以上あるといわれている。教育分野、農村開発、保健、子ども、女性、少数民族、人権分野など多岐にわたる。その一つ一つに個別の使命があり、それに基づいて活動を行っている。これらの組織が、自分たちの個々の使命を実行するためにさまざまな形でアカウンタビリティを高めることの重要性は前述のとおりである。

しかしそれに加え、各ＮＧＯはそれぞれのアカウンタビリティを高める作業を通して、もう一つの共通する使命を追求しているように思われる。それは、共に社会を変革していく市民へと変えられていくということである。ある人が、ＮＧＯに参加しその組織のアカウンタビリティを高める作業に加わったとき、いったいその人に何が起こるだろうか。まず情報が与えられる。そして徐々に自分の知りたいことが組織から提供され、さらに自分で課題、問題を考えるようになる。そして問題の解決に対して、状況理解を深めながら行動を計画し、実施にも参加し始める。こうしてＮＧＯに起こるさまざまなことがらを、自覚的かつ批判的に、しかも共感的に、すすんで参与する中で受けとめていくようになるのである。

そしてもっと重要なのは、こうしたことがらへの関わり方を身につけた人は、今度はＮＧＯ以外の生活全般においても同じ見方、考え方を応用できるようになることである。たとえば、ＮＧＯに関わる中で、関係者すべてに情報を流すことが共同作業を行う上で必須だとわかった人は、自分の職場でもこれまでと違う発想で上意下達のシステムを変えていこうとするし、家庭でももっと会話を増やすことの大切さを見出すことだろう。また、国政における不透明さにも疑問を感じることだろう。こうして職場で、学校で、地域で、家庭で、そして世界の中の日本で、それぞれ持っている課題、問題に対して、自覚的、批判的、共感的、参与的態度で接することができるようになる。このようにアカウンタビリティの向上を図ることは、社会全体に対する一人一人の関わり方にも変化を起こす。この変化こそ、社会を変革していく市民へと変えられていく力に他ならない。

すべてのＮＧＯに要請されているアカウンタビリティは、個々の活動の使命に向かう成長を促しつつ、一人一人が大切にされる社会をめざすという共通使命に向かって、大きな貢献を果たそうとしている。

第二部　援助される側にとってのＮＧＯ

——現場からの声とＮＧＯの功罪

第8章　神戸の人々から見た「援助」

三好亜矢子

はじめに――一〇〇万人のボランティア

一九九五年一月一七日、阪神・淡路大震災が起きた。一次災害による死者五五〇二人、負傷者四万一五〇二人、全半壊家屋一八万三四三六棟、約四〇万六二三七世帯が被害を受けた。道路、電気、ガス、水道などのライフラインが遮断され、行政機能も麻痺する中、迅速な救援活動を行ったのがボランティアやNGOだ。地震発生以降、事態がやや鎮静化した九五年四月までに「神戸」に入ったボランティアの数は延べ一〇〇万人。海外での開発協力に携わるNGOをはじめ、数百にのぼる市民団体も活動に加わった。NGOに対する社会的な評価も高まり、「ボランティア元年」という言葉も生まれた。さらにNGOの活動を促進するために「非営利市民活動促進法」(NPO法)も九八年に成立した。こうしたNGOに対する好意的な流れとは裏腹に、筆者には「神戸」に対する援助がどれほど「援助される側」にとって有効だったか、今も疑問が消えない。

筆者は震災直後にNHK衛星放送のNGOに関する番組制作のため「神戸」に取材に出かけ、その後も「神戸市灘区の六甲小学校避難所」[1]や「震災後五年の神戸」をテーマにしたドキュメンタリー・ビデオづくりのため、今も神戸行きを繰り返している。本章では、筆者が取材した人々の肉声を通じて、医療や物資配給など支援を受け取る側＝「援助される側」から見た「援助」について述べる。

（１）「すきなんや　この町が　ＰＡＲＴ１――一九九五・神戸・ある避難所の記録」（一九九六）、「すきなんや　この町が　ＰＡＲＴ２――震災から６年・神戸の町と人を追い続けた」（二〇〇〇年）。いずれもドキュメント・アイズ制作ビデオ。

第一節では避難所における緊急医療の限界、第二節では「炊き出し」を例に被災者を列を作って待つだけの無力な存在に貶めがちな体質、第三節では救援活動によってかえって二次的な災害が引き起こされた点をあげる。「援助した方が援助しないよりも厄災をもたらす可能性が高い」ことを「援助する側」は改めて肝に命じるべきである。

神戸ＹＭＣＡを中心にした、避難所にも行くことのできない高齢者所帯への訪問活動など良質なプログラムが展開される一方、本章で取り上げたタイプの「援助」が残念ながら主流であったと言わざるをえない。サービスの提供に没頭するあまり、「援助を受け取る側」の存在そのものすら「援助する側」の意識から消えていく、「相手を必要としない」一方通行の援助、一九八〇年代初めの草創期を経てなお日本のＮＧＯの多くが抱える致命的な体質が「神戸」でも如実に現れたといえる。

一　人々は無力な存在か

関西ＮＧＯネットワーク――医療ボランティアの素早い対応

地震直後に「神戸」に駆けつけたＮＧＯのうち、まず緊急医療を行ったグループを取り上げたい。

兵庫県医師会によると、震災で県内の民間医療機関のうち九七カ所が全壊、一一七カ所が半壊し、医療機能は麻痺状態になった。その機能がほぼ回復する九五年三月までの間、被災者の医療はボランティアによって支えられた。神戸市には県外の医師、看護婦らを中心に延べ三万七〇〇〇人余りが避難所内の救護所などで被災者の治療に当たった。救護所には当初、外傷や、やけどなどの患者が次々と運び込まれた。

一月二二日、神戸市の中西部に位置する灘区六甲小学校の校舎一階、西隅にある保健室に医療ボランティアが救護班を設置した。このグループは、JOCS（第5章参照）、シェア（コラム②参照）など四団体によって緊急に構成され、当時、西宮体育館（西宮市）に本部を置いていた「関西NGOネットワーク・医療ボランティアチーム」から派遣されていた。全国から集まってきた医師、看護婦、保健婦、薬剤師らは、ひとまず西宮体育館をめざし、ボランティア登録をした後、それぞれの現場に配属された。このシステムは、後述する医療関係以外のボランティア受け入れの混乱ぶりに比べるとよく機能していた。

西宮体育館でミーティング中のボランティア医師・看護婦たち。

自治組織が作られた六甲小学校

当時、六甲小学校には約三〇〇〇人が避難していたが、他の避難所の多くと決定的に違っていたのは、震災後すぐ避難住民によって一種の自治組織が誕生していた点である。

六甲小学校は、一九九五年一月に創立一一〇年を迎えた。木造三階建ての校舎を四階建ての鉄筋コンクリートに新築して二年。オフホワイトの校舎の西隅のてっぺんは、三角屋根の時計台もおしゃれだ。「ここに避難するのは、戦災以来、二回目やな。あのときもこうして運動場に逃げてきた。新築する前の校舎やったら、今度の地震は保たんかったかもしらん」とおばちゃんが教えてくれた。

同校に避難した人々は、震災から一週間後には、それぞれが住んでいる場所別に五～六世帯ごとに（人数としては約二〇名）班を編成した。一階から四階の各教室、廊下住人を校舎組、運動場に停めた自家用車や仮のテントに住む人々を運動場組、そして体育館に寝起きする人々を体育館組と大きく三つに分かれていた。掃除などのボランティアを出すのも、この三つの組を基礎にしていた。九五年一月二四日段階で班の数は八四。班長さんは住民が互選した。行政の対応が遅々として進まない中、人々が声を掛け合い、力を合わせることによって正気を保ったのはみごとという他ない。

週三回（震災直後には毎日）、夜七時から八時まで、一階図書室に班長さんたちが集まり、班代表者会議を実施。避難所という「町」を運営する上でのさまざまな問題が話し合われた。土地っ子で市営バスの運転手を務める男性（当時四二歳）が代表者会議の議長に選ばれた。会議には他に住民の大家さん的立場である学校からも教師が出席。また、全国から集まってきたさまざまなボランティアの代表も参加。被災者、学校、ボランティアという三位一体の態勢がとられていた。保健、医療、子どもの教育、心のケア、炊き出し、食材の提供、救援物資の運搬・分配といった実に多種多様な形で、六甲小学校に関わったボランティアは五〇〇名を数える。行政側として、区役所から派遣されてきた避難所担当職員はオブザーバー参加。トイレ掃除の割り当て、入浴サービスの高齢者優先のポリシー確認、救援物資の配給システム、近隣の医療機関の営業再開の案内など避難所という一つの「町」の運営に関わるすべてが会議の議題となった。

「患者のことは医者が一番よく知っている」

こうした高度に組織化された避難所に前述の医療ＮＧＯがやってきたわけである。私たち撮影チームが二月四日、六甲小学校を訪れ、避難所の人々から撮影許可を得ながらカメラを回し始めた途端に問題が起きた。医者や看護婦から思いがけない苦情がきた。私たち撮影チームが被災者の人権を侵害しているというのである。「撮されるのを嫌がる人々を無視して好き勝手に撮影を進めている。患者のことは医者が一番よく知っている。医者が撮影はだめと言ったらだめ」と強く抗議された。

私たちが配慮不足だった場合は住民の方に直接お詫びしたが、被災者の皆が皆、患者ではもちろんなかった。被災者を頭ごなしに「自分の力で自分の人権を守ることのできない弱い人たち」とする見方は、残念ながら日本社会にあっては日常的な医師（強者）と患者（弱者）という図式を避難所に適用したにすぎない。また、日本のＮＧＯが陥りがちな「援助を受け取る側」のイニシアティブと力量を軽視しがちな病弊の一つが図らずも露呈したといえる。

夜九時、一〇時になってもミーティングの続く保健室のあかりを眺めながら、私はなぜ、彼らが白衣を脱いで、避難所の人たちと話をしないのか不思議だった。救護所のリーダーは、活動に入ってすでに二週間を超え、髭をそる暇もなく疲労困憊の様子だった。この間、彼は一度も代表者会議の議長らと今後の課題についてじっくり話し合ったことはない。その点についての私の質問に代表者会議の議長は、「僕ら元気やもん、どうして医者と話せんといかんわけ。医者に用事ないわ。医者の名前なんか知るわけないよ」と笑い飛ばした。心身頑健な議長には、代表者会議の場で医師の発言を聞いていても、医師の側から丁寧なフォローがなければ、避難所全体の保健状況の改善がニーズとして大切なことを十分理解されていないことがよくわかる。

プライマリ・ヘルス・ケアのアプローチ(2)

(2) 一九七八年九月、旧ソ連のカザフ共和国の首都アルマ・アタに、世界一四〇カ国以上の代表が世界保健機関（ＷＨＯ）とユニセフの呼びかけで集まり、国際会議が開催された。この会議で、「西暦二〇〇〇年までにすべての人に健康を」という目標を定め、そのための世界戦略としてプライマリ・ヘルス・ケア（ＰＨＣ）という理念（アプローチ）を打ち出した。ＰＨＣは、地域住民を主体として、住民の参加により病気の予防・治療を含む基本的保健医療サービスを、すべての人々に提供しようとするアプローチである。ＰＨＣは、基本的人権の一つである人々の健康を増進し、社会正義の実現をめざす戦略であり、健康（不健康）の背後にある政治、経済、社会的問題をも視野に入れたアプローチである。

一月二七日に代表者会議のニュースレターとして発行された「だいひょうしゃかいぎだより第二号」によれば、シェアのある医師は次のように述べている。

「今、灘区内の避難所に大問題が発生している。その中でもここ六甲小が一番悪い状態である。一月二一日以降、

六甲小学校避難所。はるばる栃木県からやって来た救急車が大活躍した。

保健室に来る人は毎日二五〇人もいる。救急車で運ばれた人は、二二日から二六日の五日間で一五人もいる。それは、この避難所が人口過密になり、八〇歳以上の人が廊下で寝ているといった状態が原因している。また、風邪をひいた老人は、ずっと寝たままになり、どんどん痰がたまり、肺炎を起こしかけている人もおり、保健室に運ばれたときは手遅れか、その一歩手前ということもよくある。災害を乗り切ったのに、環境問題で死者を出すのは是非避けたい。そこで次のことを提案したい。

＊年寄を寝たままにしないで、少なくとも座って話をしたり、散歩を一緒にする。
＊寝込んでいる人がいたら、すぐ保健室に知らせる。
＊他校（長峰中、美野丘小、鶴甲小）へ移り、人口過密を解消する。
＊廊下で寝ている人をなくす」。

避難所で病状が悪化

一月二〇日、六甲小避難住民の一人が避難者リストの入力をボランティアで始めた。一月二八日時点で、二一〇名がコンピュータ登録された。八〇歳以上が四〇人となっているが、そのうち一五人が風邪をひき重症となっている。震災の直撃は免れたものの、避難所の寒さと栄養不足によって基礎体力の落ちたお年寄が肺炎の犠牲になっていった。シェアの医師たちが、初期の対応として、避難所の高齢者をできるだけ被災地外の病院へ移送したのは適切な措置といえる。このとき、実施された緊急ショートステイ（被災した要介護の高齢者を老人ホームが一時的に無料で受け入れ）により、入所した高齢者の数は約三〇〇〇人。厚生省の緊急措置として、定員超過もやむなしと判断された。

しかし、シェアの医師たち自身が認めているように、避難所そのものの環境改善はなかなか進まなかった。廊下に寝たままになっている約一〇〇名の人を教室あるいは体育館に吸収すること、あるいは床に敷く断熱材（強化プラスチック）マットの調達・配布・敷設は、医療従事者の仕事というより避難所運営そのものに関わっていたからだ。避難所での保健医療プログラムにこそ、コミュニティと住民の参加を必要不可欠とするプライマリ・ヘルス・ケアのアプローチが必要だったのである。断熱材の支給は三月一七日にようやく代表者会議の住民代表の奔走で実現した。

二　被災者のイニシアティブを支援

被災者に列を作らせる愚

こうした「援助する側」が「援助を受ける側」と良好な関係を作ることに失敗したケースは、さまざまなグループによって、まるで競争のように行われた「炊き出し」にも見ることができる。

ある被災者の言葉によれば、「豚汁は、もう一生、食いたないで」というほどの活況を呈した。炊き出しグループは、岡山、愛媛、京都、大阪、神奈川、福井など、やって来る場所も千差万別、労働組合あり、生協グループ、宗教関係ありと多種多様。皮肉なことに、受け入れ側では、そのメニューとスケジュールを調整することができなかった。あくまで「援助する側」の都合に合わせて豚汁は提供された。野菜や肉など身だくさんでからだが温まる豚汁を全面的に否定するわけではない。ただ、私は「援助する側」が、調理が比較的簡単で一度に大量に用意できる「メニュー」に依存するあまり、「被災者は常に豚汁を待っている」というニーズを勝手に作ってしまったのではないかと疑っている。被災者は出来上がった豚汁をもらうために列を作って待てばよいとするパターンはあまりに安易だ。人々が今何を食べたいのか、当の相手に相談さえすればこの事態は防げたはずだ。

自分たちで調理する――プールサイドにできた台所

「被災者に列を作らせる」型の救援活動に痛烈なアンチテーゼを提出したのも被災者自身である。二月二六日、代表者会議の議長（彼は体育館の住民代表も兼ねている）の東奔西走で、体育館組を中心に被災者の手によって初めて、自前の炊き出しが行われた。プールサイドにガスボンベとこんろを設置して行われた。議長は、「全部、何もかもみんなと一緒の炊き出しではそれぞれの家庭の味を出すというふうにはいかんからなあ。場所さえあったら、それぞれで作った方がええと思う」と各世帯が独立して調理ができる場所づくりにこだわった。

奥田和子甲南大学教授（栄養学）は、阪神大震災の避難所の食事調査（一九九五年四月五日〜一二日）を行っているが、その設問の中に、「もし軽い食事づくりができる簡易キッチンが避難所の中にあったら、自分で作って食べたいですか」がある。結果は、「はい」が六二％だった。年代別に見ると五〇歳未満が最も高く、比率で六〇〜七〇％、六〇代は四六％、七〇代は四四％と低い。奥田氏はこの傾向について、「自分の好みに合った料理を作りたい」という希望が五〇歳未満に強いのに対して、高齢者になればなるほど、自分で料理を作る気力を失うのではないかと分析している。

また、病弱者の八〇％が、自分の症状に合わせた食事を作りたいと答えているのも看過できない。脂肪と塩分過多になりがちな配給食の欠陥をどう補うか、持病を抱えている人々にとっては切実な問題であった。「それぞれの家庭の味を大事にしよう」という議長の健全なマイホーム感覚に、奥田氏のような栄養士あるいはＮＧＯからのサポートがあれば、高齢者と病弱者という弱者に焦点を合わせた別の展開もあったかもしれない。「救援する側」には、救援する側が「発見した」被災者の「ニーズ」に対応するというよりも、むしろさまざまな制限の中であれ、少しずつでも自分たちの生活を立て直そうという被災者自身の試みを支援する姿勢が求められていた。

三　救援活動は二次的災害か

フリーボランティアによる管理

一九九五年二月五日、ベトナム人が多いテント村として広く知られた長田区南駒栄公園を訪れたときのことだ。公園に隣接する大阪ガスの敷地には両者を仕切る金網を今にも突き破らんばかりに瓦礫が積み重ねられ、不完全燃焼の煙がたなびいてくる。かつてマニラのごみの山として知られた「スモーキー・マウンティン」を彷彿とさせる。いがらっぽい煙が、テントの近くで遊ぶ子どもたちに押し寄せてくるところもそっくりだ。

公園の海寄りに大型のテントが張られ、その中には石鹸、タオル、シーツ、洋服、ラーメンなどの救援物資が整然と分類されて段ボールに納められている。その宝の山とでもいうべきテントから二〇メートルほど離れたところに、「被災者」が一列になっている。朝九時と夕方五時の一日二回、一〇〇人から二〇〇人が並ぶ。テントの入り口と行列の先頭に、それぞれ無線機を持った若い男性ボンティアが陣取り、連絡し合っている。「こちら、スタンバイ・オーケーです。どうぞ」。「了解。三人ずつ入れてください」。テントの中では、「お一人、三品ずつなので、ご注意ください」ときた。

「被災者」はと見れば、着ているものもこざっぱりとしていて表情も明るく緊張した様子はさらにない。順番を待つ間、談笑に余念がない。五〇代とおぼしい主婦二人に話しかけてみた。「うちとこはね、家はどうもなかったんやけど。まあ、ちょっとお風呂のタイルにひびは入ったけど。まだ、ガスが通らんから料理が不便やわ。今日は、何があるやろか。昨日、あそこの小学校の避難所、行ってみたらね、ええバスタオルもらえてよかったわ」。

本当に困っている人に届かない救援物資

ほとんど被害を受けなかった幸運な人たちは、あちこちの避難所めぐりをしながら気に入った救援物資を集めて回っている。他方、避難所に入れず自宅に留まったため救援物資配布の対象とされないが、切実にそれらを必要としている人たちの手に、速やかに円滑に届けられているかどうかが問題だ。また高齢者の中には配給の列に並べないほど体力の弱った人も多かった。救援テントから離れて様子を見ている三〇代前半のボランティアの男性に話を訊く。会社から休みをもらって群馬県から駆けつけてきたとのことである。「僕は、ああいうやり方で救援物資を分けることには反対です。家を失って、この南駒栄公園に住んでいる人たちは、自らの窮状を近所の人の好奇の眼にさらけ出してまで、列には決して並びません。家財を失った人たちと、被害を受けていない人たちとでは、着ているものですぐ区別できます。それに並んでいる人たちは隣り近所の人たちですから、誰の家が焼けて、誰の家が全壊したか全部わかっているんです。誰が本当に困って並んでいるかが一目でわかるのですから」。

この男性は、長田区役所のボランティア受け入れ窓口で、たまたま曹洞宗国際ボランティア会（ＳＶＡ、当時、第2章参照）に配属されたのがラッキーだと語る。「震災前に同会を知っていたわけではありませんが、ボランティアに対して救援活動に関するオリエンテーションを行っている点だけを見ても、他のグループとは全然違います。それぞれの被災者の置かれているさまざまな状況に配慮することなく、救援物資を画一的に管理・配給しているボランティアたちは、長田区役所のボランティアセンター直属の学生などフリー・ボランティアです。このやり方では物資を本当に必要としている人たちに届かないから、やめろと言ってはいるのですが、なかなかわかってもらえません。ＳＶＡの救援本部に言って、もっと上の人に注意してもらおうかと思っています」。

ボランティア・コーディネーターが徹底的に不足

学生の彼らが彼らなりにできるだけ秩序正しく、誰にも公平に物資を分配しようと努力している意欲は多として認めなければならない。それが結果として、最もニーズの高い人々を対象から排除するという見当違いなものになったとはいえ、彼らは、誰に命令されたわけでもないのに、自分のポケットマネーをはたいて被災地に駆けつけてきたのだから。大阪市立大学の秋山智久教授が震災ボランティアを体験した約五〇〇三名を対象に行った調査によれば、年代的に二〇歳代が三四％と最も多く、そのうち約六割が学生だった。国際協力あるいは国内における福祉や介護の活動など何らかのボランティアに過去、従事したことのある若者は半数に満たなかった。

こうした事情を加味して、ここで私たちが汲みとるべき教訓は、彼らのアプローチの間違いを責めることではなく、今後の課題として、そうした失敗を適宜チェックする調整機能を充実させることである。震災後、多くの人々が口を揃えて、ボランティア・コーディネーターの不足と育成の急務を訴えるようになったのは、南駒栄公園のような事例が無数にあったからに違いない。

救援物資は第二の災害

また、第二に提起したいのは、交通が遮断された震災直後ならいざ知らず、あの山のような救援物資が本当に必要だったのかという疑問である。この点については一九九三年の北海道南西沖地震に遭った奥尻でも、また一九九〇年以降、雲仙・普賢岳噴火による被害を受けている島原でも、全国から次から次に送られてくる救援物資を消化しきれなくなり、最終的には時期を見て残った物資を焼いたといわれている。六甲小学校の代表者会議議長は震災から二カ月を少し過ぎた三月末の段階で、これ以上の救援物資は必要ないと判断し、夜間、不必要な混乱を避けるため目立たぬよう小型トラックでこれらを他の避難所に譲った。

医療チームの本部機能が置かれた西宮体育館は、被災地の中でも最も規模の大きいマンモス避難所の一つだったが、ここでは殺到する救援物資とボランティア志望者を把握し調整するために、ボランティアが西宮市と連携して一九九五年二月一日、西宮ボランティアネットワーク（ＮＶＮ）というＮＧＯを組織していた。ＮＶＮ発足後一カ月で八八二〇人（累計）のボランティアが参加しているが、驚いたことにそのうちの八割が配給部に配置され、全国から集まってきた救援物資の仕分け、配布、配送に従事していた。ＮＶＮは他に本部機能としてボランティアや物資の管理を行う情報部と各ボラン

図　西宮ボランティアネットワーク本部組織図

（1995年2月1日時点）

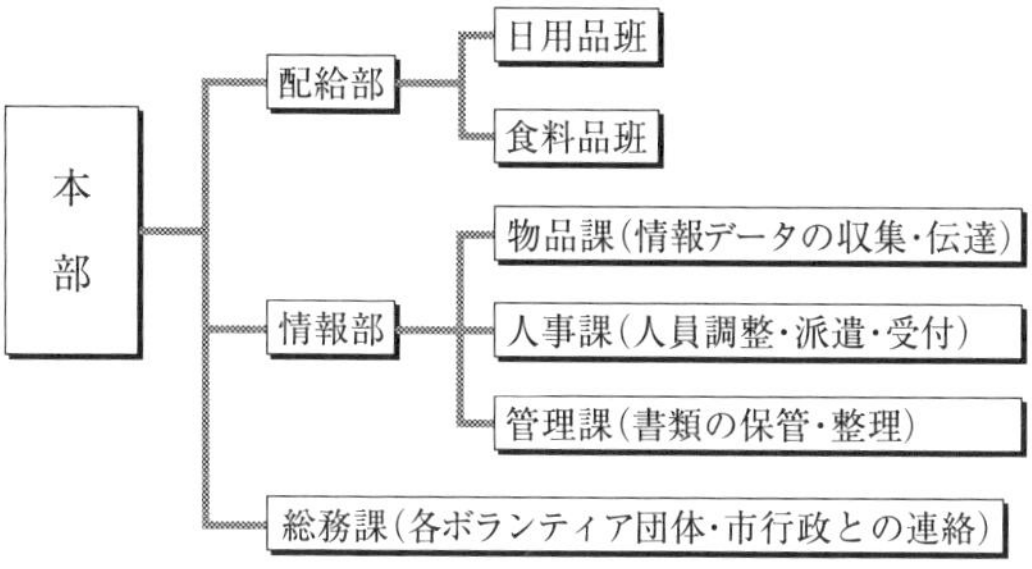

出典：「ボランティア・センター研究年報」（1997年）。

ティア団体・市行政と連絡を行う総務部を置いているが、同団体の本部組織図（図参照）の中に「被災者」あるいは「避難住民」という言葉がどこにも見当たらないのも偶然とはいえない。辛うじて他団体や行政との連携の必要性を認識していたのはせめてもの救いだが、基本的には物資配給という「業務」をできるだけ効率的に処理していくことを目的化した閉鎖的な性格を示している。

こうしたサービスの提供に没頭するあまり、「援助を受け取る側」の存在そのものすら「援助する側」の意識から消えていく――「相手を必要としない」一方通行の援助はＮＶＮという一つのＮＧＯに限った問題ではない。八〇年代初めの草創期を経て今日に至るまで、日本の多くのＮＧＯに巣食っている病根の一つではないだろうか。

おわりに――協力は対話から生まれる

阪神・淡路大震災を契機に多くの若者がボランティア活動に目覚め、ＮＧＯもまた社会的な評価を高めた一方、数々の課題を残したこともまた否定できない。その第一は「困っている相手のために何かをしてあげたい」という熱意のあまり、協力を受ける側の主体性を矮小化する傾向である。第三節で述べた「物質を配りますから皆さん並んでください」というフレーズが象徴的だ。国内外を問わず、日本のＮＧＯの多くが陥りやすい自作、自演型の協力パターンともいえる。この手法から脱却するためには援助活動に大車輪になる前にちょっと立ち止まって相手と対話することが必要だ。豊かな双方向のコミュニケーションを持つことによって初めて「協力を受ける側」の知恵と自己回復力が明らかになる。この発見こそがすべての援助活動の出発点と考える。

＊本書第二刷のための補記　本書出版後、本稿が取り上げた神戸市灘区六甲小学校避難所で活動されていたシェア＝国際保健協力市民の会（コラム②参照）の医師の方々から私のシェアに関するコメントが一方に偏しているのではないかとのご意見をいただいた。私としてはシェアの皆さまの献身的な努力を軽んじるつもりは全くないことを改めて強調するとともに、本稿の趣旨はあくまでさまざまな開発現場において援助する側、される側のコミュニケーションが重要であることを指摘したものであることを付記しておく。

第9章　NGOへの高まる期待と課題
——ラテンアメリカの事例

専修大学経済学部教員
中米の人びとと手をつなぐ会
代表　狐崎　知己

はじめに——本章の内容

ラテンアメリカは日本から地理的に遠く（といっても運輸・通信技術が発展した現在、さほどの違いがあるとは思えない）、突発的な大事件でも生じない限り日本のメディアが取り上げない地域である。そのためもあってか、ラテンアメリカを対象にNGO活動を行っていると、必ずといってよいほど日本との関係が問題にされる。このような問いに答えるためにも、第一節ではアマルティア・センのエージェンシー論を手がかりにNGOと国籍の関係を考えながら、第二節以降で考察するNGO論のエッセンスを提示する。第二節では、NGO活動の源流となる二つの運動、カトリック教会が率いた草の根開発主義と左翼ゲリラ活動に焦点を据え、その特徴や問題点を考察する。次いで一九八〇年代後半以降のNGOへの期待の高まりをラテンアメリカ社会の急速な変貌と関連づけ、NGOが直面するさまざまなジレンマや課題をまとめる。第三節では、民主化と社会的公正、もう一つの（オルタナティブな）発展へ向けて国家と市民社会、市場の三者関係の変革をめざすＮＧＯの新たな試みを紹介する。

一　エージェンシーとしての国境の越え方

日本との関わり？

ラテンアメリカの開発問題に関心を持ち始めて二〇年になる。この間、激しい武力紛争が続くエルサルバドルやニカラグア、グアテマラといった国々で殺されていったたくさんの人々に出会い、やむにやまれず「中米の人びとと手をつなぐ会」というＮＧＯの結成に加わり、連帯・支援活動を続けてきた。一九八〇年代を通じてこれらの国々では、先住民族や農民、都市貧困層らを標的に国家や武装勢力による無差別殺戮が続けられていた。ＮＧＯの関係者も例外ではなかった。このような状況下に置かれたＮＧＯのとりうる選択肢については第二節で論じるが、私たちの活動は極限状況に置かれた人々の「殺されない権利」を守るための人権擁護が中心であり、現地や欧米諸国のＮＧＯと協力して活動にあたった。

一九九〇年代に入り、中米諸国で相次いで和平協定が締結され、武力紛争自体は終結を迎える。だが、和平協定の履行、紛争時代に行使された暴力の真相究明と責任者の処罰、紛争犠牲者の名誉と尊厳の回復、残された人々の癒し、コミュニティの再建、地雷の処理、政治社会の民主化、対外債務問題の解決、持続可能な発展のあり方の模索など、国外からの協力なしには解決不能な課題が山積している。紛争が終わったからといって、新たな歴史のページをめくるための条件が整っていない点は他の多くの国々と共通している。紛争時代の生々しい記憶が現前し、形を変えた権力抗争が引き続くラテンアメリカ社会で協力相手との信頼関係を築きながらＮＧＯ活動を展開するには、鋭敏な人権意識と政治感覚が要求される。おまけに、この地域はハリケーンや地震などの自然災害に襲われやすい上、負の開発（maldevelopment, 多数者の潜在能力を損う開発）の傷跡と弱体で腐敗した国家のために、ちょっとした災害でも犠牲者の数が膨らんでしまう構造がある。私たちにできることは無数にある。

このようなことを日本での集会で話すたびに、繰り返し同じような質問を受けてきた。「日本とどういう関係があるのですか」というものだ。質問の意図は、相手によって異なっているので、答え方も同じではない。「関係がないなら関わりたくない」という意味ではなく、その人がラテンアメリカの小国と日本との関係に本当に関心があるならば、きちんと実証的な説明をする。世界有数の貿易・経済大国になる過程で、また日米の緊密な政治的同盟関係のために、日本はラテンアメリカ諸国との間に多様な関係を築いてきたし、現在、日本が最大のODA供与国となっているラテンアメリカの国々も少なくない。だが、日本との関係性が判明したところで、支援の輪が広がるわけではないことは、アジアを対象にした日本のNGO活動が決して盛んとはいえないことからも明らかだろう。

軍に誘拐された親族の行方を捜し求める「エルサルバドル政治的失踪者の母の会」のデモ行進（1991年）。

日本のマスメディアが必ずといってよいほどNGOに浴びせるこのような問いかけ自体に、NGOの本質を理解していない点が露呈しているように思える。NGOに国籍を背負わせる必要があるのだろうか。「日本との関わり」の濃淡をそれほどまでに気遣う必要があるのだろうか。フジモリ政権が誕生して以来、未知なる国であったペルーの人々への関心が生まれ、ペルーを対象にしたNGOがいくつか結成されたと聞く。現状を深く知るにつれ、その変革を求める支援の輪が広がり、「フジモリさんの国を支援する」という当初の意図を離れて活動が進展していき、普遍的な課題に行き着くというのがNGOの本来あるべき姿の一つであるように思える。私たちも人権侵害に抗議をする際には、「大国日本」の名を戦略的に利用して「日本のNGO」の名で声明を出すが、私自身はラテンアメリカ諸国でNGO活動に参加する中で、現地の人々から「なぜ『日本人である』あなたが」という質問を受けた記憶はない。反面、日本政府の選挙監視団や政府開発援助（ODA）調査団に参加するいをこの点にも見ることができる。

際には、このような質問攻めにあって当惑することが多い。国境の越え方に見られるＮＧＯとＯＤＡの本質的な違

ＮＧＯとエージェンシー

一九九八年にノーベル経済学賞を受けたアマルティア・センは『不平等の再検討』（池本幸生訳、岩波書店、一九九九、原著 *Inequality reexamined*）の中で、「経済的合理性を超えようとするところに人間の自発性や主体性を見出そうとする」人々に注目して、エージェンシーという概念を提示している。自分自身の福祉に直接結びついているかどうかにかかわらず、本人が追求する理由があると考える目標や価値ならば、その実現に積極的な役割を果たしていくことがエージェントとしての活動であり、そのような人々が集まった運動や組織がエージェンシーである。ＮＧＯはこのような意味でのエージェンシーの一形態である、と私は考える。だが、本人の福祉を最初から犠牲にしてまでも、という議論にはもちろん賛成しない。[1]

（1）この点に関する議論はセンの前掲書を参照。（編者）

「ＮＧＯで働くことは他では得られない満足があるのだから、給与は安くてよいのだ」という驚くべき主張を大手ＮＧＯの顧問のような人から聞いたことがあるが、ごくごく例外的な人しか持ちえないこの種の「達人倫理」（マックス・ウェーバー）をエージェントに求め続けていては、常人にとってＮＧＯ活動はいつまで経っても縁遠いものにならざるをえないだろう。このＮＧＯの給与水準は日本で家族を抱えて暮らすには常識的に見て安く、引き上げる余地はあったが、現地活動費に回すべきだという主張が多数を占めた。この種の禁欲的な「達人」に率いられるＮＧＯがあるとして、これが文化の異なる草の根の人々の間に入って活動をする場面を想像してほしい。相手に及ぼす迷惑や犠牲を考えずに、独善的な正義や倫理に基づく開発のあり方を指導する方向に傾斜しないだろうか。

実際、私はラテンアメリカで嫌というほどこの種のエージェントやＮＧＯを見聞きし、活動の残骸とその犠牲者

に出会ってきた。ごく最近になるまでラテンアメリカのローカルＮＧＯの多くは、草の根の人々や住民組織、農業協同組合などのベース組織とは出身も文化も異なるエリートによって率いられていた。パウロ・フレイレ（一九二一—九七）流の「対話」や「意識化」を掲げながらも、実際にはエージェントが抱くイデオロギー世界の中で構築された「現実」解釈と変革の方法や道筋が提示され、「正しい答え」に行き着く仕組みになっていたのである。草の根の人々を指導者として招き入れ、運動方針に関する決定権を与えることも少なかった。現在、ようやくその反省が見られ始めている。

ラテンアメリカにおけるＮＧＯ活動を見ていると、自分自身の福祉、エージェントとしての福祉（エージェントとして追求する目的の達成感）というセンの区分に加えて、協力相手の福祉という三つの福祉を分けて考えることが重要であるように思える。三つが重なり合うのが望ましいことは言うまでもない。要は現実に選択を迫られる際の優先順位の問題であり、私自身は、草の根の人々に比べてエージェントの方が幅広い選択肢を持っているという理由から、協力相手の福祉を第一に置くべきであると考える。ただし、協力相手の福祉を最優先することと、相手の望み通りの協力を行うことは同じではないし、「すべての権限を民衆に」といった草の根ロマン主義が持つ危険性には注意を要する。他方、自分自身の福祉を最優先するのでは偽善を帯びた、単なる自己満足にすぎない。エージェントとしての福祉を最優先することは、往々にして協力相手を自分の理念の実験台として利用するか、従属的な立場に追い込むことにつながりやすい。

エージェントとしての福祉と協力相手の福祉を同一視するのはドグマであり、独善的な発想である（ラテンアメリカ社会には植民地時代以来のミッション＝伝道を受け入れる素地がある）。一般論としては、双方の福祉が重なり合うよう協議し合ってプログラムを組むべきであるという主張は成り立つだろうが、問題はその方法論である。いわゆる「住民参加型」開発論では協力相手とＮＧＯの間の協議をもって「参加」の達成とみなしがちで、特定のプログラムへの参加を超えて、自治体や中央政府、国際機関などの公的機関が行う政策決定への関与という視点が抜け落ちてしまっている。ラテンアメリカのＮＧＯがこれらの問題にどう取り組んでいるかについては、第三節で紹介する。

二　ラテンアメリカ社会とＮＧＯ

開発主義と前衛主義

ラテンアメリカ諸国は、国による違いはあるが、経済成長にもかかわらず世界で最悪の不平等が二〇世紀を通じて維持されてきた地域として知られている。上層二〇％が総所得の六〇％を取得しており、下層二〇％のシェアは四％にすぎない。資産格差を考慮するならば、その差は遥かに大きくなる。下層の所得は一日二ドルに満たない。所得分配が東南アジア諸国と同程度になれば、所得面で見た貧困問題（一日二ドル以下の暮らし）はほぼ解消する。つまり、この面での貧困問題の解決に必要な資金の量は、単純計算するならば、富裕層二〇％に対して所得税を追加的に七％課税することで調達できる。ラテンアメリカは発展途上国の中でも豊かなグループに属する。だが、所得税の限界税率は一九九〇年代に入って世界最低水準に引き下げられ、エクアドルのように所得税自体を廃止してしまった国も出ている。資産課税はないに等しい。他方、現在でも二億人に近い人々が貧困状況に置かれ、その人数は一貫して増加傾向にある。

このようにラテンアメリカは際立ったエリート階級社会であり、強権的で排他的な政治体制が長く続いた。ただし、三三の独立国からなるこの地域は国による相違も大きいため、以下の議論は私の活動現場である中米諸国に主として該当するものであることをお断りしておきたい。

ラテンアメリカにおけるＮＧＯの源流は、一九六〇年代にさかのぼることができる。当時、不平等の解決をめざして二つの異なる運動が姿を現し始めていた。一つは、カトリック教会を中心とする改良主義的な開発主義路線、もう一つが左翼ゲリラによる武装闘争である。前者は政府や地元有力者との対立関係を招かないよう気を配りながら、農村共同体の社会基盤整備や識字教育、協同組合の組織化などを通して、具体的な生活条件の改善を試みていた。後者は、政治権力を奪取して革命政権を樹立した上で、不平等をもたらす構造自体の根絶をめざしていた。この二つの運動は一見すると対極的に見えるが、指導者の大半が都市出身の高等教育を受けたエリートであり、民衆の願いを一心に担ってユートピアの実現に向けて尽くすという自己犠牲的な精神に支えられていた点では共通している。だが、その民衆像は、前者においては敬虔なカトリック信者と同義であり、後者の場合にはマルクス主義の理論体系に沿った労働者階級という単純なカテゴリーにくくり込んだものであった。

一九六〇年代後半から七〇年代にかけて、現場レベルでの小さな改良ではなく、構造的な抑圧や暴力からの解放を求めるグループが出現する。その担い手は、識字教育や保健衛生などの普及に携わる共同体在住の若者たちであった。従来の活動と質的に異なるのは、草の根レベルでの改革に加えて、全国規模での農民運動の組織化、都市の貧困層や労組との連帯、自治体および中央政府への政治参加などを通して、不平等な構造自体の変革に乗り出した点である。変革の対象も国家のみならず、世界的な不平等構造をも射程に入れたものであった。

一九六〇年代後半は、世界のカトリック教会が社会正義の実現へ向けて従来の保守的な姿勢を転換し始めた時代である。このような変化に対して、ラテンアメリカのカトリック教会は従来通りの精神主義や反共主義に固執して権力と手を結ぶ保守派と社会変革へ積極的にコミットをする「解放の神学」[2]派に二分化されていく。後者は数の上では少数派であったが、農村や都市の貧困層の組織化や意識化[3]に大きな影響を及ぼした。

（2）キリスト教神学の中で、イエスの説いた福音の中心は「被抑圧者の解放」にあると解釈する神学の一派。一九六〇年代に、カトリック、プロテスタントの双方から提起された。Ｊ・Ｈ・コーエン『解放の神学――黒人神学の展開』梶原寿訳、新教出版、一九七三、および宮田光雄『政治と宗教倫理――現代プロテスタンティズム研究』岩波書店、一九七五を参照。（編者）

（3）conscientization, awareness raising. パウロ・フレイレ『被抑圧者の教育学』小沢有作訳、亜紀書房、一九七九〔原著はポルトガル語、英訳は *Pedagogy of the Oppressed*〕参照。（編者）

ゲリラ運動の指導者の多くは都市中間層の学生出身で、マルクス・レーニン主義の文献や他国の革命運動を学習し、都市労組の活動には多少関わっていたものの、人口の大半を占める農村部の貧困層の暮らしについては、ほとんど無知で接触もなかった。年齢は大半が一〇代後半から二〇代と若く、ゲリラ活動の戦略的理由に基づいて、一九六〇年代後半から七〇年代初頭にかけて農村部を活動拠点に定め、革命後にもたらされるはずのユートピア社会像を貧困層の間に宣伝していった。革命成就後のユートピア社会における富裕層の土地や資産の接収と分配、労働・生活条件の大幅な改善といった約束、大農園主の誘拐や場合によっては処刑による力の誇示、不平等を糾弾するわかりやすいスローガンの利用といった手法などが、絶対的な貧困と不正義のもとで暮らす人々の心を次第につかんでいった。

ゲリラの浸透に対して、国家の側は民衆に対する圧倒的な暴力の行使で応えた。当初は協同組合の指導者、教師、識字や保健ワーカー、教会関係者らを選別的に暗殺していたが、七〇年代末になるとゲリラの浸透地域に暮らす住民全員を殺害し、共同体全体を破壊するという行為を体系的に行使していく。ゲリラ側も軍事攻勢の拡大でこれに対応し、二極対立状況が一気にエスカレートしていった。

中米諸国で一九七〇年代から八〇年代にかけて結成された古参ＮＧＯの多くは、このような状況のもとで誕生しており、この時代の影響は現在でも色濃く残されている。これを二つのグループに大別することができる。一つは、ゲリラ活動を直接・間接的に支えた組織である。紛争時代にはゲリラへの支援を公言することは自殺行為であり、実際にその疑いをかけられただけで弾圧の標的にされた人物や組織も少なくなかったが、紛争終結後の現在では周知の事実となっている。もう一つは反乱鎮圧作戦の一環として住民の懐柔をめざす軍部の民生活動に協力したＮＧＯであり、軍部を支える米国政府の意を受け、豊富な資金を得た多くのＮＧＯがこの時代に誕生している。活動自体は、難民・避難民の救援や保健衛生、社会基盤整備などの純然たる文民活動だが、軍事戦略に組み込まれており、軍部の輸送機やトラックを利用して積極的に作戦協力を行った組織もある。紛争の影がほとんど見られなかった一部の地方で中立的な活動を行っていたＮＧＯも存在してはいたが、その影響力は局地的なものにとどまっていた。

政治とイデオロギーが明らかな過剰状態にあったこれらの国々では八〇年代を通じて、日本で想定されているようなふつうのＮＧＯ活動を展開する状況にはなかった。政府に協力しないＮＧＯはゲリラの手先であるとみなされ、活動にさまざまな規制や妨害が加えられるとともに、協力相手が弾圧され、殺害されていくという極限状況に置かれたのである。政府に批判的なＮＧＯを敵視する姿勢は紛争終結後の現在でも受け継がれている。

ゲリラの掲げる大義に共鳴しながらも、武装闘争という方法や前衛主義に批判的なＮＧＯは現場から撤退し、国際的なＮＧＯのネットワークを張りめぐらして紛争の実態を世界に伝え、人権擁護と紛争の政治的解決を訴えることに集中していった。なかには、先進国の外国人としての立場を利用して、弾圧の標的にされている人々や組織にあえて付き添うことを使命としたＮＧＯもあり、日本からも何人かが参加している。

機会の拡大

九〇年代に入って紛争が終結し、ゲリラが合法政党に転換するとともに、自由化と民主化も進展し始め、ＮＧＯ活動の場が拡大する。国際社会からは大規模な復興資金が流入し、ＮＧＯ活動への期待も否応なしに膨らんでいった。

小規模貯蓄・融資組合の集会で独裁時代以来の苦難の歴史を語るハイチの女性（1995年）。

この変化に拍車をかけたのが、八〇年代後半から本格的に導入され始めた構造調整政策《プログラム》（ＳＡＰ）である。ＳＡＰの根っこにある発想とは、民主主義は市場経済と緊密に関連しており民間企業の強化こそが自由と民主主義の定着、ならびに経済成長への最善の道であるというものである。つまりはラテンアメリカの具体的諸状況を考慮せず、理論的にも欠陥の多い形式論である。肥大化した国家によって市場が歪んで民間部門が圧迫されたために経済が停滞したと考え、国家を市場から撤退させ、民間部門を強化すれば自動的に成長軌道にのり、民主体制も安定すると想定しているのである。

ＳＡＰではマクロ経済の安定が最優先項目に掲げられる。インフレ抑止自体に反対する人は少ないだろうが、たとえば財政赤字の削減には、本来ならば対外債務の削減、税収拡大、国防費の削減を中心とする予算の再編、ならびに優先度の低い公的支出の削減や民営化からなる一連の措置をとる必要がある。だが、現実には政治的な抵抗の弱い分野から切り捨てられていく。長期的な発展に欠かせず、民間を通しては供給されにくい初等中等教育や保健衛生、零細農や中小企業に対する技術支援と融資など貧困層が最も恩恵を受けるはずの予算やサービスが削減され、同時に公共料金の大幅引き上げが行われるのが常である。

ラテンアメリカの国家が腐敗し非効率的であることは周知の事実で、その改革の必要性についてはＳＡＰを促進する国際金融機関からその反対派に至るまで幅広い合意がある。だが、九〇年代のラテンアメリカでは、その機能をできるだけ縮小・解体して、代わってＮＧＯに一時的に資金を与えて肩代わりさせることが主流となった。経済発展と民主主義の達成方法とその主体に関する基本的な発想が、九〇年代に入って根本的に変化したのである。その結果、ＮＧＯの間で多くの問題が作り出されている。

第一にＮＧＯの拡散である。ＳＡＰによる公務員の大幅リストラで失業した人々や経済危機で貧困層に転落した都市中間層が、即席ＮＧＯを作るケースが続出している。その主な資金源は、ＳＡＰがもたらす社会的コストを短期的に緩和することを目的に各国で創設された社会投資基金（ＦＩＳ）(4)であり、世銀や米州開発銀行、日本政府などの出資を受けている。また、ＳＡＰによってこれまでの政府機関というカウンターパートを失ったＯＤＡプログラムも即席ＮＧＯを協力相手に選ぶケースが増えている。

（4）スペイン語で Fondo de inversion social の略。英語では Social Investment Fund（ＳＩＦ）呼ばれ、世銀が中心となって主としてラテンアメリカ系諸国に拠出している。二〇〇〇年の世銀のリストによると対象国はアルメニア、ボリビア、ホンジュラス、ニカラグア、ペルーなどである。（編者）

この種の都市中間層出身の専門家が主導するＮＧＯの欠陥は数多く指摘されている。経験不足、方法論の誤り、民衆ではなくドナーの顔色を伺う官僚主義、ＦＩＳに象徴される波及効果も持続性も考慮しない短期プロジェクト志向主義、民衆の文化を理解しようとしない傲慢で硬直した態度、失敗の際の説明責任（アカウンタビリティ）の欠如などなどである。短期的な高給に魅せられて社会運動の指導層がＮＧＯに取り込まれ、運動とベースの絆が弱体化してしまうというケースも多い。これらの一連の欠陥がＮＧＯ全体に対する深刻な不信感を草の根の間で作り出しているという不安も聞かれる。

第二に、ＳＡＰに批判的なＮＧＯが深刻なジレンマに立たされていることである。このタイプのＮＧＯは、以前から貧困問題の解決に向けて国家が果たすべき役割をむしろ強化すべきであるという立場をとっており、そのための政策や方法を提示してきた。だが、現実に国家機能の縮小・解体が進み、公的支援から切り捨てられる人々からＮＧＯに向けた協力要請が強まっている。これに応えるための資金を入手することは、以前に比べて容易になっている。しかしながら、ＳＡＰというムチを受け入れてＦＩＳという融けて消え去るアメをしゃぶらされるわけにはいかない。本来、国家が行うべきサービスの肩代わりや下請けに徹するわけにはいかないというジレンマである。

実際、十分に危険性が予知されていたハリケーン襲来に対して、ＳＡＰで弱体化した国家がまったく手を打たず（もしくは、手を打てず）、大規模な被害が出た後でその救済はＮＧＯの仕事だと白を切るニカラグアのような破綻国家も出てきている。(5) たしかにＮＧＯの方が援助物資を横流しせず、効率的に救援活動を行えるかもしれないが、国家には国民に対して最低限果たすべき義務があるのではないだろうか。

（5）このような災害に対する緊急援助資金はＦＩＳに対してＦＩＨＳ（社会投資緊急基金）と呼ばれている。（編者）

第三に、古参ＮＧＯのアイデンティティの危機である。紛争時代に構造的な不平等の変革や人権擁護を掲げて活動してきたＮＧＯが、新たな状況のもとで市場経済に対抗するオルタナティブを提示しえなくなっている。長年、取り組んできた問題が解決したわけではもちろんなく、むしろ悪化している。だが、社会主義革命という発想、その戦略や運動のあり方が破綻し時代にそぐわないということは認識せざるをえない。

この種のＮＧＯは、エリート前衛主義という欠陥を持ちながらも、草の根の間では他のＮＧＯにはない影響力や動員力を誇っていた。だが、行き詰まりから脱することができないまま、復興資金を用いて即席ＮＧＯと変わらぬ短期的プロジェクトを転がして組織の維持を図るようなケースも出ている。不慣れな短期的プロジェクトに従事したところで、民衆の福祉の拡大にはほとんど効果がないことは当然であり、民衆の間から二度にわたって裏切られたという批判が高まりつつある。革命が成就しなかったことに加えて、現在、われわれを切り捨て、見捨てながらＮＧＯ幹部として良い暮らしをしているという批判である。

三　変革のエージェント

一九九〇年代に入ってＮＧＯの活動機会が拡大したにもかかわらず、そのプログラムを通して民衆が自律的で持続性のある活動や組織を作り上げ、貧困を減少させることに成功したケースは少ない。むしろ、貧困層はプログラムの度重なる失敗につきあわされることにウンザリし、ＮＧＯ活動に懐疑的になり、ラテンアメリカ社会全体で個人的な出口を模索する私主義的な傾向や原理主義的な宗教に加わる人々が増えている。

本節では、ＮＧＯとしての自律性を重視するあまりにこれまで軽視していた国家との関係、および市場経済との関係を問い直し、「グローバル化」とＳＡＰに対するオルタナティブを模索しているＮＧＯの姿を紹介する（「グローバル化の現状」については序論第五節参照）。

市民社会の強化と制度形成

民主主義と市場経済が機能するためには、地域の文化や社会の中で歴史的に育まれてきた基本的な諸制度の存在が欠かせない。だが、ラテンアメリカをはじめとする発展途上国ではこの制度が未発達である上、少数のエリートを優遇するよう歪んだ形で社会に埋め込まれているために、不平等が維持されているという論議が最近注目を集めている。

ラテンアメリカでは、元来、専門能力を備えた官僚制度（第17章参照）が不備で、ＳＡＰを受けて行政機構が弱体化している上、日本と同じく議会が政策論争の場としてほとんど機能していない。このため近年になって、財政・税制改革、経済自由化、分権化、女性の権利、先住民族の権利、子どもの権利、県や自治体レベルでの開発政策の策定、労使関係などさまざまなテーマに関して政府と市民社会の各セクターの代表との間で政策対話を行う多様なフォーラムが作り出されている。フォーラムには国際援助機関の代表が招待され、発言を求められることも多い。

民衆運動の代表もこれらのフォーラムへの参加を要求し、実際に参加が認められる場合が多いが、問題は法律や経済政策などの分野でかなりの専門知識を要求されることである。政府への具体的な対案を出し、説得することが求められるのである。法律改正をともなう場合には、法案を準備し政党の間でロビー活動を行わなければならない。

他方、これまで現場でたとえば診療所の運営や零細農民への技術指導に携わっていたＮＧＯの中から、これらのプログラムの成功には、国家の公衆衛生政策や農産物の価格政策、マクロ経済政策などの見直しが不可欠である点に気づき、関連分野における政策決定や制度形成・改革への参加を重視するＮＧＯグループが誕生し始めている。

国家や国際機関と対等に交渉できる高度な専門能力を備えたＮＧＯが民衆の利益を代表して、政策や制度形成・改革をめぐる交渉に従事し、成果を勝ち取っていくというのが、今後のＮＧＯに求められる活動形態の一つかもしれない。問題はＮＧＯが専門性を増し、政府や国際機関との交渉能力を拡大するほど官僚化していき、利益を表出しているはずの民衆の参加が低下し、説明責任（アカウンタビリティ）がおろそかになることである。エリート主義の傾向が強いラテンアメリカのＮＧＯでは、このような民主主義にそむく傾向はほとんど法則ともいってよい。

この問題の解決策として二つの試みをあげることができる。一つはこのようなアドヴォカシー（政策提言）型ＮＧＯと民衆運動をつなぐ中間的な指導層を草の根の人々の中から育成することである。もう一つはフォーラムへの

マヤ民族の共同体発展についてＮＧＯ代表と協議するグアテマラの女性たち（1999年）。

民衆運動の参加を一層促進し、当初はＮＧＯが補佐役となって、政策交渉を行う現場で学習経験をつんでもらい、民衆運動自体の専門性を高めることである。この双方の試みはともに成果をあげ始めている。

小規模農民自身がＮＧＯの支援を受けて構築した中米諸国を横断するネットワーク「コンセルタシオン」は、基礎穀物価格や域外関税率の設定などに関する高度な専門知識を身につけ、各国政府や国際機関との間で交渉を繰り返し、貿易自由化が不利益をもたらさないような制度形成に取り組み続けており、すでにある程度の成果を収めている。グアテマラでの先住民族の権利に関するフォーラムでは、立場の異なる多くの先住民族団体がセミナーや学習会を重ねて、教育改革や公用語の制定、公共政策決定への参加、女性の権利などの分野において法案の作成・提出や政府機関の新設にこぎつけるなど、具体的な成果をあげ始めている。

だが、政府に批判的なＮＧＯを軽視・敵視したり、フォーラムの運営に消極的な政権が誕生する場合、政府とのこのような交渉は当然、困難になる。そのためにも、次に述べる政党や自治体との関係が重要になってくる。

政治参加と政党との関係

政党との関係を持たず、政治活動に関与しないことがＮＧＯとしての自律性の維持に必要だという誤解が、ラテンアメリカにおいても一時見られた。たしかに、活動的な民衆運動になるほど特定政党の支持基盤や下部組織になる傾向があり、この従属関係からの脱却をめぐって現在でも混乱や内紛が続いていることは事実である。だが、政党や政治活動に背を向けて参加が達成されるのだろうか（序章第二節参照）。

一九九二年にノーベル平和賞を受賞したグアテマラの先住民族女性で人権活動家のリゴベルタ・メンチュウさんは、メンチュウ基金というＮＧＯを創設し（基金という名称を持ちながら実際には多様なプログラムを自ら運営している）、先住民族の権利擁護を目的に、国内外のＮＧＯと協力して政治参加を促進するさまざまなプログラムを展開している。たとえば、有権者教育や公民教育である。グアテマラにおいて唯一の公用語であるスペイン語の非識字者が多い先住民族は、投票行動や各政党の政策・公約に関する情報入手の際に、非常に不利な立場に置かれている。メンチュウ基金は、先住民族の政治参加促進をめざして、国際法や国内法で保障されている諸権利に関するセミナーの開催、ラジオを通した投票キャンペーン、投票呼びかけポスターのコンクール、先住民族の権利に関する全政党への公約要求、同テーマをめぐる政党代表間の討論会の開催、小学生向けの公民教育の副読本の作成・配布など多種多様な活動を行っている。選挙後に公約のモニターを行うための人材育成も重要なプログラムである。

また、グアテマラの人口比では先住民族女性が三〇％以上を占めるにもかかわらず、政治家の比率では二％に満たないことから、若い優秀な先住民族女性に対して政治家養成プログラムを準備している。どの政党に属するかはもちろん本人の自由であり、毎年三〇人の女性がまずは地方議員への進出をめざして巣立っていく予定である。さらに、政治家夫人が先住民族女性である人たちを集めて、先住民族および女性としての権利擁護を夫に学習させるためのセミナーなども開いている。まさに、あの手この手で参加拡大へのルート開拓を試みているのである。

この他に、選挙のたびに候補者の経歴や能力・専門性を調査し公表する活動、選挙監視活動、各政党の公約比較とその採点表の公表など、民主体制の進展をめざした多様なＮＧＯ活動が広がり始めている。

分権化と自治体の強化

ラテンアメリカにおいてもＳＡＰの影響を受けて分権化が進行し始めている。その意味内容はさまざまな利害関係やイデオロギーを背景に多岐にわたっており、なかには分権化を民営化と同一視するような財界に強くみられる極端な主張もある。分権化をサービス提供の効率性という基準のみで正当化する場合、中央政府が権限を維持したままで自治体やＮＧＯに運営面のみを委託するという形をとりやすい。ラテンアメリカのＮＧＯの中には、民主化と参加、草の根レベルからの発展という基準に基づいて分権化を促進するグループがあり、中央政府や国際機関との交渉力の強化をめざして地域的なネットワークを結成している。

分権化の受け皿となる行政単位は自治体が中心となるが、ラテンアメリカでは伝統的に大統領に強力な権限を集中させてきており、市長以下、自治体の行政能力は非常に低い。中米諸国では三年ないし四年ごとの選挙で市長および職員の大半が入れ替わる自治体が多い。分権化が望ましいことには異論が少ないが、民衆参加を重視するＮＧＯが本腰を入れて分権化に関与しない限り、中央政府から自治体への非効率的な行政と汚職の分権化となって、行政の混乱や地元有力者の専横を招くリスクが高まる。このような傾向が実際に現れ始めている地域もある。

第三節の最初の二つの項で指摘した課題にも密接に関わるが、自治体の行政能力の改善と民衆参加の強化のためにはＮＧＯの関与が欠かせない分野が非常に多い。権限や財源の配分をめぐる中央政府と自治体との境界設定、地域レベルでの開発政策の策定といった基本的な分野から、学校や診療所の運営、共同体開発プログラムへの協力など具体的な活動に至るまで、課題は山のようにある。

一九九〇年代に筆者が一時携わったホンジュラス中部で活動する環境ＮＧＯの例をあげてみよう。活動対象地域は、複数の自治体にとって唯一の水源であり、生物的多様性という観点から見ても貴重な森林が残されている場所であった。だが、地元有力者が新たな農地と放牧地獲得のチャンスとして、これに目をつけ土地なし農民を雇って侵食を始めていた。水源の汚染や枯渇は下流の農民や住民にとって死活問題であることから、森林保全を専門分野とする日本のＮＧＯに対して地域住民から協力要請が行われた。目的は森林と流域の環境保全である。

ＮＧＯは自治体や、さまざまな地元住民団体との協議を重ねた結果、以下の解決策を打ち出した。森林地帯を国立公園に制定し、地元住民の間で環境ＮＧＯを育成しその管理にあたる。同時に、関係自治体と協力しながら草の根レベルでの開発プログラムを促進し、森林破壊への圧力を軽減する。住民の大半は絶対的貧困層である。その第一歩として、森林保全によって利益を受けるグループや森林破壊によって損失を被るグループを確定して、環境教育をすすめ、それらを中心に一〇年間の活動計画を定めて運動を展開する。

克服すべき課題は多岐にわたる。数十年前に制定された法律と土地登記によれば、土地の所有権は国家と自治体、個人に分かれているが、すでに不法占拠や不法伐採が進行しており、事実上、すべての土地の所有権が地元有力者の間で分配されてしまっている。これを放置する政府や林野庁に住民は強い不信感や反感を抱いている。森林保護法は存在するが、同時に輸出農産物促進法も制定されている。森林保護法では傾斜度一五％以上の土地を森林と定め、その保全を明記しているが、ＳＡＰの一環として制定された輸出農産物促進法では全土での輸出向け農業の拡大を奨励している。まともな地形図や水系図の類はいっさい存在しない。森林保護法違反への罰則規定はあるが、これを執行すべき政府機関は徹底的な行革にあって機能していない。

学校教師を中心とする地元有志によって環境ＮＧＯが誕生し、下流自治体とマスメディアの支援を受けて三年間のキャンペーン活動を展開した結果、国立公園として制定されＮＧＯにその管理が委託される見通しとなった。共同体には水源管理委員会が作られ、草の根開発に従事する女性組織や農民団体も育ってきた。だが、公園管理と環境教育に従事していたＮＧＯメンバーが何者かによって射殺され、他のメンバーも脅迫を受け始めている。警察には調査を行う意思も能力もない。前述の法律面での調整や土地測量・登記の見直しなど最も困難な課題も残されている。

たった一つの山を保全し、地域住民の最低限の生活を向上させる小さなプログラムを促進する試みでさえ、その国が歴史的に抱え込んでいる多様な問題が絡み合い、深刻な利害対立を招くのである。九八年一〇月に多数の死者を出した大規模なハリケーン（ミッチの名で知られる）が襲来し、この地域が壊滅状態に陥った。だが、環境保全運動をきっかけに誕生した組織間のネットワークが救援活動や復興活動に奔走しており、地域社会のエンパワーメントは維持・強化されている。

自立的な発展戦略

グローバリゼーションが貧困層にとって機会の拡大を可能性として持つことは否定できない。だが、貿易と金融の自由化を一方的に促進してきたＳＡＰのために、これまでのところ圧倒的に負の影響が出ている。典型例は金融危機がもたらす不況と金利急騰によって、長年にわたって文字通り血の滲むような努力の結果、ようやく成果をあげ始めていた小規模なプロジェクトが吹っ飛んでしまうケースである。

九〇年代の相次ぐ伝播性の金融危機の結果、ラテンアメリカにおいてもＮＧＯが協力してきた小規模農家や都市部の中小・零細企業が何十万件という単位で倒産している。世銀がＳＡＰのモデルケースとして、一九九五年に賞賛していたエクアドルの農村女性による縫製加工協同組合なども金融危機と不況を受けて見る影もない。国際的な金融投機の規制がなければ、貧困層が新たな機会をとらえて市場に参入するにはリスクが大きすぎる。この分野でのＮＧＯ活動は本論の課題を超えるので、論じない。

他方、市場経済への参入なしに草の根レベルでの発展が持続すると考えるのは、現状では幻想にすぎない。格差を拡大し続けるＳＡＰやグローバリゼーションの問題点を告発するだけではもはや解決策にならないことは、ラテンアメリカの民衆自身にとって周知の事実となっている。ＮＧＯが幾度となく開催してきたこの種のセミナーにおいて、最初に出される質問は、「それでは、私たち貧困層の福祉の改善につながる解決策を提示し、何をすべきかを具体的に示してくれ」である。告発や解釈は聞き飽きたということである。

市場への参入と雇用の創出を軸に前述の三つの項で紹介したＮＧＯの新たな試みを組み合わせ、各地の経験交流を重ねていくことが一つの方向性であろう。国際的な金融改革とローカル市場の強化が同時に進行しなければ、「グローバル化」の荒波に対抗し、これを利用することはできない。ローカル市場の強化には、自治体の強化と政治参加を通した市民社会の育成・強化、ならびに貧困層を優遇する基本的な制度構築を促進し、雇用創出、貯蓄と信用、環境保全などテーマ別に多様な同盟関係を地域レベルで形成していくことが欠かせない。すでにラテンアメリカ全域で、小規模融資（ミニバンク）、小規模有機農業と公正貿易（フェアトレード）、エコツーリズムなど多様なテーマで経験交流をすすめる一種の民衆サミットが国際ＮＧＯの参加を得て繰り広げられている。

メキシコの中でも最も貧しいチアパス州では、サパティスタ民族解放軍の名で知られる先住民族のゲリラ活動が続く一方、先住民族の文化と権利擁護をベースに生態系に根ざした地域自立型の循環経済を築き上げる運動が拡大している。(6)「母なる山脈モトシントラのインディヘナ『サン・イシドロ労働者』社会連帯協会」、略称イスマムの名で知られるこの運動は、一七の自治体、一五四の共同体をつなぐネットワークで、マヤ民族の文化と解放の神学の影響を色濃く反映している。漁業や有機エビの養殖を行う沿岸部の共同体から、基礎穀物や砂糖、多様な熱帯果樹を栽培する平地地帯、標高一五〇〇メートルを超える有機コーヒーを栽培する山岳コミュニティまでを循環的につなぎ、全員参加のもとに組織の運営にあたっている。メンバーになるには、生態系保全や先住民族文化などに関するセミナーをしっかり受けることが条件となっている。

(6) Ｄ・ワーナー、Ｄ・サンダース『いのち・開発・ＮＧＯ』新評論、一九九八、三四二～五六頁参照。(編者)

コーヒーをはじめとする有機農産物は、商社などが介在する通常の国際貿易と公正貿易の双方を経由して一二カ国に輸出され、利益の一部は総合研修所や技術指導チームの運営費、エコツーリズムのための施設の建設費、市場価格変動への備蓄などに充てられている。イスマムの経験は、ラテンアメリカ諸国からの小規模農家や協同組合代表の研修受け入れや技術指導チームの派遣などを通して、普及されつつある。

イスマムのような国際市場への参入を通して地域自立を図る試みは、近年、ラテンアメリカにおいても注目を集め始めている。しかし克服すべき課題も多い。運動の発展とともに地域有力者との利害関係の競合が激化し、倉庫の襲撃やトラックの放火などの脅迫行為が続いており、自治体や地域社会との関係強化が欠かせない課題となっている。ローカルレベルでの金融・流通制度をはじめ、市場を支える基本的制度の整備も不十分なレベルにとどまっている。また、輸出先市場での販売促進に加えて、地元消費者の意識化を通したローカル市場への参入拡大も必要である。運動の発展にともない、経営管理などを支援するＮＧＯの介在を軽減し、草の根の人材育成を一層促進する必要もある。

日本市場においても有機農産物が普及し始めているが、単に有機製品であることに加え、日本国内においても、また国境を越えた貿易においても生産者と消費者の顔が相互に見えるような関係づくりを担うことが、ＮＧＯに課せられた重要な課題の一つであろう。イスマムのような地域の自立と循環経済の発展に尽くすような運動の紹介、市場の開拓、スタディツアーの実施、経験交流など実際にできることは数多くある。

おわりに――問われる「第三の道」

この一〇年ほどの間に、ラテンアメリカ諸国のＮＧＯを取り巻く国内外の環境は大きく変化している。ＮＧＯと社会運動体が国家の安全保障に対する脅威とみなされ、抑圧された時代は多くの国において過ぎ去った。小さな国家と市場原理の徹底化という世界的な流れはラテンアメリカにも及んでおり、政治的には選挙と分権化に基づく民主主義体制の定着が試みられると同時に、経済的にはグローバル市場への参入拡大を求めて、国際金融機関の処方箋に沿った自由化と民営化が急ピッチですすめられてきた。だが、これらの変化は、歴史的に排除されてきた多数者の参加と生活改善を促進するのとは逆に、政策決定を国際金融機関と少数の国内エリートの手に集中させ、貧困層の増大と所得格差の拡大を引き起こしている。

市場経済を支える諸制度が未発達で、参加のための公正な機会が整備されていないラテンアメリカにおいて、市場万能主義がもたらす「効率主義」の弊害への批判が強まっている。国家主導型の開発主義と市場万能主義の双方の失敗が明らかになるにつれ、あたかも万能薬でもあるかのように、ＮＧＯへの期待が否応なしに高まる状況が生まれているのである。

ラテンアメリカの開発モデルをめぐる混迷が深まり、ＮＧＯ全体の拡散傾向が強まるにつれ、個々のＮＧＯは国家・市場・市民社会との関係をめぐってさまざまな課題とジレンマに直面している。本章では、市民社会の強化と制度形成、政治参加と政党との関係構築、分権化と自治体の強化、トランスナショナルな交流を通した地域経済の強化という四つの課題を例に取り上げて、ＮＧＯの活動例を紹介した。これらに共通する課題とは、国家主導型の開発でも市場万能主義でもない「第三の道」に関する理念とグランドデザインを描き、歴史・文化に根ざした地域経済と自治の強化を通して、これを実現していくことではないだろうか。そのためには、草の根ベースのＮＧＯが国境を越えて経験交流を積み重ね、専門的能力と活動エネルギーを蓄えながら、交渉力を強化していくことが欠かせない。これは世界的な課題であることは言うまでもなく、本章で紹介したメンチュウ基金、コンセルタシオン、イスマムなどは、いずれもこの方向に向けて歩みをすすめている。

コラム④

カンボジアの「村人立」小学校建設

三好亜矢子

ＮＧＯ活動推進センター（ＪＡＮＩＣ、現国際協力ＮＧＯセンター）が毎年発行しているダイレクトリーによれば、ＮＧＯが関わる活動別の内訳を見ると、教育分野、なかでも途上国での学校建設に取り組む組織の割合が多い。年次別に見ても、八〇年代九〇年代とその傾向は変わらず、ネパール、タイ、フィリピン、カンボジア、アフリカ諸国へと「学校建設」は世界各地に広がっている。

「学校がない」あるいは「校舎が老朽化したから教育の機会を奪われている子どもたちのために学校を建設しよう」といったプロジェクトは、その目的もわかりやすく支援も得られやすい。校舎建設に出かけるボランティアは美談としてマスコミに取り上げられるのも珍しくない。日本人がせっせと学校づくりに励むかたわらで、「学校」を建ててもらう側の地域社会はそのプロジェクトをどう受けとめているのだろうか。

以下に紹介するのは、一九九四年末に日本キリスト教海外医療協力会（ＪＯＣＳ、第5章参照）のカンボジアプロジェクト評価に参加したとき遭遇した、カンボジアの村人が行政にも内外のＮＧＯにも頼らず自分たちだけで建設していた「村人立」小学校のケースだ。

私はその評価作業の一環として、ＪＯＣＳが医療協力の対象としていたバティ郡（プノンペンから南約五〇キロ）のある村を訪れた。その村の壊れかかったクリニックの前で、村人やＪＯＣＳが共に働いている郡の医療関係者からクリニックがどのくらいの頻度で使われているか、それが必要と思うかなどについて意見を聞いていた。話の最中、ふと目についたのがおよそ五〇メートル先にある赤レンガの屋根と白いセメント壁もまぶしい建物だった。いかにも四角い校舎然としていたので、「ははーん、あれだけの立派なものだから欧米かどこかのＮＧＯが造っている学校に違いない」と思い、村人に確かめた。

ところが、私の推測は大はずれ。どこからの支援も受けず、村人たちだけの力でこつこつと一〇年以上の歳月をかけて、学校を建てていたのだ。敬虔な仏教の国カンボジアでは毎年、お盆の時期になると、故郷の村を離れてプノンペンなどの都会に出稼ぎに行っている人もみな、ご先祖さまを祀る村へと帰ってくる。そして帰省した人々はお寺に詣で、子どものいる人もいない人も学校建設のために一人数ドル、数十ドルといったお金を寺のお坊さまに預ける。

この村人の寄進が一〇年かかって一万ドルを超えた。そしてやっと外壁を造り、屋根を葺いたという。しかし床も内壁も椅子も机もまだない。お金を貯めるのに、またしばらく時間がかかるだろう。一〇年という歳月、一万ドルという金額の重み、すべては村人自らの力で自分たちの学校を造るという強固な意思の現れに他ならない。人々は子どもたちのために夢を捨てずに自分たちの身の丈に合わせてゆっくりとプロジェクトをすすめていく。先を争うように学校を配って歩く日本のプロジェクトとの違いは鮮やかすぎるほどだ。

つい先日、ラオスで学校建設プロジェクトに取り組んでいる日本のあるNGOのスタッフにこの話をしたところ、「村人の取り組みは素晴らしいが、学校建設のスピードを上げないと子どもの教育の機会を奪うことになる」という答えが返ってきた。

カンボジアでよく見かけるニッパヤシで造られた小学校（文中の小学校ではない）。

たしかに子どもたちが将来、文字が読めず、そして十分な交渉力を持たないとすれば、そのために金貸しや地主などの社会の支配者層から有形、無形の不利益を与えられることは想像に難くない。基礎的な教育を受けないことによるハンディは親の代から、いやずっと前の世代から村人が骨身にしみて体験してきたことがらだけに、いまさら、外国からやって来たNGOの人間に賢しらに教えてもらうまでもない。ただ、問題は子どもたちにどのように教育の機会を与えるかの方法である。私がたまたま遭遇した前述のカンボジアの村の子どもたちは、日本あるいは他のNGOが数カ月のうちに建ててしまう学校では絶対に学ばないことを体験しつつ成長する。それは自分たちのために親だけでなく村中の大人たち、その中には普段は出稼ぎで村に住んでいない大人たちまでも含めて、苦しい中から身銭を切って学校を建てるという事実そのものが指し示す、村人の村という共同体に対する誇りである。「村人立」小学校の子どもたちは幸いである。大人たちが自分たちに共同体の希望を託していることを言葉以上のもので受けとめられるから。

第10章　グローバル化の中でのＮＧＯの役割
――ジンバブエでの経験から

南アフリカ共和国・ウェスタン・ケープ大学公衆衛生学部教員
デイヴィッド・サンダース

はじめに――ジンバブエの独立と民衆の参加

一九八〇年のジンバブエ独立時から一九八〇年半ばまでは、市民社会の広範な動員があった。民衆は勇敢で自信にあふれており、よく組織されていた。民衆の心の中には、ローデシア（年表参照）の統治を打倒するにはそれが必要であるという必然性があったからだ。民衆の組織は解放と独立のためのたたかいを支援するために、とくに地方で発展していった。そして戦闘が終わるとそれらの組織は社会開発の役割を担うべく、組織自身を草の根の村落委員会へと変容させていった。

草の根の村落委員会はジンバブエの村や郡、市などにあり、これらのほとんどは政党によって組織されたものであった。当時、ジンバブエにはザヌ（ＺＡＮＵ、ジンバブエ・アフリカ民族連合）とザプ（ＺＡＰＵ、ジンバブエ・アフリカ人民連合）という二つの主要政党があった。草の根の村落委員会は保健、福祉、農業など異なった職務を分担していた。たとえば解放戦争のさなかに、委員会の人たちが筆者の関わっていた保健プロジェクト事務所

デイヴィッド・サンダース

にやって来て、自分たちに保健に関するトレーニングをしてほしいと頼んできたことがあった。後になってわかったのだが、農村地帯に若い解放軍兵士を保健・医療面で支援する多くの女性がいたのはこうした草の根の村落委員会の動きがあったからであった。

トレーニングを受けた女性たちは保健プロジェクトの活動拠点から山中のゲリラキャンプの傷兵に食料と薬品を運ぶ役割を担っていた。彼女たちの多くは解放戦争が終わった後も地域の人たちから地域保健ワーカーとしてさらにトレーニングを受けるようにと選ばれていった。こうした例は他にいくつもあった。このようなわけで、筆者たちがジンバブエ独立直後に「国をあげての小児補食プログラム」(1)を立ち上げたとき、筆者たちと一緒に仕事をすることができる民衆の組織がすでにあったのである。こうした民衆の基盤があったからこそ地に足がついたプロジェクトを早急に立ち上げることができたのである。

（1）一九八〇〜八一年、種蒔きの季節に迫りくる飢餓の危機を防ぐため、保健省と関係ＮＧＯが協力して行った栄養改善プログラム。詳しくは、Ｄ・ワーナー、Ｄ・サンダース『いのち・開発・ＮＧＯ』新評論、一九九八、三一六〜二一六頁参照。

【年表・ジンバブエの歴史的変遷】

一八九九年　イギリスの南アフリカ会社が南ローデシア（現ジンバブエ）を支配（北ローデシアは現ザンビア）。

一九二三年　イギリスの自治植民地となる。

一九六五年　白人強硬派のスミス政権がローデシアとしてイギリスからの一方的独立を宣言。白人政権を樹立。以後、ゲリラ活動が活発化する。
一九八〇年　長年にわたる白人の少数支配に対して多数派の黒人による解放戦争の後、イギリスから独立し、ジンバブエ共和国となる。総選挙でザヌ（ＺＡＮＵ、ジンバブエ・アフリカ民族連合）が与党となり黒人政権樹立。
一九八二年　国際通貨基金（ＩＭＦ）より、賃金凍結、基本食糧への補助金廃止、ジンバブエ・ドルの為替レート切り下げなどを条件に「緊急貸付計画」を受け入れる。
一九九一年　ＩＭＦの構造調整政策（ＳＡＰ）を受け入れる。
一九九七年　未曾有の経済危機に陥る。
一九九八年　コンゴ紛争でザイールのカビラ政権支援のために軍事介入。
二〇〇〇年　（二月）ムガベ政権、憲法改正案を国民投票にかけたが有権者に拒絶される。
二〇〇〇年　（六月）総選挙が行われ、与党ジンバブエ・アフリカ民族連合―愛国戦線（ＺＡＮＵ―ＰＦ）がかろうじて野党の民主変革運動（ＭＤＣ）を抑えて過半数を確保。経済危機への無策や、暴力が噴出した白人所有の農地の強制摂取など、ムガベ大統領の無謀な手法に対する国民の強い批判が出された。

国家による中央集権化

筆者は、一九八〇年独立以後、ジンバブエ新政府はなぜ草の根の村落委員会を活用して小規模の地方自治運営組織を作らずに、大規模な中央管理組織をわざわざ作ったのか疑問に思っている。政府はなぜ民衆の組織に社会プログラムを展開するための財政的、技術的な援助をしなかったのだろうか。

ジンバブエと同じような状況は一九五九年のキューバ革命後と一九七九年のニカラグア革命後にもあった。ニカラグアではいくつかの市に設立された革命防衛委員会が、革命後も民衆のための予防接種キャンペーンや保健教育、母子保健のための拠点として使われ活用された。キューバも同様である。キューバとニカラグアの二カ国は、このように地域の民衆組織を動員することで短期間に一〇〇％の予防接種率を達成したのであった。(2)

（2）前掲書、二七九～八〇および三五一～六六頁参照。

ジンバブエでは、解放戦争直後は市民社会がよく組織されていたので社会サービスの提供は容易であった。筆者が働いていたイギリスのオクスファム（第12章参照）を含めた国際ＮＧＯや地元のＮＧＯは、社会サービスの提供に効果的な支援活動を行った。運用できる資金はたいしたことはなかったが、ＮＧＯは新政府と草の根の村落委員会をつなぎ、さまざまなプログラムを立ち上げることができた。

ところがそれから一～二年経つと状況は一変してしまった。民衆の動員は下降線の一途をたどり、政府の官僚制は増大・強化され、新しい社会階級として官僚的ブルジョアが形成された。政府役人が新しい社会階層を構成したのである。ジンバブエのような発展途上国では雇用の可能性はそれほど多くない。政府が最も大きな雇用機関なのである。こうした政府組織で働く公務員のほとんどは公僕たることをやめてしまった。このようにしてジンバブエ新政府は一〇年から一五年の間に中央集権化し、ますます民衆から遠い存在になってしまったのである。

一　ジンバブエにおけるＮＧＯの役割

一九八〇～八二年の間にジンバブエで起きたことで筆者を憂鬱にさせたのは、現在南アフリカ共和国でも起きていることだが、地元のＮＧＯが政府に無批判に盲従してしまっていることだ。白人支配の抑圧的政権を倒した直後は、ジンバブエの黒人政権も南アフリカ共和国と同様に政府は民衆の支持を得ていた。ジンバブエの多くの人たちはこうした状態は長続きすると考えていた。しかし政府は自分たちと意見を異にする者は自分たちに反対しているとみなし、ＮＧＯでも個人でも、少しでも政府に批判的な意見を述べると、そういう人たちは旧政権（白人政権）に味方するものだとか、新政権に反対する組織を作ろうとしているなどといいがかりをつけた。一九八〇年の独立後、ジンバブエ政府は何回かにわたってＮＧＯに対して政府に従属するように大きな圧力をかけたのである。

　具体的な例をあげよう。一九八三年、ザヌ側が革命運動のもう一方の側であるザプの拠点である南部に軍を派遣した。ザヌとザプは民族的に大きく異なる。あるとき、ザヌ側はザプの中堅幹部をねらった大虐殺を行い、数千人を殺した。このことは国内のメディアによって報道管制がしかれたので一般には知らされなかった。オクスファムなどいくつかの国際ＮＧＯはこの事実を細かく記録していた。筆者たちは国の南部で拷問され、病院に収容された民衆の写真など多くの証拠を収集した。証言も集めた。そしてジンバブエのカトリック司教やキリスト教関係ＮＧＯと協力してレポートを作成し発表した。すると政府はキリスト教会と筆者たちの属する国際ＮＧＯを糾弾し、そのうちのいくつかを国外追放してしまった。

　一九九七年にこの問題が公表された。今では自由に一九八三年の大虐殺について話すことができるようになり、誰もがこのことは実際に起こったことだと言っている。地元ＮＧＯの多くは自分たちの生存が危ぶまれていたので、当時そのことを語ろうとはしなかった。また当時は非常に強い国家主義的イデオロギーもあり、ジンバブエ南部の民衆は政府に強く反対していたが政府を批判することは許されなかった。

二　ＮＧＯがその活動の焦点を変える

筆者は一九八〇年代初頭の民主的政府から、一九九〇年代後期の官僚的で中央集権的な腐敗した政府への変遷を目撃している。その間、ジンバブエのＮＧＯは自分たちの活動の焦点を変えた。今は、市民の自由、人権、そしてメディアへの検閲にその活動の焦点をあてている。八〇年代初頭、ＮＧＯは主に民衆の経済的生活の向上などに焦点を置いていたが、今日では政府に反対して民衆を組織化し、民主主義社会そのものを実現することに焦点をあてて活動しているのである。

南アフリカ共和国でのＮＧＯの変遷

筆者の母国、南アフリカ共和国（以下、南アフリカと略す）で憂鬱なのは歴史が繰り返されるということだ。南アフリカで保健問題に取り組む地元の先進的ＮＧＯは、一九九七年一月、「南アフリカ保健・社会サービス団体」（ＳＡＨＳＳＯ）と「全国進歩的プライマリ・ヘルス・ケア・ネットワーク」（ＮＰＰＨＣＮ）と「国際民衆保健協議会」（ＩＰＨＣ）の三者が主催する国際会議を支援した。しかしその後まもなくして会議の共催団体の一つであったＳＡＨＳＳＯは残念ながら解散してしまった。筆者はＳＡＨＳＳＯのようなＮＧＯは、今日のような社会状況であればあるほど必要だと思っている。なぜなら南アフリカの新しい保健政策は以前に比べて弱体化されているからだ。都市では高度な保健医療サービスが維持されているが、地方には地域保健ワーカーはもはや存在せず、富める者と貧しい者の格差は広がっている。アパルトヘイト時代と比べると社会状況は数段よくなってはいるが、保健医療面では後退がみられ、今まさに進歩的で組織化された運動が必要となっている。これを可能にするには、市民社会に基盤を持つＮＧＯと地域に根ざして自らの力を結集して行動を起こす民衆組織の存在なのである。

しかし、保健の分野で活動するＮＧＯは南アフリカにはもう存在しない。というのはＳＡＨＳＳＯとＮＰＰＨＣＮの指導者数名が政府に入ってしまったからだ。政府に入らなかったＳＡＨＳＳＯの他のメンバーは、進歩的な政府が存在する現在、進歩的な保健活動を主張するＮＧＯは必要ないという。こうしたことはニカラグアなど他の国々でも起こったことだ。どの時代にあっても、批判的世論の形成とそれを基盤として民衆の健康を取り戻していくたたかいは必要だ。筆者はこうした役割を担う組織がとくにこの五年以内に必要になってくると確信している。

なぜなら世銀や他の保守的な国際機関が南アフリカの保健政策に大きな影響力を及ぼしているからだ。

民衆の声を代弁する

民衆の声を代弁するグループはいつ、どこにでも必要である。政府は多くの場合、民衆の声を代弁することはない。民衆のための政府などというものは今だかつて設立されたためしがない。一部の人たちは一九一七年から一九二一年の間のソ連や、革命後数年間のニカラグアとキューバには民衆のための政府があったという。しかし、はじめはどんなに民衆のための政府であっても、しばらくすると必ず中央集権的で官僚的な政府へと逆戻りしてしまうのだ。

だからこそ、常に民衆の人権や社会的権利と経済的権利などについて問題を提起し、民衆を組織化していく必要がある。一九八〇年から一九九〇年の間、ジンバブエのほとんどのＮＧＯは沈黙していた。政府が反政府的色彩を持つＮＧＯを批判・攻撃したことと、地元のいくつかのＮＧＯが政府から資金を受け取っていたからだ。政府は保健省の中にＮＧＯ支援局を設置していた。外国政府が何度かジンバブエのＮＧＯに直接資金提供をしようと試みたが、その資金はすべて政府を通じてしか提供されない仕組みになっていたのである。

三　構造調整政策（ＳＡＰ）導入後、何が起こったか

富める者と貧しい者との格差の拡大

一九八〇年代、ジンバブエのＮＧＯはまったく声をあげなかったにもかかわらず、逆に、今は誰もがあの当時はひどかった、二度とあのような事態は起きてはいけないと言っている。声をあげなかったがゆえに民衆の生活は圧迫され続け、ムガベ大統領は独裁者になってしまった。民衆の生活は構造調整政策《プログラム》（ＳＡＰ）によってより悪化した（序章、第9章参照）。ジンバブエ政府はＳＡＰを望まなかったが、一九九一年の経済危機に瀕してついにそれ

を受け入れざるをえなくなった。

ところがＳＡＰを導入した後、経済危機はさらに深刻になった。貧しい者はより貧しく、富める者はより金持ちになっていった。失業者は増え、保健と教育のサービスは低下した。約六割から七割の民衆がより貧しくなっていく一方で、政府の官僚はＳＡＰのおかげでより金持ちになっていったのを民衆は目撃している。

また、わずかな土地改革で新しい階層が形成されていった。独立以前は五〇〇〇人の白人農民だけが中央の良い土地を所有していたが、今は三五〇〇人の白人農民と一〇〇〇人の黒人農民が土地を所有している。しかし土地を所有することができた黒人農民はみな政府の役人かまたはその親戚であった。土地改革の恩恵をまったく受けなかった貧しい黒人たちは、新政府は自分たちをだましたと言って自分たち自身を組織化し始めた。しかし、ジンバブエでは報道の自由が抑圧され、政府の腐敗を暴いたジャーナリストたちが逮捕され、貧しい民衆自らによる組織化の動きも抑圧された。こうした動きに応えていくつかのＮＧＯは民衆の人権問題に関わりを持ち始めていった。

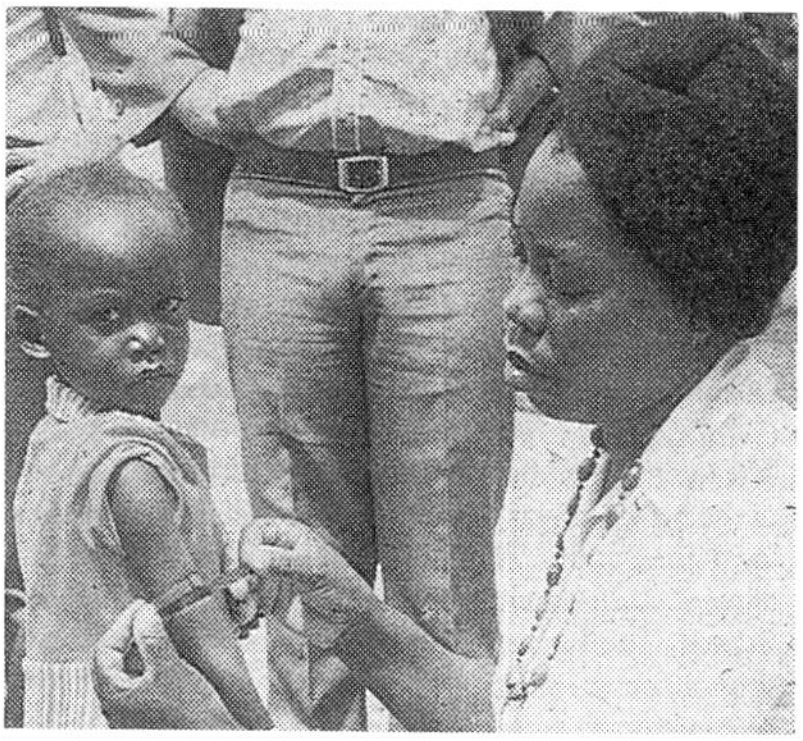

子どもたちの栄養状態をチェックするため、上腕周囲径を測定する保健ワーカー。

人権問題への関心の高まり

現在（一九九九年末）、ＮＧＯは新憲法制定に向けて活動している。ムガベ大統領が大統領の任期を二期以上務められるように憲法を変えようとしているので、それに反対する大きな運動を起こしている。いくつかのＮＧＯが憲法改革や法律改正に関する分野で活動をしている。その一例を紹介しよう。

一九八〇年の独立直後には、ジンバブエの慣習法に対して民衆が立ち上がり改正を求める動きがあった。この慣習法では女性は未成年と同等に扱われていた。女性は夫の所有物であり、財産や土地を所有することはできなかった。その後この法律は批判を受け、修正された。ところが、せっかく修正が行われたこの法律が数年前にまたもや旧慣習法へと変えられてしまった。現在、ある女性が亡夫の兄（弟）と無理やり結婚させられたという事件が法廷に持ち込まれて争われている。現行の慣習法では、もし夫が死亡するとその妻は死亡した夫の兄（弟）の所有物となってしまうのだ。ＮＧＯはこの裁判に関わることを通して、改悪された現行の慣習法を元に戻す活動に取り組んでいる。このように、ジンバブエのＮＧＯは社会状況の変化にともなって生じる新たな問題に取り組んでいるのである。

経済悪化の原因――南アフリカ、ザイール

ムガベ大統領は、ジンバブエ経済悪化の問題はＳＡＰだけではなく、南アフリカの解放運動支援も大きな要因だと言っている。たしかにジンバブエは、八〇年代に南アフリカの解放運動を支援していたので、南アフリカのスパイによる襲撃の目標となっていた。首都ハラーレでは爆弾テロがあり、進歩的な組織とアフリカ民族会議（ＡＮＣ）の人々がジンバブエで襲撃されたりした。しかしその後、一九九四年に南アフリカは民主政府となり、ムガベ大統領の「ジンバブエの経済問題は南アフリカの戦争を支援しているからだ」という弁解は通用しなくなった。焦点をそらしてごまかすことはできなくなった。問題はムガベ自身にあるのだ。たしかにジンバブエ政府がそのすべての政策を独立後に実行することは不可能だった。というのは、一部の重要な地域はいまだに南アフリカの少数保守派の白人に支配されているからだ。これはある程度まで真実ではあるが、もはやムガベはそれを理由にしてジンバブエの経済悪化問題を正当化することはできない。南アフリカの状況は一変しているのだ。

ジンバブエが直面しているもう一つの問題はコンゴ紛争（一九九七年五月にザイールのモブツ政権を倒して成立したカビラ政権に対する反政府勢力による武装闘争）で、ジンバブエ政府への反対運動に大きくはずみをつけた。ジンバブエは現在（一九九九年）、モブツ政権を転覆したカビラ政権を軍事支援している。モブツは独裁者であり、長年ベルギー領コンゴと呼ばれた今のザイールを統治していた。モブツは腐敗しきっており、米国とベルギーからの軍事援助を受けていた。長年にわたって地方でモブツに反対する戦争があり、彼は徐々に排除され、代わってカ

ビラが一九九七年に政権の座に就いた。しかしカビラも独裁者だったのですぐにカビラに対して反対運動が起こった。ジンバブエはカビラを支援するため、コンゴに軍隊を派遣したが、それによって多くのジンバブエ兵士が命を落とした。ジンバブエにいる誰もが、自分たちの経済が危機に瀕しているときに毎日一〇〇万ドルもの金をかけてまでなぜジンバブエ政府はコンゴに軍隊を送らねばならないのかを疑問視した。実はこの背後には、ジンバブエ政府の閣僚たちがカビラからコンゴの鉱山の分け前を約束されていたのだ。コンゴはダイヤモンド、コバルト、クロームの鉱物資源が豊かな国だったのである。これらのことが原因となって、ジンバブエ政府は民衆の支持を失っていった。

四　先進的ＮＧＯの役割

主義主張を明確にする

先進的ＮＧＯの基本原則には常に一本筋が通っているべきである。ＮＧＯの主義主張および何をすべきかという使命（ミッション）が明確なら、そのＮＧＯは大丈夫だ。その良い例がアムネスティ・インターナショナルだ。アムネスティ・インターナショナルは、ニカラグアで新しく選出された政権であろうと、独裁政権であろうと問題にしない。もし人権侵害が起きれば、彼らはどこでも批判の声をあげる。

人権擁護を標榜するＮＧＯは現状の明確な分析と主義主張を持たなければならない。たとえば、あるＮＧＯが健康問題を取り上げて分析し、その究極的原因が不公正な権力構造と不公正な国際経済にあると考えるなら、彼らはその信じるところに従いそれを表明すべきである。たとえ世銀がそのＮＧＯに多額の助成金を出して一緒に仕事をしたいと申し込んできてもである。ＮＧＯはその信条と行動において一貫しているべきであり、ＮＧＯにとって貧困の原因を深く分析することは非常に大切なことだ。それはＮＧＯにとっての責任でもある。

世銀が発展途上国に押しつけているＳＡＰは、誰にどういう利益をもたらしているか。世銀の分析は実に表面的で無責任である。世銀は、自分たちの政策が社会に与えるインパクトを熟慮するどころか、その国の社会政策を根本的に変えてしまうような巨額の借金をジンバブエ、ザンビア、ウガンダなど多くの国々に負わせた。世銀の行った政策が、とくに貧しい民衆に対していかにひどい結果をもたらしたかについては多くの実例をあげることができる。世銀も現在、自分たちの政策が必ずしも正しくなかったことを認めている。世銀の政策によって多くの民衆の命が失われたのであるから、世銀はもはや無責任であり続けることはできないのである。

ＮＧＯは小規模ゆえに世銀ほどの大きなインパクトは持っていない。しかし、ＮＧＯが自分たちの活動分野の徹底的な分析に基盤を置いて政策を立案することは非常に重要である。活動分野が保健であれば健康問題の根本的原因を徹底的に分析し理解しなければならない。そうしなければ、ＮＧＯが良しと思って行ったことでも、究極的には害を引き起こしてしまうかもしれないのだ。ＮＧＯで働く大多数の民衆は、高い意識を持って仕事をしていると思うが、それだけでは不十分である。自分たちが働いている分野をよく理解していなければならない。

ＮＧＯの政治性

日本でも極めて先進的なＮＧＯもあれば、日本政府の政策に対して何も声をあげずにただ無批判に日本政府の政策を支持するＮＧＯもあると聞く。こうした状況は国際的にもみられることだ。米国では――筆者はこれが日本で起きているとはいわないが――粉ミルク産業の会社から助成金を得ているＮＧＯを知っている。そのＮＧＯは粉ミルク会社に反対する会合にも出席するのだ。そして、そのＮＧＯはいつも直接的にではないにせよ、粉ミルク会社に肯定的な面を取り上げて会社を支持するのである。筆者は同様なことが政府とＮＧＯの間にもあることをよく知っている。

日本には、「中立」を保ちたいので政治的行動はとらないと言っているＮＧＯが多くあるのを知っている。しかし中立などというものは存在しない。ジンバブエで、今日、中立でありたいと思うＮＧＯがあるとすれば、実際そのＮＧＯは現状の社会政治体制を支持し、それを維持することに貢献していることになるのである。政治、メディア、社会生活全般にわたって政府の支配は圧倒的に強い。もしＮＧＯが何も発言しないなら、そのＮＧＯは基本的にメディアを通して伝えられていることに賛成していることになる。アパルトヘイト時代の南アフリカも同様だった。アパルトヘイト時代に「自分たちのＮＧＯは中立だ」と言うことは、アパルトヘイトの哲学、すなわち白人の政治・経済・社会的特権を維持強化するために人種差別制度があっていいという考え方を受け入れたということになるのである。

五　一握りの人々のための「グローバル化」

「グローバル化」が健康に与える影響

「グローバル化」は今や一般的な言葉になり、メディアでも盛んに使われている。この「グローバル化」という言葉の意味を理解し分析することは先進的ＮＧＯにとって大切である。いったい「グローバル化」とはどういうものであって、何が問題なのであろうか？（詳細は序章参照）。

「グローバル化」が貧しい民衆に及ぼしている否定的な影響を述べるならば、その証拠は枚挙にいとまがない。金持ちにとって「グローバル化」の利点はたくさんあるが、そうした人は地球上の人口の中でもほんの一握りだ。インターネットは理論的には「グローバル化」の利点だが、その利用者はアフリカ大陸全体のそれよりもニューヨーク市の利用者の数の方が多い。インターネットは金持ちと貧しい民衆の間のギャップを加速度的に増大させている原因の一部といえる。たとえば、筆者の子どもはインターネットで遊んでいるが、同じ南アフリカの貧しい子どもたちはコンピュータさえ持っていないから、インターネット以前の問題なのである。

子どもの死亡の九七％は貧困層の子どもで占められている。貧困層に属する民衆の健康および生活状態は「グローバル化」によってますます悪くなっている。ＮＧＯは「グローバル化」が民衆にどのようなインパクトを与えているかを早急に分析する必要がある。なぜなら「グローバル化」はますます大規模に拡大しているからだ。「グ

グローバル化の影に飢える子どもたち（出典：David Werner, *Where there is no doctor,* TALC, London, 1977）。

ローバル化」が世界の保健、または女性の地位にどのような影響を及ぼしているのかなど、さまざまな側面から分析する必要がある。詳細な分析の上に立って初めてＮＧＯは何をするべきかを計画することができるのだ。

「グローバル化」という現象はさして新しいことではない、という言い方をすることもできる。筆者たちはグローバリゼーションを以前は帝国主義と呼んできた。現在それはより一層巧妙になり、加速され拡大してきている。筆者の理解では——これはおそらく荒っぽい分析ではあるが——資本主義以前の社会（封建社会）は、一九世紀から二〇世紀の間に資本主義に取って代わられた。蒸気のパワーの発見、機械、産業革命、農業の工業化など、技術の進歩がこの変化をもたらした。資本主義は多くの富を創出したが、同時に貧しい労働者階級をも作り出した。労働者階級は自分たち自身がたたかうことによって富の幾分かが再分配され、生活が向上し、ヨーロッパや米国その他の先進国では健康状態も以前と比べて向上した。

苦しむのはいつも民衆という図式

しかし発展途上国では、資本主義はそのような進歩をもたらさなかった。二〇世紀初頭、第一次世界大戦をピークとして、資本主義はレーニンが命名した資本主義の最高の段階である独占資本主義へと変容していった。一八七〇年から一九二〇年の時期を見ると、工業セクターを支配している化学や自動車、鉄鋼、織物などの会社の数がどんどん少なくなっていった。これは大会社が小さい会社を買収したからである。このようにして独占が進み、そして多国籍企業が誕生した。現在、これらの多国籍企業は自国の一つのセクターを支配するばかりでなく、他国の同じセクターをも支配している。一九世紀のイギリスに起こったのと同様の過程で発展途上国に資本主義が発達する可能性はもはやない。現在のジンバブエで自国資本によって新たに自動車会社を設立することはできない。労働力が安いのでジンバブエのような国にトヨタが生産拠点をすでに移してきているからである。

筆者は、資本主義はもはや進歩的な役割を果たすことはできないと思っている。資本主義はほんの一握りの資本家によってコントロールされている。そしてこの体制を維持強化し固定化している政治構造があるのだ。先進国の支配階級と発展途上国のエリートとの関係は持ちつ持たれつの関係にある。先進国の支配階級の人たちが所有する多国籍企業が、ジンバブエや南アフリカに入り込めるようにする一方、発展途上国を支配するごく少数のエリートたちはそれによって利益を得ている。苦しむのはいつも貧しい民衆という図式である。

「グローバル化」が進行している現状では企業の力がより一層強大になってきており、国レベルをはるかに超えて国際機関などの組織に対して強大な影響力を行使している。世界貿易機関（ＷＴＯ）がそのよい例だ。強大な多国籍企業グループが主要先進国の支配階級に働きかけ、自由「市場経済」体制を推進するための最も強力な国際機関として設立するまでにこぎつけたのだ。各国政府——米国を除いてといった方がよいかもしれないが——でさえもＷＴＯをコントロールすることはできない。筆者には、ＷＴＯは実は多国籍企業によるより効果的な搾取を容易にするために設立されたとしか思えてならない。

おわりに——あきらめてはいけない

「グローバル化」が一層進行する世界にあって、ＮＧＯは貧困を撲滅し社会正義を実現するために重要な役割を持っていることは明確である。この役割を果たすことは大きな責任であると同時にその困難さをも知っている。ジンバブエの貧しい人たちが自分たち自身を組織化して声をあげ、自国の政府に影響を与えることはできたとしても、ＷＴＯのような国際機関に影響を及ぼすことは容易ではないことも知っている。しかしあきらめてはいけない。一九九九年一二月、米国のシアトルでのＷＴＯ閣僚会議で起こったことを思い出してほしい(2)。

(2) 新しい多角的貿易交渉の枠組みを決める閣僚宣言を作成する目的で各国代表が米国シアトルに集まったが、米国中心の少数国主導に対する発展途上国の反発、貿易自由化をすべてに優先するＷＴＯ体制に反対するＮＧＯの世界的結集などにより交渉が決裂した（序章第五節参照）。

世界はますます複雑化しており、「グローバル化」の進行する過程は、時に理解が困難でかつ矛盾に満ちたものとなっている。ＮＧＯに求められるのは自分たちが活動するセクターのために、変化するグローバルな状況とその意味するところをしっかりと分析することである。グローバリゼーションの本質を見抜き、なぜ「グローバル化」が貧しい民衆に負の影響を及ぼしているのかを、民衆とともに分析する必要がある。貧困にあえぐ民衆の経験と声に耳を傾けなければならない。そうすることによってはじめてＮＧＯは、公正と社会正義の実現に向かって価値ある貢献ができるのである。

（田口やよい・池住義憲訳）

最大の解決策は貧しい人々をエンパワーすることだ。

出典：D. Werner, D. Sanders, *Questioning the Solution. The Politics of Primary Health Care and Child Sarvival with an in-depth critique of Oral Rehydration Therapy,* Health Wrights, CA, 1997, p. 127. 邦訳『いのち・開発・ＮＧＯ』（新評論、1998年、p. 297）。

コラム⑤
SEWA
★女性のエンパワーメント

（財）アジア女性交流・研究フォーラム
主任研究員　織田由紀子

SEWA（Self Employed Women's Association, 自営女性労働協会）は、インド西部グジャラート州の繊維工業都市アーメダバード市で、一九七二年に創設された女性自営労働者の組合で、約二一万五〇〇〇人の会員がいる（一九九九年現在）。ここでいう自営女性労働者とは、雇われずに自分で、露天商、紙くず拾い、型染め（木型を使って布に模様を印刷する）など、さまざまな商売や家内労働、肉体労働をしながら、その日暮らしで生計を立てている、社会の最下層の女性たちである。

このようないわゆるインフォーマルセクターで働く女性たちは、インドの働く女性の九四％以上と圧倒的多数を占めている。しかし正式（フォーマル）に雇われていないため、これまで「労働者」とはみなされてこなかった。繊維労働組合の弁護士をしていたSEWAの創立者イラ・バットさんは、布地を頭に載せて工場に運んでいた女性たちから、賃金の支払いをごまかされているとの話を聞き、自営女性労働者の存在と問題に気づいた。女性たちは組合を作り、交渉を通して支払いを得ることに成功した。その後、露天商、紙くず拾い、竹細工職人、機織工などが、それぞれの問題を解決するために職種ごとに組合を作った。そして国際機関なども巻き込んで長年働きかけ、この営業者の組織を労働組合として認めさせることに成功した。

SEWAの活動は労働組合、協同組合、女性運動の三位一体で、貧しい自営業の女性労働者の完全就業と自立の達成をめざしている。完全就業とは収入だけではなく、社会保険、医療、住居など、人間としての安全の確保を意味し、自立とは個人としても集団としても自己決定する力を得ることをいう。たとえば紙くず拾い組合は、政府の貧困解消政策を利用して役所に働きかけ、紙くずを優先的に入手できるようになり就業を確保した。バインダーやファイルなどの紙製品を開発・製造・販売し、役所に購入を働きかけてきた。また自営業の女性たちにとって気がかりな子どもの保育の問題解決のために保育所を作り、新しい就業機会を生み出してきた。

さらに、貧しい女性もいざというときのために貯金ができ、あるいは商売の拡大のために融資が受けられる金融機関を必要としていた。しかし、非識字者で担保もない女性を市中銀行は相手にしていなかった。そこで顔写真を用いて署名代わりとするＳＥＷＡ銀行を作り、貧しい女性がよい顧客であることを証明した。その日暮らしゆえに心配な怪我や病気に備えて、医療や社会保険制度も始めた。通常、読み書きができない貧しい女性は、力がないとみられがちだが、ＳＥＷＡでは彼女たちが活動の中心で理事でもある。

このように、ＳＥＷＡの活動は自営女性労働者のニーズに応えるため創意工夫に満ちている。会員の女性たちは組合を組織し、それまで会ったこともなかった市や州の政策決定者に、自分たちの抱えている問題を訴え、話し合いの場を作り、時には裁判に持ち込んだり、あるいは商売相手と交渉してきた。そしてその過程を通し、政策や法律を自分たちのために使えるようになり、実際に成果をあげることで自信をつけてきた。この積み重ねによって、社会的影響力を持つようになり、地域社会や家庭における女性の地位にも良い影響を及ぼしてきた。誰よりもその変化に気づいているのは女性たちで、ＳＥＷＡに加わって変わったと述べている。ＳＥＷＡの活動は、エンパワーメントとは変化の過程であることを示すものといえる。

ＳＥＷＡの組合員証を見せる女性。

ＳＥＷＡ銀行から融資を受けてあばら家に戸をつけることができた、二人の娘を持つシングルマザーの竹細工職人カルナベンは、こう語った。「生まれて初めて安心して寝られました。今私は力がみなぎっていると感じます。まるで、体の中に何千もの電球がついているみたい」。

第11章　フィールドワーカーとして見た開発の現場

いぶき国際文化研究所
研究員　庄　野　護

はじめに――フィールドワーカーの社会的役割

団塊世代の末尾に生まれた私は、二〇代も半ばを過ぎた一九七〇年代の後半にＮＧＯという言葉に出会った。当時、民間人による国際協力活動は少なく、理論や学ぶべき著作も少なかった。日本平和学会を創設した関寛治（当時東京大学）や高柳先男（中央大学）らがＮＧＯについて論じ始めたのは、七〇年代後半からである。高柳ゼミの学生であった私も、学生時代はＮＧＯについて何も知らなかった。

私の国際交流は、一九六〇年代の終わりに徴兵拒否のベトナム人留学生と出会うことで始まった。私にとって国際協力は、最初から実体験的なことであった。七〇年代前半には、二年間タイのバンコクに遊学し、反日運動と七三年の民主革命に遭遇した。バンコクでプラティープさん（プラティープ財団代表。現国会議員。スラムでの社会活動で知られる）のスラムでの活動を知ったのは七三年九月である。戦時下のベトナムにも何度か出かけた。七八年からの沖縄の離島への援農活動（援農隊）は、四期にわたった。沖縄本島の名護市では街づくりにも参加した。その後、バングラデシュやネパールでの活動に参加するようになった。八九年から六年間は、国際協力事業団（Ｊ

ＩＣＡ）の青年海外協力隊に参加してスリランカの都市スラムで開発ボランティアとして活動した。ＮＧＯから政府開発援助（ＯＤＡ）ボランティアへの転身の理由の一つには経済上の困難があった。

現在、「シャプラニール」（第4章参照）や「いぶき国際文化研究所」[1]など複数のＮＧＯに協力している。中国の大学関係者とのつきあいは二〇年になる。非常勤講師として勤めていた大学では、海外ボランティアをめざす学生たちに開発現場を実体験するよう助言してきた。二〇〇〇年までの四年間は四国に居住して、年に何回かアジアの開発現場に出かけた。地元のＮＧＯワーカーとの議論が目的の旅だが、私自身がフィールドワーカーとして関わる現場探しの旅でもある。

スリランカ・コロンボ市のスラムで学ぶ子どもたち。

本章では「フィールドワーカー」という言葉を、外部から参加する開発の共働者という意味で使用している。部外者であっても、一人の人間として地元の人々と対等に対峙しうると私は考えている。こちら側にも相手方と同様に人生があり、生きる場を共有すればその接点に関係が生まれうる。フィールドワーカーと対極の存在として「オフィサー」（開発官僚）の存在を意識している。オフィサーあるいは専門家は、計画案の実施媒介者である。援助という制度の中では、オフィサーの仕事は計画案の達成度で評価される。ここで言うフィールドワーカーは住民自身の達成度を基準にするという点で、本質的に異なるという立場をとる。個人としてはオフィサーとフィールドワーカーをあわせ持つ立場もありうる。

（1）大阪市にある民間の国際交流団体。主に中国の学術団体と交流している。所在地は、〒５３４―００２１　大阪市都島区都島本通３―18―４。

一　今、世界の開発現場では

「持続的開発」の幻想

ＮＧＯによる国際協力やＯＤＡの開発事業は、時代の流行に左右されやすい。しかも、その流行は世銀や国際通貨基金（ＩＭＦ）から生まれる流行である。「持続的開発」や「ＷＩＤ（Women in Development）」（女性参加）といった標語も一九九〇年代になって、先進国の中心部から情報発信されてきた。その結果、「持続的開発」や「ＷＩＤ」の看板を掲げたプログラムが雨後の竹の子のように生まれた。結果は、どうだったであろうか。自然農法の農業技術者が専門家として派遣された「持続的開発」プログラムは、果たして効果があっただろうか。女性学の研究者が専門家として派遣された「ＷＩＤ」プログラムは、女性住民の社会参加を促しただろうか。現地の社会変動をミクロに観察する能力に欠けた専門家たちが行ったのは、北の先進国の流行概念を紹介する「ワークショップ」の開催でしかなかったのではないか。

「住民参加」の暴走

住民参加なしの社会開発事業は、先進国であれ発展途上国であれ、開発効果をあげられなくなっている。しかし、一九九〇年代後半から「住民参加」が開発事業の標語として一人歩きし始め、奇妙な現象が起き始めた。発展途上国の開発現場に、「住民参加」のタイトルのついた、従来と変わらぬ開発事業が蔓延し始めた。情報公開や住民自身の政治的決定権の確立がなおざりにされたまま、名目だけの「住民参加」事業が世界中で行われるようになった。

現場で情報公開の実務を誰がどう行うのか、それさえ理解していない現場責任者も少なくない。住民が集まって集会を持てばよいといったレベルでの認識さえみられる。それでもＯＤＡの「住民参加」よりＮＧＯの「住民参加」がましなのは、決定のプロセスがより民衆に近く、ごまかしがききにくいからだ。

「マイクロ・クレジット」の神話

バングラデシュのグラミン銀行(2)に代表される民衆の共同貯蓄運動は、国際機関が融資の対象とするほどのものとなってきた。日本の海外経済協力基金（ＯＥＣＦ、現在は国際協力銀行〔ＪＢＩＣ〕）さえもが、一九九六年にグラミン銀行に融資を開始した。これには日本のＮＧＯ関係者たちによる評価作業も実施されている。このことはマイクロ・クレジット（小規模融資）が、ＯＤＡや国際金融機関にとって回収可能な融資先として認知されてきたことを示している。しかし、ＮＧＯの自主的なマイクロ・クレジットと国家間の援助で扱われる一〇億円を超える融資は、互いに相容れない要素を持つ。

（2）一九七六年、当時チッタゴン大学の経済学教授であったムハマド・ユヌスによって設立された（**終章第三節参照**）。（編者）

現実にはマイクロ・クレジットを実施しているプログラムの多くは効果をあげていない。成功例とされるバングラデシュのグラミン銀行でさえ、さまざまな問題を抱えている。たとえば、表向きグラミン銀行は、ダウリー（婚姻の持参金）のための貸し出しを禁止してきた。しかし、現実にはダウリーが目的の借り入れは少なくない。また、いまや巨大組織となったグラミン銀行は、返済率を維持するために最貧層への貸し出しを渋る傾向にある。その結果、又貸しが起き始めている。よく似た問題は、南アジアのどの国でも起きている。マイクロ・クレジットは万能ではないのだ。貧しいが最下層ではない人たちが、一時的に依拠する経済システムがマイクロ・クレジットである。「中間層」に上昇した住民は、やがてマイクロ・クレジット集団から去っていく。経済的上昇を果たした住民たちは商業金融の利用者に移行していく。同じ住民がマイクロ・クレジットを利用する期間は限られる。課題はマイクロ・クレジットで生活を上昇させた利用者が、新規の利用者にノウハウを伝達していけるかどうかだ。その社会システムを構築するために、きめ細かい住民への支援活動が求められている(3)。

（3）グラミン銀行の又貸し等については、中村まり「バングラデシュにおけるマイクロクレジット政策の理念と現実」（アジア経済研究所

『アジア経済』一九九九年五月号）、および大橋正明「マイクロ・クレジットの光と影　バングラデシュグラミン銀行とＮＧＯ」（『月刊オルタ』一九九八年一月号）を参照。

「してあげる」症候群

日本の教育システムの中では、日本は豊かな国であり発展途上国は援助されるべき貧しい国であるという世界像が植えつけられてきた。その結果、小学生から大学生を含めての国民が「（援助を）してあげる」存在を求めるようになってきた。「ボランティアをしてあげる」ことが善であるというような行動基準の蔓延である。

「ボランティア活動」の暴走といった現象も起きている。国内の養老院などの施設で、「ボランティア」たちに気を使いすぎた入所者がストレスのために病気になるという負の現象さえ生まれている。これは私の住んでいた地域社会で実際に起きている出来事である。そのような「ボランティア」意識が海外に向かっては、「学校を建ててあげる」「奨学金を送ってあげる」というような行為の対象だけを求めるようになってきた。この「（援助を）してあげる」相手を求める意識のありようが、「してあげる症候群」というわけだ。

相手が自分と対等な人間であることを、多くの人たちは頭の中では理解している。しかし、相手が「乞食」であったり「裸足のストリートチルドレン」である場合には「してあげる」対象でしかなくなってしまう。こうした意識のあり方は、表面的な「優しさ」を追求してきた日本の公教育とも大いに関連していると思われる。この種の問題を取り扱う開発教育の制度化はいまだ実現していない。開発教育の制度化に向けては、声をあげ続ける必要があるだろう。同時にその内容についての議論も必要であろう。

以上のような話題は、対外援助関係の各種ニュースレターや報告書には書かれてこなかったことだが、現場のワーカーの間では話題とされてきたことがらである。現場で起きていることが、ストレートに伝達されない会報や報告書のスタイルは改善される必要がある。

二　易きに流れやすいＮＧＯ活動――ネパールの現場から

欧米に比べれば、日本人による国際協力の歴史は浅い。その歴史の新しさゆえに可能性もあり、限界もある。可能性の一つは、過去の慣習に左右されることなく現状から出発できるという強みである。しかし、ノウハウを持たない欠点が限界として繰り返し立ち現れてきた。そうした問題のいくつかを現場体験から議論してみたい。

私は一九九〇年から二年ごとに、ネパールを訪問している。九六年には、日本のＮＧＯ「ヒマラヤ保全協会」のプロジェクト評価委員として約一カ月の現地調査にも参加した（その体験については拙著『国際協力のフィールドワーク』南船北馬舎、一九九九、一二〇頁以下参照）。私のこれまでの主要なフィールドは、スリランカの都市スラムだったので、そこでの体験との比較からネパールの問題を考えるようになった。

ネパールは外国のＮＧＯが活動しやすい国と思われている。内戦の続くスリランカよりも生活が楽で子どもの教育施設にも恵まれていて良いという評価がある。ＮＧＯ関係者でなくともネパールは住んでみたい国なのだ。実際、ＮＧＯのネパール駐在員募集には、南アジアの他の国に比べれば応募者が多い。バングラデシュの市場では売り手も買い手も男性が主体であるから、日本人女性には余計な緊張が課せられる。インドでの駐在生活は、より厳しいと考えられている。

ネパールの首都カトマンズは標高が一三〇〇メートル、気温は一年中暑くもなく寒すぎもしない。治安の心配も少ない。そんなネパールには日本のＮＧＯだけでも一〇〇を超える団体が活動している。ネパールで活動する日本のＮＧＯのダイレクトリーもある。国別で日本のＮＧＯのリストが作成されている国は多くはないが、その一つがネパールというわけだ。住民が外国人を拒否することが少なく、コミュニティへのアプローチがさほど困難でない。また、協力的で英語のできる地元ＮＧＯワーカーが得やすいといった条件が重なる。

ＮＧＯ活動において地元のフィールドワーカーの資質は重要な要素である。日本のＮＧＯが現地活動をする場合、窓口になるのは地元のフィールドワーカーなのだ。ふつう彼らをＮＧＯワーカーとして雇用して協同者になってもらう。ＮＧＯワーカーの性格を含めた資質は、援助活動の質を左右するほど重要な要素となる。ネパール人のＮＧＯワーカーは、自主的な活動が可能で金銭的なトラブルが少ないといわれている。

他の国の場合、たとえばバングラデシュではＮＧＯワーカーの給与改善の要求に日本を含めた西側ＮＧＯは、常に悩まされている。一九九七年末、日本のＮＧＯシャプラニールは、バングラデシュで深刻な事態を経験した。雇用していた現地事務所の職員たちが集団でストライキを始めたのである（同会の会報がストライキ以前にこの種の雇用問題の困難さを伝えてこなかった反省は、今やっとシャプラニールの会員の中で意識化されようとしている。**第4章**参照）。スリランカではＮＧＯワーカーは、上司の意見に忠実すぎて自主的な判断ができない人が多い。そうした人的環境は相手側の「自立」の概念にも影響を与え、「ハンド・オーバー」（開発事業の移管）が難しくなっている。総合的に見て、ネパールは「ＮＧＯ天国」という人もいる。

しかし、ネパールは本当に「ＮＧＯ天国」だろうか。たしかに首都カトマンズや第二の都市ポカラでの生活は便利である。世界中の料理が安く食べられ、一般的には住民は素朴で正直だ。そんな生活の便宜性からＮＧＯの活動現場が選別されているはずはないと思いたい。しかし、完全に否定することもできない。ヒマラヤが見えて快適な生活が保証される高地地域でのＮＧＯ活動が、実施プロジェクト全体の九割以上に達するという現実がある[4]。観光地のヒマラヤを見学するためにネパールへやって来た日本人が現地の人と出会い、それをきっかけにＮＧＯ的活動が始まるというパターンが多い。結果的に、ヒマラヤの見える地域での協力活動が主流になっている。

（４）ヒマラヤの見える地域でのＮＧＯの活動が全体の九割というデータについては、斉藤千宏編『ＮＧＯが変える南アジア』コモンズ、一九九八、一五三頁による。ネパール政府登録の地元ＮＧＯのうち首都カトマンズと第二の都市ポカラ周辺だけで七五％、東部および中西部の経済開発区がそれぞれ一〇％、合計すると九〇％を超える。これらの数字はＮＧＯの所在地を示し、厳密には活動地域と重ならないが、ネパールの交通事情を考慮すれば「九割」の推定が妥当と判断できる。

しかし、ネパールの貧困地域は、ヒマラヤが見えない低地のタライ平野に広がっている。そこは外食する料理店も少なく、マラリアなどの風土病が存在する。あるいは超高地で車道さえなく、徒歩でしかたどり着けない「未開発」地域が残されている。そうした最貧層の住む地域をめざさず、快適に過ごせる観光地ポカラや首都カトマンズに沈没する西側ＮＧＯは現実に多いのである。都市にもストリートチルドレンやスラムなど深刻な問題がある。しかし、都市の貧困対策に取り組むＮＧＯが極めて少ないのも事実である。

また、山岳国家ネパールは南アジアの国の中でも、移動時間の負担が大きい国である。このため外部からの援助者や観察者は、同一場所に長期に滞在しない限りコミュニティの社会構造を詳細に把握することが難しい。対象の住民が遠距離に分散して居住する場合には、より困難が増す。移動時間の負担の大きいネパールでは、一般に報告書を書く日はフィールドには出ない。移動時間の短いスリランカでは、日々状況の変化を体験するので、その対応に追われ報告書を書く時間が確保しにくくなる。

しかし、ネパールしか体験していない日本人ＮＧＯワーカーの中には、その特異性を理解していない人もいる。さらに問題なのは、日本側の支援者が支援先での活動が合法的かどうかについてほとんど関心を持っていないことだ。ネパール国内でも、ＮＧＯ活動にはそれなりの行政手続きが必要とされる。法律で銀行送金が義務づけられているにもかかわらず、現金を持ち込んで闇市場で両替するということに疑問を持たない日本人もいる。植物検疫を無視して苗木や種を持ち込んだり、持ち出したりするケースも珍しくない。

三　ＮＧＯにおける「技術」軽視の問題――インドの現場から

一九九七年に南インドのアンドラ・プラデーシュ州のスリカクラム県にあるＮＧＯ、ＣＳＳＳ（Comprehensive Social Service Society,一九七八年以来農民の生活向上に取り組む民間開発団体）の活動を見学に行ったときのことである。現地に到着すると小さなホールのある公民館のような建物に案内された。そこはインドでも極貧地区に数えられ、毛沢東主義のゲリラが現在も活動しているような地域である。案内されたＮＧＯの地域開発センターは、別

インド・アンドラ・プラデーシュ州スリカクラム県の村で。

棟としてトイレやシャワーの設備が備わる立派なものであった。二〇人規模の訪問者が宿泊できるように造られている。外国からの見学者用に建てられたものだ。この本体施設の裏側に、放棄されたトイレとシャワーの廃墟があった。風雨に耐えきれず壊れたようだ。築一〇年も経っていない建築物が廃墟と化していた。

以前に建てた建物が壊れたので、現在のものに新しく建て替えられたようだ。屋根はまったく形跡をとどめていなかった。しかし、風雨が原因の崩壊であったにしろ、不十分な施工技術にも原因があることは明らかであった。なぜなら、現在ある建物も同程度の技術で建設されており、崩壊の兆しがすでに見え始めていたからだ。ＮＧＯプロジェクトにおけるこうした技術の軽視は、これまで問題にされてこなかった。「村人が自分たちでやったから仕方がない」とか、「設計図は専門家に書いてもらった」といった言いわけがなされてきた。

日本では一九九九年に新幹線のトンネルの壁面が崩壊したり、高速道路の標識が地面に落下するという事故が連続した。事故は現在も続いている。施工不良による事故である。それまで小さな事故はニュースにならないようにもみ消されていたが、大事故が起きて問題を隠しきれなくなった。今では八〇年代のバブル経済期での日本の巨大土木事業は、手抜き工事が常態であったことが明白になっている。そしてこうした施工不良の問題は、公共の土木工事だけが問題にされてきた。海外協力プロジェクトにおいては、政府のプロジェクトでは問題だがＮＧＯでは問題ない、とされてきた分野である。

しかし、ＮＧＯ分野での小さな井戸やトイレの建設で、本来は節約できたはずの「無駄な投資」が修理や改修のために繰り返されているとしたら問題である。簡単に壊れてしまう施設をＮＧＯが海外援助事業で建設することは、

ＯＤＡの手抜き工事と同様に問題なのだ。実際ＮＧＯの海外事業では、これまで技術的アマチュアリズムが賛美されてきた。開発現場で「簡単に壊れてしまう建物」のこうした無駄について、私が質問しても答えられる人はほとんどいなかった。たとえば、南インドのあるＮＧＯを訪れたとき、「村人が自ら造った」とされる建築物・構造物がスタディツアーの参加者などＮＧＯ職員によって誇らしげに紹介されている。

　アフリカなどで大規模灌漑事業の多くが失敗してきた原因の一つは、用水路などの施工管理にあった。セメント施工に技術的な問題があったことが報告されている。日本の新幹線などの手抜き工事に通じる問題である。基本にしたがって丁寧に工事しておけば、一〇年で崩壊する擁壁になるはずもないと指摘されている。

　土木技術の場合、医療技術と違って欠点が見えにくい。たとえ欠陥があっても大きな問題とされてこなかった。ＮＧＯ事業では素人工事でよしとされてきた。その結果、何年後かには崩壊し、改築には二倍の経費が必要とされるような工事が次々と実施されてきた。たとえば、一九九八年、筆者が訪れたインドネシアのスラウェシ島での住民組織による灌漑用水路もそうした工事の一つである。また、ヒマラヤ保全協会によるエコ・ミュージアムも例としてあげられる(5)。それらの事例は、援助側への住民の信頼を失わせ、結果的に住民の参加意欲を奪い、コミュニティにダメージを与え続けている。

（５）その建設を急ぎすぎ、また施工した季節が適当でなかったこともあり、コンクリートに十分な強度を確保できなかった。

　農村開発の分野での技術軽視もある。アジアの農村では「エコロジカル」な理由から多種類の果樹を混植するような農園づくりが推奨されている。しかし、私が見学した果樹園の中には収穫の労働負担を無視したような果樹の配置がなされていた例もあった。計画性のない、思いつきの混植になっていた。その理由について現場で関係者に質問を試みたが、地元ＮＧＯスタッフからは説明が得られなかった。農業経営や果樹の適正栽培の観点からの「技術的」検討は皆無であると判断できた。

　あるＮＧＯが関わる南インド、アンドラ・プラデーシュ州の村では、野菜を作る土地を必要とする農民が、植えたばかりの果樹の苗木の周辺を耕していた。果樹と果樹の間の空き地に野菜を栽培する農法である。しかし、苗木が小さいうちに野菜栽培を始めると、苗木は成長を妨げられ予定の年数で結実できない。その結果、成長が遅い苗木や予定通り果実の実らない木は、農民によって放棄されることになるかもしれない。また、野菜畑としての利用価値を見出した農民は、先に植えられた果樹を邪魔者扱いしかねない。農村開発におけるＮＧＯの農業技術の水準は、この程度のものが少なくない。

こうした問題点は、結果の出る一〇年後まで議論は止めておいた方がよいのだろうか？　失敗したプロジェクトの情報公開が遅れる日本では、現に失敗しつつあるＮＧＯプロジェクトについても報告した方がよいと私は考えている。正直な情報は支持者の賛同は得ても、支持者を失うことにはならない。日本のＮＧＯが政府と変わらないような情報公開システムにとどまる限り、支援者の拡大は望むべくもない（第７章参照）。

おわりに——フィールドワーカーの立場から

部外者たるフィールドワーカーは、開発現場では「開発ボランティア」として存在を許される。その立場からは比較的、社会関係の変化を観察しやすい。「専門家」は利害関係を持ちすぎた立場にあり、「研究者」は住民の本音を聞き出す手続きに困難がともなう。これに対して、ＮＧＯボランティアは、住民に対してより中立的でいられる。だからこそ、住民の声を代弁する役割を期待されるのである。この可能性のために、より多くのＮＧＯボランティアを世界は求めている。援助が制度としてある以上、どの立場で参加するかは個人の持つ条件と選択の結果で決まるといえる。たしかに、フィールドワーカーが住民の立場を代弁するというのは一つのおごりだという批判もある。しかし、代弁（アドヴォカシー）という機能は、住民自身が自らの言葉を外部へ発信するまでの過渡的機能である。住民が発言できるチャンネルを形成する過程で、「代弁」機能が求められる状況は無視できない。そのような代弁機能を必要としている世界が、いまだ多く存在しているのである。

しかし、これまで多くの日本人ボランティアたちは、「ボランティアでは何もできない」という言葉を残し現場から去っていった。彼らは進学や留学をめざした。「専門家」になって現場に戻ることが彼らの目的だった。しかし、希望通り彼らが開発現場に戻れたかは疑問である。現在の「援助業界」では、大学院で学位を得て開発官僚や専門家となる道を歩むのが主流になりつつある。

だが、欧米の大学院で開発学を学んだ日本人たちの多くは、「スラムの路地や田んぼの畦道を歩く技術や知識を持たない」専門家になっている。机上の計画を無理やり実行する専門家が増えつつある。欧米の大学院で発展途上国から来た行政官の行動様式だけを真似る日本人留学生も少なくない。こうした新世代の専門家たちがどうすれば住民と共に歩むフィールドワーカーになりうるのか。これは、日本社会の課題でもある。

国際協力は水道の敷設数や共同貯蓄の貯蓄額などの数量だけで測られるものではない。開発達成度の数量化も大切だが、相互関係の中で変化していくコミュニティや個人の人格的成長といった定量化できない要素も重要である。また、成果の発表と同時に、失敗の経験も公表できるような活動スタイルを持つことも必要である。国際協力は、援助する側の人間形成までをも含む人間の総合的活動であることに今一度、注意を払うべき時期にきている。

第三部　ＮＧＯの未来を切り開くために

——さまざまな連携の形

第12章　イギリスにおけるＮＧＯと政府
――国際ＮＧＯ、オクスファムをはじめとして

三好亜矢子

はじめに――本章の内容

本章では、筆者が一九九九年秋、調査のために訪れたイギリスの開発ＮＧＯと政府の関係を取り上げる。第一節ではその活動領域や財政規模などの背景を紹介し、第二節でＮＧＯが政府からどのように財政的な支援を受けているのか、その助成金配分のメカニズムを明らかにし、第三節でＮＧＯとの結びつきを強めようとする労働党政権に対して、ＮＧＯがどのように自らの組織の方針を堅持しようとしているのかについて述べる。さらに、イギリスのＮＧＯが発展途上国の住民へのサービス提供あるいは「南」のＮＧＯへの資金協力という従来の役割から、あるべき将来像を模索し始めていることを紹介する。

一　イギリスの開発ＮＧＯの背景

量、質ともにトップクラス

ロンドンからバスで北西に約一時間、田園風景に囲まれた学園都市オクスフォードの中心部の商店街の一画に、

オクスファム本社ビル。ガラス張りの受付が親しみやすい。

国際ＮＧＯオクスファム（ＯＸＦＡＭ）の本部ビルがある。左隣りがカーテン屋、右隣りがクリーニング店、その間にはさまれてガラス張りのこじんまりとしたオフィスが受付だ。世界に冠たるＮＧＯという厳めしさは微塵もなく、街の風景にみごとに溶け合っている。

本部前のバス通りをはさんでオクスファム直営の衣類、図書などの中古品を扱うオクスファムショップ（通称オクスファムの古着屋・略してショップと呼ぶ）がある。ショップはイギリス各地に八三〇を数え、一九九八年度の売り上げは約三〇億円、オクスファムの全収入のうち約一二％を占める。オクスファム本部前の店でレジ係の銀髪の美しい七〇代の女性に、「ショップでボランティアする理由」を訊ねたところ、「自分の活動を通じてオクスファムのプログラムに貢献できるのがうれしい」という答えが返ってきた。「発展途上国の貧しい人々を助けたいから」などという抽象的な言葉ではなく、オクスファムという組織への信頼を前提にした発言に驚かされる。海外協力を行う組織とその活動がいかに深く一般市民に浸透し、信用を得ているかがよくわかる。

こうした発言の背景には、イギリス社会に脈々と流れる自然保護、障害者や女性の権利擁護などさまざまな市民によるボランティア活動の長い伝統がある。一九九五年現在、市民活動団体に税金の減免などの優遇措置を与えるチャリティ法（序章第二節参照）には約二〇万のグループがチャリティ団体として登録されている。なかでも約四〇〇を数える国際協力団体の位置は高い。たとえば、歳入面では約三〇〇億円をあげたオクスファムがチャリティ団体の第一位、またトップ五〇のうち開発ＮＧＯが一二入っている。こうした国際協力団体への寄付は同国全体の寄付総額の約五分の一にのぼる。また一九九六年に行われたＮＧＯに関する調査によれば、国際協力団体が抱えるスタッフは約六万八〇〇〇人。そのうち一四％が外国で勤務し、五八％が現地雇用の地元スタッフ、二二％がイギリス本国、六％がボランティアという割合になっている。オクスファムの例をあげれば、同組織は一九九七年度現在、イギリス全土に約三万人のボランティア、国内外の専従スタッフ一三〇〇人（そのうち本部職員は七〇〇）、また現地での地元スタッフは一五〇〇人を数える。

市民活動全般に占める海外援助活動が相対的に低い日本の現状とは大きな開きがある。たとえば、経済企画庁が一九九六年に、継続的、自発的に社会的活動を行う日本の非営利団体（ＮＰＯ）四一五一を対象にしたアンケート調査（次頁図参照）によれば、活動分野の内訳は「高齢者福祉」一九・一％、「障害者福祉」一二・七％、「まちづくり・村づくり」一一・四％などが大勢を占め、「国際協力」はわずか〇・九％にすぎない。

オクスファムといえば古着屋という答えが返ってくるほど有名だ。

支持者二〇〇万人が成長の限界

過去数年、収入が年率八％の高成長を遂げているオクスファムの九八年度の歳入（約三五〇億円）の内訳はイギリス政府やヨーロッパ連合（ＥＵ）、国連からの助成金が四八％、個人寄付二八％、ショップ一二％、遺産贈与六％となっている。同組織の財政局長サイモン・コリンズは、このうち今後、最も伸びが期待されている分野として「個人寄付」と「遺産贈与」をあげる。同氏に、「いくら個人寄付に期待し、キャンペーンに力を入れても、全国民がオクスファムの支持者になるとは考えにくいが、その点についてはどうか」と「成長の限界」について訊ねたところ、直ちに「支持者は二〇〇万人が限度」との答えが返ってきた。次に、「その限界に達する

図　日本のＮＰＯの活動分野

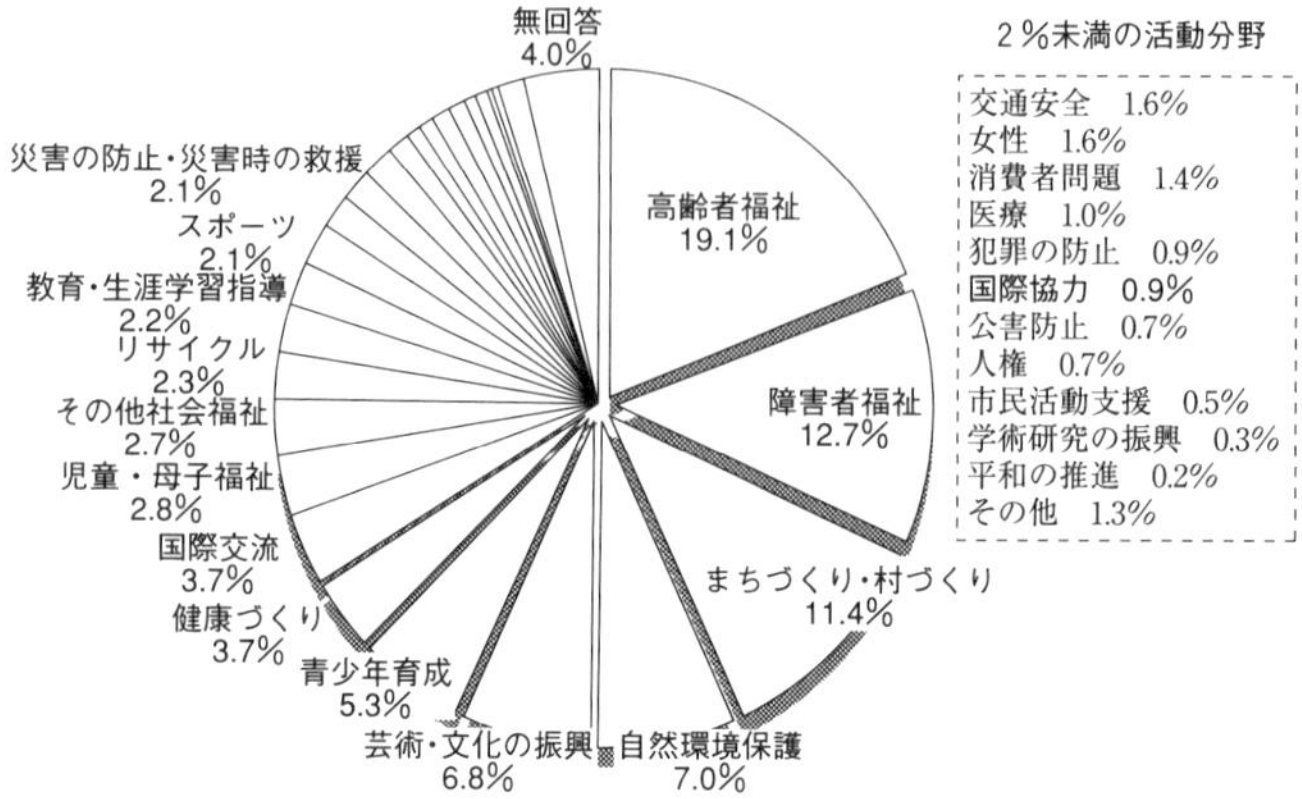

出典：「市民活動レポート」（経済企画庁、1997年４月）。

までの時間」を訊くと、「一五年くらいだろう」と即答した。いずれの場合にも考え込むそぶりはまったくなかった。彼にとっていずれは取り組まなければならない「将来問題」として、日常的に意識されていることが察せられる。日本のＮＧＯのうち、いったいいくつの団体が自らの財政活動の効果を分析し、自らの成長の限界を予測するほどの見通しを持って組織運営を行っているだろうか。寄付金集めの難しさをいたずらに嘆くのではなく、こうした戦略的思考に学ぶところは大きい。

五つの活動領域

イギリスの開発ＮＧＯの活動領域は広いが、大きく次の五つに分けることができる。

（１）地域限定型――アフガン・エイドなどがそれで、特定の地域に絞った支援活動を展開。

（２）活動分野の限定型――ウシを送れ運動（Send a Cow）などがそれで、発展途上国に牛を贈る運動を展開。

（３）特定の技術提供型――ウォーター・エイドなどがそれで、適正な飲料水を確保するための技術指導を実施。

（４）プロジェクト実施型――セーブ・ザ・チルドレンなどがそれで、自らプロジェクトを立案、実施。

（５）資金提供型――クリスチャン・エイドなどがそれで、発展途上国の教会、草の根組織などを通じて資金を提供。
また、右記の分野以外にも、開発教育センターや、開発に関する調査研究・ＮＧＯスタッフ研修の専門家グループなど、さまざまなＮＧＯが活動を展開している。

二　政府助成金の配分メカニズム

一九七九年から一九九七年の保守党政権下、政府開発援助（ＯＤＡ）予算は減少し続ける一方、ＮＧＯへの資金供与は着実に増加を続けた。イギリス政府のＮＧＯに対する助成金はＯＤＡ予算の約一割を占め、一九九五年度で約二八〇億円にのぼる。助成金はその使途にしたがい、次の四つに大別される。

（１）難民などに対する緊急救援
（２）プログラム助成（ＮＧＯが実施しているプログラムに助成）
（３）海外へのボランティア派遣
（４）二国間援助プログラム（ＯＤＡの二国間援助プログラム予算からイギリスのＮＧＯに助成）

その配分の内訳は、多い順から、緊急救援および二国間援助がそれぞれ三三％、プログラム助成が二〇％、ボランティア派遣が一四％となっている。

助成金配分のメカニズムの特徴の第一は、プログラム助成の占める比重の高さにある。一九九三年から一九九六年にかけて配分額も三二〇〇万ポンド（約六四億円）から四〇〇〇万ポンド（約八〇億円）に増加している。プログラム助成はあくまでＮＧＯが主体的に取り組むプログラムに政府が最大五〇％支援するもので、現地での運営費用も助成の対象になっている他、イギリス本国での運営費の約一割に対しても助成を認めるなどＮＧＯ側からの評価も高い。しかし、近年、イギリス政府はＮＧＯのプログラムに政府の意向をより直接的に反映させるため、ＮＧＯを下請け機関的に用いる傾向を強めており、その反映として、ＮＧＯに対する助成総額のうちプログラム助成が占める割合が低下する一方、二国間援助プログラムは九三年から九六年にかけて二倍近くに急増している。さらに、労働党政権は一九九八年、プログラム助成を廃止する提案をし、現在、ＮＧＯとの折衝が進められている（第三節参照）。

巨大ＮＧＯを優遇

第二の特徴は、スーパーＮＧＯと呼ばれる巨大ＮＧＯに対して特別枠が設けられている点である。それは単年度だけでなく複数年度にまたがるプログラムを対象にしたブロック資金（Block Fund）と呼ばれている。

イギリスのＮＧＯはこのスーパーＮＧＯとそれ以外の中小ＮＧＯとに完全に二極化している。以下の五団体は組織、財政、スタッフ数などあらゆる面で、その他のＮＧＯから突出している。

（1）オクスファム
（2）セーブ・ザ・チルドレン
（3）クリスチャン・エイド
（4）カフォド（ＣＡＦＯＤ、the Catholic Fund for Overseas）
（5）アクション・エイド

このうちアクション・エイド以外の四団体がブロック資金の対象となっている。

前述のオクスファムや、キリスト教会の発展途上国に対する取り組みの一つとして設置されたクリスチャン・エイド（プロテスタント教会）およびカフォド（カトリック教会）は資金供与型に徹し、セーブ・ザ・チルドレンは資金供与とともにプロジェクト実施にも関与し、アクション・エイドは自ら積極的にプロジェクト実施を行っている。このビッグ５はイギリス海外協力団体グループ（ＢＯＡＧ、British Overseas Agencies Group）というグループを一九八〇年に結成し、共通の課題について情報を交換したり、政府などに対して世界の貧困撲滅のために積極的に取り組むよう働きかけるなど共同歩調をとっている。

公的資金に上限を設定

こうした政府、ＥＵ、国連などからの助成金をＮＧＯの収入全体の中にどう位置づけるのか、その方針は各団体によって異なる。たとえばオクスファムでは、「地域開発プログラム」では一五％以下に抑制するとしている。政府の開発援助戦略を優先するのではなく、あくまで現場の人々が求めているニーズに即したプログラムを自主的に選ぶための担保といえる。ただし、難民救援などの一刻を争う緊急プログラムに関しては人道援助を優先し、実質的に無制限の形をとっている。九八年度の同組織の四八％がこうした助成金が占める。他方、オクスファムに次ぐ財政規模を誇るセーブ・ザ・チルドレンには公的助成に関する制限はない。同組織の九七年度の総収入約一四〇億円のうち、助成金は四五％を占めている。同組織の政策局局長のアンジェラ・ペンロースは、「プログラムが適正にすすめられている限り、公的資金かそうでないかは基本的には重要でないが、何らかのシーリングを設ける必要があるのではないかとの声もあり検討中」と述べている。(1)

（1）日本のＮＧＯの場合、たとえばＪＶＣの一九九八年度の年間総収入約四億二〇〇〇万円のうち、政府や国連機関などからの助成金の割合は国連委託金三三・四％、郵政省国際ボランティア貯金配分金五・九％、日本政府補助金五・〇％で全体の四割以上を占めている他、九六年度現在、シャプラニールが一二％、ＳＶＡが二一％となっている（以上三団体については第2、3、4章参照）。

上記の五団体以外の中小のＮＧＯは一九九三年にボンド（ＢＯＮＤ、British Overseas NGOs for Development）という全国組織を結成。一九九九年現在、約二〇〇のＮＧＯが参加、同国最大の連合組織となっている。ボンドは当初、加盟団体のために資金づくりや報告書作成の手引きなどごく実務的なトレーニングを行っていたが、最近はその守備範囲を広げ、政府開発省（ＤＦＩＤ、Department for International Development）とＮＧＯとの仲介役を務める他、参加団体を代表して政府が掲げるＮＧＯの役割について意見を提出するなど積極的な「政策提言」も行っている。

三　労働党政権の登場——新しいチャレンジ

海外協力グループを広げる

イギリスのＮＧＯは一九九七年に登場したブレア労働党政権によって新たな局面を迎えている。ブレア首相は対外援助を重視する政策の一貫として従来の海外開発庁を省（ＤＦＩＤ）に格上げし、ＮＧＯに対しても次の二つの提案を行っている。

一つは「市民社会チャレンジ基金」（Civil Society Challenge Fund）の創設である。同基金は一九九九年一〇月以降、申請を受けつけ、二〇〇〇年四月から実施され、重要なプログラムの一つとなっている。この基金のねらいの第一は、より広範な市民グループ、具体的には労働組合、女性グループ、教会など今まで海外援助にあまり関与していなかった階層に広く国際協力への参加を呼びかけようというものだ。

こうした動きの背景には、「海外協力活動を担ってきた開発ＮＧＯがあまりにも専門化し、セクター全体が内向きになりすぎた」（ボンドスタッフ）現実がある。助成対象グループ枠の拡大の他に、もう一つの特徴は、ＤＦＩＤが明確に、発展途上国における地域保健プログラムなど現地への直接的なサービスの追求よりも、現地でのリーダーシップ・トレーニングなど将来の組織基盤の充実を優先させる方針を打ち出したことである。

同基金としては、初年度の目標として新しいセクターからの応募が全体の四分の一を占めることをめざしているが、こうしたグループのプログラム遂行のための力量が追いついていないとの見方が強く、実現はなかなか難しい。ただ、貧困を生み出す社会構造など開発の問題を一部の開発ＮＧＯだけでなく、広範な市民グループが担う可能性を広げた点では評価できる。他方、スーパーＮＧＯに比べると財政状態の厳しい中小のＮＧＯの中には、助成金が欲しいばかりに、従来その組織がとってきた援助のアプローチを同基金の助成方針に合致するように変更する可能性も考えられる。極端な例をあげれば、井戸掘りの専門グループがにわかに発展途上国のグループに組織運営についてのセミナーを開き始めるというような混乱も予想される。

こうした動きの中で重要になってくるのは、自分たちの組織がどういう理念と手法をもって海外協力を実施しようとするのかという視点を文書として明らかにする姿勢である。まず何よりも「助成金ありき」では短期的な資金獲得はできても、長期的にはその組織の存続に危険なばかりか、「いったい何のために、誰のために開発協力を始めたのか」という大前提さえ失いかねない。

ブロック資金をより柔軟に

上記の「市民社会チャレンジ基金」の申請ばかりでなく、ブロック資金についても新しい制度が導入されようとしている。ＤＦＩＤは九八年に、貧困撲滅に最も大きな比重を置いた開発戦略白書を発表、それに続いてＮＧＯとのより有効な協力関係づくりをめざす諮問文書を各ＮＧＯに送付した。それに対してオクスファムやセーブ・ザ・チルドレンなどが見解書を提出、その後も引き続いて同省とＮＧＯとの間で断続的な話し合いが行われているが、その中からブロック資金の運用にもっと柔軟性を持たせようという動きが出てきた。

同資金は従来、複数年度にまたがるプログラムも助成の対象としていたものの、単年度ごとの報告が義務づけられていたが、新しい動きは、プログラム進行中の報告については条件を緩和し、ＮＧＯ側の負担を軽減しようというものである。その代わりに重視されるのが、政府とスーパーＮＧＯとの間に生じるそれぞれの開発協力の戦略自体をめぐる折衝だ。「枠組み合意」といわれるこの新制度は二〇〇一年からの実施を予定している。

政府の介入が強くなる危険も

こうしたイギリス政府のＮＧＯに対する積極的なアプローチは、一見したところ、ＮＧＯの側に資金の確保などの面では有利に見えるが、同時にさまざまな問題をはらんでいる。以下の二つの点を指摘したい。

第一は、ＤＦＩＤのイニシアティブが突出しがちな点である。「市民社会チャレンジ基金」や新しいブロック資金についても、助成対象と助成額の決定の過程で政府側が取り上げたい課題とそうでないものが巧妙に選別されていく危険性が予想できる。

たとえば、オクスファムやセーブ・ザ・チルドレンの政策担当者は、「世界貿易機関（ＷＴＯ）が主導する貿易の規制緩和がかえって第三世界諸国に不利な状況を生み出す」問題への取り組みや、「内戦やテロを未然に防止するため武器取引を抑制する」キャンペーンなど、ブレア政権において優先順位の低い課題については除外されるのではないかと懸念している。ＮＧＯ側がそれぞれの政治的独立性を強く意識しなければ、政府誘導の国際協力に変質するおそれがある。

アイデンティティ・クライシス――仲介者は必要か

第二はイギリスの開発ＮＧＯの「アイデンティティ・クライシス」の問題である。彼らが実施してきた開発協力のほとんどは、発展途上国のコミュニティにベースを置くＮＧＯを通じて行われ、いわば、イギリス政府あるいは市民社会に対して彼らのために資金集めや世論喚起などを行う「仲介者」（アドヴォケト）として機能してきた。今、問題になっているのは、果たして「仲介者」の役割がどういう意味を持ち、それがどれほどの効果を発揮してきたのかという組織そのものへの根本的な問いかけである。発展途上国において真に民主的かつ公正な社会を実現していくために、途上国のＮＧＯが組織として力をつけていくことが重要になればなるほど、アドヴォカシー（政策提言）の存在理由は希薄になる。

また巨大化したＮＧＯがブロック資金の柔軟化をかち取り、政府のコントロールからできるだけ自由になろうとする一方で、北と南のＮＧＯの関係が果たして「パートナーシップ」と連呼されるほど対等なものかという批判も、途上国のＮＧＯから提出されるようになっている。

おわりに──危機打開の三つのアプローチ

こうした流れを反映するように、イギリス政府が発展途上国のＮＧＯに対して直接、資金提供する「直接資金援助」は毎年、拡大されている。一九九一年に始まった日本の外務省の「草の根無償資金協力」はこの着想にヒントを得たものと考えられるが、日本のＮＧＯがこの制度の導入に敏感に反応したとは寡聞にして知らない。ボンドは途上国のＮＧＯに対する政府の直接資金提供に関する作業グループを一九九五年に設置し、事例研究およびこの手法がイギリスのＮＧＯに対して今後どういう影響を与えるのかを検討している。

この危機の打開策としては次の三つが考えられる。一つは、これまでＮＧＯが全般的に苦手としてきたプログラムに対する「評価」を行い、自分たちの有効性（あるいは非有効性）を積極的に実証すること、二つは、途上国のＮＧＯの組織強化を図るプログラムを充実させること、三つは「仲介者」（アドヴォケト）から脱して、自国の政府が主要な役割を演じ、それが途上国の人々に重大な影響を与えている国際通貨基金（ＩＭＦ）やＷＴＯといった国際機関へのロビー活動、あるいは自国の世論醸成のための働きかけなどの「政策提言」（アドヴォカシー）を強化するといった戦略転換である。巨大化したＮＧＯであればあるほど、急激な方向転換は難しく、この三つのアプローチが並行して進行していくように考えられる。「ＮＧＯの未来像」をどう描くのか、日本のＮＧＯにも突きつけられた共通の課題といえる。

第13章　チェンマイ大学と北タイの人々

社会開発国際調査研究センター
副主任研究員　山田恭稔

はじめに――本章の内容

本章では、タイ国北部のチェンマイ大学・ＮＧＯ・地域住民組織の三者による連携を題材に、ＮＧＯ――大学という連携のあり方について検討する。これは、筆者が一九九四年二月から一九九七年八月まで客員研究員として所属したチェンマイ大学社会調査研究所（以下、研究所）がＮＧＯと連携して行った活動を見直し、その連携を機能させた仕掛けの分析を試みるものである。

一　政府に物申す村人たち

一堂に会したさまざまな人々

一九九四年八月、北部九県から五〇〇人を超える村人、さまざまなＮＧＯ、内務省国家安全保障会議高官をはじめとする政府職員たちが、チェンマイ市で開催されたセミナーに集まった。参加者は、自然保護地域を指定した政府機関、その指定にともない各県で強制移住させられた村人たち、自然環境保護や山岳少数民族に関わるNGOであった。

ランパン県から村を代表してこのセミナーに参加したある村人は、「政府は、売春排除の政策を常に掲げながら、実のところ村人たちを売春に追い込んでいる」と、やるせない憤りを訴えた。ヤオ人である彼の村では、やせた土地に移住させられた一九九四年二月以降、街に働きに出る人がそれまでの二〇人から二〇〇人に急増したという。

山林から締め出された地域住民の組織、北タイNGO調整委員会、研究所の三者が協力し開催したこのセミナーの背景には、自然資源を実際に管理できるのは誰かをめぐる、村人たちと政策を実施する政府役人との間に発生した衝突の繰り返しの歴史がある。土地利用政策を森林地帯に拡大適用し、逆に合法化された大規模な伐採が森林を急激に破壊する一方、山岳地帯の森林破壊の原因として、山岳少数民族の人口増加による粗放な焼畑農業が政府によってしばしば一方的に批判されてきた。さらに、森林地帯の国立公園政策は枯渇しつつある森林資源の保護を目的としたが、この政策は、国立公園の土地を政府が囲い込むことによって、その土地で農林業を生業として営む村人たちを締め出す結果となっていた。当時NGOは、この締め出しによって不法侵入者として扱われるようになった村人たちを代弁し、森林管理権に対する逆侵害を抗議するなど、地域社会のリーダーでもある仏僧と協力し、社会林業活動というアプローチを提起していた。

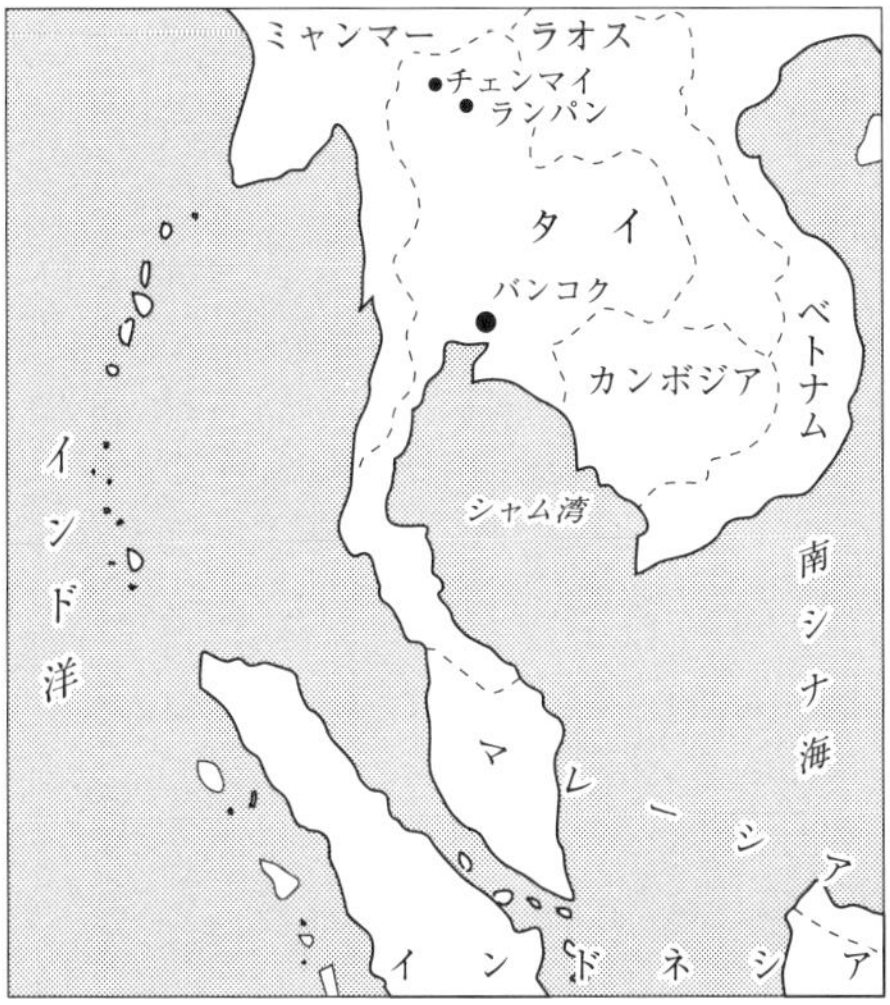

セミナーでは、前述の参加者が一堂に会し、村人たちを排除する「自然保護」政策を推進する政府と、山間地域で伝統的自然保護を実践しつつ自然と共に暮らす地域住民との紛争解決の糸口を探った。強制移動させられた村々のリーダーたちは、村人たちの

再定住と生計向上の必要性を政府役人に訴えた。その論拠として、社会的弱者が生業の基盤を失うことにより、ＨＩＶ／ＡＩＤＳ（以下「エイズ」と総称）感染者をも生み出す社会構造の問題を指摘した。これは、村人たちと研究所およびＮＧＯが共同で行った「女性と自然資源管理に関する調査研究」プロジェクトの結果に基づいたものである。

開発の中の地域住民

多くの発展途上国同様、タイでも、権限が中央政府に集中し、地方にある行政機関は中央政府に対してその責任を負うため、地域住民による自治権は著しく制限されている。そして、国家が標榜する公益の名のもとに、国家主導の「社会経済開発」が推進される。しかし、このような行政のあり方は地域住民に対して間接的に責任を負うにすぎない。国家主導による開発では、「誰による、誰のための開発か」が不明確になりやすく、地域社会に住む人々の公益は軽視されがちとなる。その結果、地域社会にしばしば弊害をもたらし、時には政府による開発方針に対して地域社会が強く反発することさえあった。そのような状況の中、地域住民が自ら根拠をもって、公的な場で政府に物申すセミナーの設定は画期的な出来事だったのである。

二　連携協力がめざしたもの

研究所の理念と方針

村人たちによるこうした主張と行動は、研究所との連携協力活動に支えられた部分が大きい。その活動にふれる前に、研究所の理念と方針をまず見ておこう。

チェンマイ大学は、首都バンコクにしか存在しなかった国立大学を地方にも設置しようという教育政策に基づき、一九六四年、人口約二〇万人の古都チェンマイに作られた総合大学である。北タイにおける社会科学分野の調査研究および教育と情報普及を目的とした研究所は、一九八一年にチェンマイ大学社会科学部から独立し設置された。第二代所長に社会科学部政治学科の文化人類学者チャヤン・ワタナプティ博士（任期一九八九〜九七年）が就任してから、後述する参加型手法による調査研究ならびにＮＧＯや地域社会との連携が図られることとなった。

研究所は、「大学はこれから物事を理解しようとする人々の集まる場だ」という理念を掲げ、一九八〇年代後半以降積極的に活動していた大小さまざまなＮＧＯとの連携を明確な方針として打ち出していた。それを指導するチャヤン所長の関心は、従来の開発便益から取り残され、その開発行為から生じた負の影響を押しつけられた社会的弱者、とりわけ、北タイに多いエイズ感染者と山岳少数民族に対して向けられた。そして、参加型の社会調査手法は、ないがしろにされやすい社会的弱者を地域社会の開発に組み入れるプロセスとしてとらえられた。

研究所はカタリスト（媒介者）と位置づけられ、地域社会の開発を直接担うことは意図せず、研究機関として調査を行うことに徹し、地域社会開発に関わるＮＧＯや地域住民などが直接活用できる信頼性の高い調査データを整えることに努めた。また、開発政策を推進する政府機関とＮＧＯおよび地域住民との仲介者となり、ＮＧＯや地域住民のみならず政府行政機関にも専門的見地からの意見を述べる役割を担った。

チェンマイ大学社会調査研究所。

調査データを提供する研究所は、ＮＧＯと地域住民を地域社会開発の直接的担い手としてとらえていた。とくに、エイズの予防や感染者のケア、および自然資源管理に関連したトレーニングや調査研究のプログラムでは、ＮＧＯによる草の根プロジェクトとの連携を重視した。

活動とそのインパクト

研究所による連携協力活動の内容としては次の五つに大別できる。（1）ＮＧＯワーカーのトレーニング、（2）山岳民族ボランティア・プログラム、（3）連携調査研究、（4）ワークショップ、セミナー、フォーラムの開催、（5）出版物の発行、などである。以下で、それらの活動とインパクトについて概観してみよう。

（1）**ＮＧＯワーカーのトレーニング**　ＮＧＯワーカーの専門的教育のため、主に都市中間層出身で二〇代後半のＮＧＯワーカー数名に毎年奨学金を支給し、ＮＧＯ活動を続けながらチェンマイ大学の大学院修士課程で研究できる体制を作った。彼ら奨学生たちは、各人の関心に応じて、学外教育、社会開発、あるいは農業普及の各研究科で、ＮＧＯでの自分たちの経験を学術的にとらえ直した。また、中堅ＮＧＯスタッフ向けに、英文企画書の作り方や事業査定・評価をはじめ、参加型農村評価（ＰＲＡ、Participatory Rural Appraisal）と参加型アクション・リサーチ（ＰＡＲ、Participatory Action Research）の二つの参加型社会調査手法を学ぶ短期トレーニングも行われた。

奨学生たちは、大学の教員たちを「象牙の塔」から草の根へと結びつけるとともに、農村ではＮＧＯ活動に参加型社会調査手法を活用する媒介者として、同手法がもたらす知識や経験を村人たちに伝えた。そして、同手法による調査データをもとに、地域社会の公益に基づく村人たちのニーズを、政府行政機関など村人とは異なる考えを持つところにも知らせていった。

（2）**山岳民族ボランティア・プログラム**　山岳民族ボランティア・プログラムとは、カレン人、モン人、ラフ人など山岳民族出身者を対象に、毎年研究所によって選抜された若者男女五～八名が受講する一年間のトレーニングである。二〇代が中心のこのボランティアたちは、高等教育を受けるために長期間出身の山村を離れていたため、すでに都市の生活習慣に順応していた者も少なくない。プログラム前半では、少数民族の住むさまざまな地域のフィールド訪問を時折交ぜながら、参加型社会調査手法や地域社会開発に関する講義が行われた。後半では、自然資源管理、森林保護、高地開発、女性問題などのNGO活動を続ける山岳民族の村に一人で住み込み、農作業などを教わり手伝いながらNGO活動に参加し、自主研究が行われた。

この自主研究では、通常、自分と同じ民族が住む村を選び、そこに数カ月間滞在する。街の生活に慣れてしまったボランティアは、したがって滞在当初は農作業などの手伝いも十分にできない。住み込ませてもらう家の者から「タダ飯喰らい」と思われ、「役立たず者」としてのばつの悪さから、村内の家々を転々とすることもある。だが、実はこれは同じ民族であるそのボランティアを村全体が温かく受け入れている証なのだ。また、いくら自主研究のためといっても、ボランティアの側が一方的に村人たちを問いただす調査などできない。同じ村に住む人間の一人として、村人たちからの質問にも答え、共に考えなければならない。そしてこの長期滞在は、年少期の生活習慣を再体験したり、村で実際に生じている問題や課題の処理方法をその渦中にいながらにして観察する機会ともなる。そしてこのような機会は、ボランティアたちが自分たちの民族文化をとらえ直し、再評価する貴重な契機となる。

村人からの説明を聞く社会調査研究所研究員と山岳民族ボランティア。

このプログラムを通し、フィールド訪問・自主研究に関わる村々、ボランティアたちの出身の村人たち、NGO、コーディネーター役の研究所などが強く結びつけられることとなった。さらに、ボランティアたちの中には地域社会開発や開発プロジェクトの実施促進に関して広い視野と複合的視点を身につけ、その後自分の村に戻って村の助役になったり、山岳少数民族の村人たちから期待される若手リーダーとなっていく人たちも多い。

(3) 連携調査研究　連携調査研究とは、研究所やNGOのスタッフが、

ＰＲＡやＰＡＲといった参加型社会調査手法を用い、村人たちと共に地域社会のニーズを選定し、それを実現するための方向性を明らかにしようとするものである。その一環として、地域社会におけるエイズ予防、女性と自然資源管理、「土着の知識」学習ネットワーク、北タイの伝統医療など、さまざまなプロジェクトが実施された。その結果は、ワークショップなどの場を通し、ＮＧＯや地域住民の意思を代弁する基本的情報として活用された。

これらの参加型社会調査手法を通して、参加した村人たちは自分たちの置かれている現状の確認だけではなく、自分たちの潜在能力をも発見できるようになった。たとえば、「土着の知識」学習ネットワークに関する調査研究では、チェンマイ県南西部の多くの山岳民族コミュニティのリーダーたちが、村々の歴史や自分たちの将来についてカタリストと話し合っているうちに、次のことに気づいていった。すなわち、「資源」とか「環境」という難しい言葉を使わなくても、日頃から森を守ってきた彼らにとっては、「土着の知識」によって村落組織や相互扶助組織を活用しながら、自分たちの森林地帯の質や水源を保全することができるのだと。そして彼らは自分たち山岳民族コミュニティの水域管理のために広域ネットワークを設立した。これはまさしく住民自治の実践である。

(4)ワークショップ、セミナー、フォーラムの開催　研究所が年に数回主催するワークショップ、セミナー、フォーラムでは、学者、政府職員、ＮＧＯ、コミュニティ・リーダー、地域住民など、多様な参加者の間で開発や社会問題に関する具体的な活動方針が打ち出され、それらを共有化する試みがなされた。チェンマイでは一九九一年に、イギリス・サセックス大学のロバート・チェンバース教授を招き、学者やＮＧＯワーカー向けにＰＲＡに関するワークショップが開かれた。その後はとくに、連携調査研究と関連したワークショップなどが多く開かれている。そのうちの一つ、「エイズ予防と感染者のケア」について紹介しよう。

北タイのエイズ感染率は国内最高となっているが、その要因の一つは、この地域に多く住む山岳少数民族が社会的弱者として置かれている社会構造にある。隣国と徒歩による往来が歴史的に盛んで、国境を股にかけ移住を繰り返してきたため、居住地をタイ政府に届け出ることができない彼らは、タイの国籍、教育、土地利用権などの便益を制度的に得ることが難しい。さらに、伝統的な焼畑耕作やケシ栽培が非合法となり、人口増加にともなう生計への負担も加わって、若者たちは住み慣れた山村を離れて仕事を求める。タイでの教育も国籍もない、力仕事の苦手な少女たちのありつける働き口は、そのほとんどが飲食店や娯楽場での不安定なものに限られる。そして、彼女たちの中には少しでも高い収入を得るために、エイズ感染の危険性が高い売春などの職業に従事してしまう者も少なくない。

北タイでは、公衆衛生政策が効果的に機能する以前から、ＮＧＯがエイズに対して迅速に行動し、政府の取り組みが消極的だった地域社会でエイズに関する教育、予防、カウンセリング活動を行い、エイズに感染し村に戻ってきた人たちを地域社会で受け入れる「エイズと共に生きる」プロジェクトを展開していた。また、エイズ感染の危険率が高い性産業労働者を対象に活動するＮＧＯや、山岳民族に保健教育およびエイズ予防を行うＮＧＯもあった。このような活動は、家族や親戚にエイズ感染者を抱え、自らもエイズ感染の危険にさらされている地域住民の側に立って開発をとらえたものである。

研究所は、エイズの予防ならびに感染者のケアに関する現状把握と提言活動を行う調査研究プロジェクトと連携し、オーストラリア政府による国際協力プログラム（ＮＡＰＡＣ、Thai-Australian Northern AIDS Prevention and Care Program）と共同で、エイズ分野で活動するＮＧＯ、学者、村人たちのためのワークショップを支援した。同様に、地域社会でエイズ感染者のケアに直接携わる伝統治療師や公衆衛生部門の政府職員用にセミナー、フォーラムを催した。保健省は、伝統治療師はエイズに関する正確な知識を持っていないとみなしながらも、伝統治療の実践の面では感染者の慣習や価値観に則していると高く評価した。このような機会を通して、村人たち、ＮＧＯ、政府機関などは、エイズ予防ならびにエイズ感染者のケアにおける地域社会の役割について共通の理解を持つようになった。

こうしたワークショップなどが、村人たちではなく研究所によって企画されたことで、政府・行政をも巻き込むことができたことは特筆すべきであろう。このことを通し、地域住民のニーズが明確化され、その公益を実現していくプロセスに政府・行政機関が関与し始めるようになったのである。一方、ＮＧＯは大学機関との連携を通し社会的信頼を大きく向上させた。冒頭でふれたセミナーのように、難しい社会問題に対応するため、研究所だけでなく、その母体であるチェンマイ大学自身も重要な情報提供者・仲介者としての役割を果たした。そして、専門情報に基づいて、行政側に住民の主張に対する理解を促し、政府・行政の恣意的なあり方を是正することに成功した。このような大学のカタリスト的役割が、ＮＧＯや地域住民の大学に対する信頼感を生んだのである。

（5）出版物の発行　これまで研究所が発行した出版物は、社会問題、地域でのＮＧＯの経験、住民組織の役割と可能性、参加型社会調査手法、タイ上北部のＮＧＯなど、多岐にわたるテーマに及んでいる。経験という財産をより広く社会的に共有化させるために作られたこれらの出版物の中でも、とりわけエイズ予防における地域社会の役割や、強制移住させられた住民の再定住と生計向上、「コミュニティ森林法」の草案に関する政策提言などが多く取り上げられている。

三　連携を機能させるもの

相互社会化の構造

大学機関とＮＧＯは、両者の関係性によってその連携のあり方が決定されてしまうといってよい。たとえば、教材づくりのための調査研究や、開発コンサルタント育成のためのトレーニングの実施において大学がＮＧＯと連携する場合、大学からＮＧＯへという一方向的・垂直的な「教え―教えられる関係」が強くなる場合が多い。しかし、両者の関係を水平的なものとしてとらえるならば、どのような形が描けるだろうか。そのモデルを研究所とＮＧＯの関係で検討してみよう。

もともと研究所は、ＮＧＯとの連携を、最終便益者としての地域住民や地域社会を基盤に協力し合う「水平的」な関係でとらえていた。そこで両者は、地域住民の視点と地域社会に対する責任に基づいて、参加型の手法による問題発見およびニーズ選定という最初の段階から共同で作業する必要性を重視し、両者の活動の成果を将来においても活かすため、双方による検証、評価、モニターに力を入れた。この共同作業プロセスは、地域住民を軸にすることで、相互の活動を社会化する機能を生み出すものである。ここで重要なのは、そのプロセスが住民のためと称した思いつきから始まるのではなく、常に住民の声、あるいは声としては具体化されていない住民の声に耳を傾けることを基本とし、かつ常に住民中心のアプローチ（People-Centered Approach）に拠らなければならないということだ。そしてまた、その参加型調査手法が、地域住民に不足しているものをあら捜しするためではなく、地域住民が本来持っている資源（社会慣行など無形のものも含む）に敬意を持って応えようとするためにあることを、肝に銘じておくことである。

この相互社会化の構造の中では、大学機関─地域住民─ＮＧＯという三者が「指導─被指導の関係」ではなく、それぞれが得意とする領域で相互に補完し合っている。三者はそれぞれが共有しうる知識、経験、知恵を持っていることで、開発パートナーとしての双方向性を持つ対等な関係の上で真の対話を作り上げていくことができる。研究所が強調する「土着の知識」の意味についても正確にとらえなければならない。タイＮＧＯの現状においては、都市中間層出身のＮＧＯワーカーが、村人たちの「自立」のためと称して、「土着の知識」を自分勝手に解釈し、村落開発に奔走するという問題がしばしば起こる。これでは、村人たちのとらえ方に即していないばかりか、ＮＧＯワーカーが国家官僚に代わる「新しい権力」を隠蔽する道具とさえなりかねない。そのため、研究所が強調する「土着の知識」は、相互社会化の構造の中で、常に最終便益者である地域住民の視点と地域社会に対する責任に基づいて、検証、評価、モニターされているのである。

こうした相互社会化の構造の中で地域住民の開発プロセスをとらえると、「地域住民の開発活動に大学機関やＮＧＯが参加する」という方向性が確認できる。逆ではない。また、行政についても同様に、最終便益者である地域住民主体のアプローチによって、初めて行政は相互に社会化される一員として加わり、地域住民の開発プロセスに参加するという方向性が生まれてくる。そしてこの双方向性の参加を可能とするためには、お互い当事者としての役割と責任を意識化するという大きな要素が加えられなければならない。

当事者としての役割と責任

相互社会化の構造を支えるには、地域社会開発および人材養成プロセスにおいて、大学機関が自らの活動領域と役割をわきまえ、あえてその枠を超えないようにすることが不可欠である。地域社会開発に果たす大学の役割は、これに関わる人々の参加による調査研究および社会との共有化にあると集約されよう。とくに、調査研究によって明らかにされた地域住民のニーズや地域社会の公益を実現していくプロセスに、政府・行政機関を巻き込む契機を作った意義は大きい。また、人材養成の面では、社会や人間生活の理解に対して重点を置き、フィールドを純粋に理解することがめざされている。

一方、ＮＧＯの役割は、サービスの提供を重視する社会開発の実現ではなく、地域住民を開発の主体として、地域社会の公益やローカル・イニシアティブの形成を重視する社会開発の実現にある。ＮＧＯのこのような役割は、すでに北タイのＮＧＯネットワークの中で明確化され共有化されている。

相互社会化の構造のもとで行われる地域社会開発アプローチでは、最終便益者である地域住民に対して持つ大学機関やＮＧＯの「責任」のあり方が問われている。もしＮＧＯや地域住民が大学機関主体の活動に組み込まれたならば、大学の権威的な指導によって、彼らの柔軟な活動は損われてしまう。同様に、主体性を持った地域住民の代わりにＮＧＯが行動してしまうと、地域住民へのサービスとしてみなされてしまう。こうしたやり方では、地域住民自らが生んだプロジェクトではなく、大学やＮＧＯ側のプロジェクトとなってしまうか、あるいは、失敗を恐れずそれを意味ある経験に転換していく住民側の主体性を著しく形骸化させる危険がある。

大学機関、ＮＧＯ、住民がお互いにそれぞれの役割を明確にしているならば、プロジェクトが仮に失敗したとしても、その失敗は決してプロジェクトの放棄を意味せず、むしろ継続を意味するものとなろう。当事者同士が明確な役割を「担い合う」からこそ、失敗しても逃げ出さない「責任」が生まれてくるのである（第17章参照）。したがって、相互社会化の構造によって生み出された「担い合い」というネットワークには、地域社会開発における三つの当事者のそれぞれの役割能力を向上させ、あるいはそれぞれに潜む危険性を分散させる機能が備わっているといえよう。この「担い合い」に支えられた当事者間の開発活動を通して、「地域社会づくり」が行われる。

こうした「責任」や「役割」そして「担い合い」のもとで、それぞれの地域住民に合った適正な変化の速度や規模も明らかとなり、住民の自己管理能力をともなった持続的開発が可能となるであろう。

おわりに――ＲＣＳＤの設立

残念ながら、現在の研究所が前述したような役割を担いきれているとは必ずしも言いがたい。一九九七年に就任した現在の第三代所長は、前所長による理念と方針を継承するのではなく、むしろ、前所長が培った大きな影響力を払拭するために大幅な方針の変更を意図し、ＮＧＯや村人たちとの連携には積極的でない。

しかし、研究所によるこれまでの活動を発展させた形で一九九八年にチェンマイ大学社会科学部に設立された「社会科学と持続的開発のための地域センター」（ＲＣＳＤ、Regional Center for Social Science and Sustainable Development）は、ＮＧＯおよび村人たちとの連携を引き続き追求している。ＲＣＳＤは、同学部の強い自治性に基づき、さまざまな部門を巻き込みながらプログラムの組織的な実施運営を行おうとしており、ＮＧＯおよび地域住民との「担い合い」ネットワークをさらに拡大、充実させるものと期待されている。

第14章　ピナット★まず足元から
――東京都三鷹市での取り組み

ピナツボ復興むさしのネット
代表　山田久仁子

はじめに――ピナットの活動

ピナツボ復興むさしのネット（以下、ピナット）は、一九九一年六月にフィリピン・ルソン島中部に位置するピナツボ火山が二〇世紀最大といわれる大爆発を起こしたのを機に、翌年一月、東京都三鷹市の市民を中心に設立された小さなＮＧＯです。

現在の主な活動は、（1）フィリピンの先住民族アエタの人々の復興・自立への取り組みに対する協力、（2）地域に暮らす外国人との共生のための取り組み、（3）三鷹・むさしの地域における情報提供・開発教育活動、（4）三鷹・むさしの地域とピナツボ地域の相互の人的交流、の四点です。

まず第一節では、ユニークな「多世代連合」ともいうべき、二〇代～五〇代と幅広く、かつピナツボのことがなければ出会わなかったであろう人たちの出会いとピナット発足の経緯について紹介します。第二節では、先住民族アエタの人々との協力・交流関係を具体的な事例を通して紹介します。またピナットがめざす「学び合える関係づくり」を「多世代連合」という視点から記述します。そして第三節では、アエタの人々との学び合いの土台づくりともいえる三鷹・むさしの地域での取り組みについて紹介します。

一　発足にあたって――ユニークな多世代連合

ピナット発足に至るまで

ピナットの活動拠点は、都心から電車で四〇分ほどの、広い畑や空き地、公園などが点在し、比較的自然に恵まれた三鷹市にあります。私はこの三鷹にピナット発足まで二〇年間暮らしており、三鷹での仕事や生活の延長にピナットができたといえます。私と地域の結びつきが濃くなったのは、子どもが産まれ、数人の親たちと一緒に保育園を創ろうと動きまわってからのことでした。

私は、いわゆる団塊の世代で、当時の社会状況のうねりの中、「もっとやりがいのあることをやってみたい」との思いがふくらんでいました。会社勤めと社会のために何かやりたい、という思いを両立できずに悩んでいた頃、「食べることも生活することも自前で作りながら、世の中のことも考えていこう」と考える人々と出会い、一五〜六名ほどでビル清掃会社を作ったのです。

その後、出産し、仲間の親同士で子どもを預け合うようになったのが、保育園づくりのスタートでした。この「はちのこ保育園」は無認可でしたが、「のびのび泥んこ保育」の評判が近所にも拡がり、地域とのつながりが強くなっていきました。その地域の輪から、保育園の敷地内に学童保育もできたり、子どもの身体のことを相談できる東洋医学の治療室ができたり、清掃の仕事上の必要から中国語教室が開設されたり、とさまざまな場が拡がっていきました。

一九八〇年代後半、軌道に乗り始めたビル清掃の仕事に、中国やフィリピン、ベトナム、ネパールなど、アジアから出稼ぎ労働者が入ってくるようになりました。また保育園にも、日本人と結婚したフィリピン人の母親や中国帰国者の人たちが子どもを預けたい、と出入りするようになりました。アジアの人たちと身近に接することで、だんだんとアジアの国々で起こっていることにも関心を向けるようになっていきました。

仕事にも地域の活動にも拡がりと余裕ができてきた頃、誰からともなく「一生に一度くらいは海外に出かけたいね」という話が出されるようになりました。自分たちがやってきたことを、一度、アジアの側から見つめ直そうと思うようになってきたのです。

ピナツボ——出会いを大切に…

一九九一年秋に、ちょうど日本ネグロス・キャンペーン委員会のフィリピン・スタディツアー参加者が募集され、仲間数人と参加することになりました。ネグロス島訪問の後、オプショナル・プログラムで噴火直後のピナツボにも行くことができました。そこで、今思えば先住民の人々だったのですが、避難テントで放心状態でただ座りつくしている姿にショックを受けました。帰国後も、テントに案内してくれた現地の人から言われた「あなたたちは何をしに来たの?」という声が耳から離れず、ただボーッとするばかりの毎日でした。

これが、「自分たちを、一度アジアの側から見つめ直す」ために参加した最初のツアーだったのですが、次は誰がどこに行こうか、と相談が始まると、先の一言が引っかかり、気軽に順番など決められない、という心境でした。まだまだ出会わぬアジアはたくさんあるが、出会った人との関係を大事にすることが、他にも通じることではないだろうか、とやっと結論づけて、ピナツボとの関わりがスタートしたのです。

三つの世代グループで発足

ピナットは、主に次の三つのグループが中心となって発足しました。

一つは、私たち、長年、三鷹に住み、仕事も社会的な関わりも自前のものを創ってきた「団塊の世代グループ」、二番目は、私たちの友人で学生の頃から在日マイノリティの人々や障害者、女性、エコロジー（環境）問題などに関心を持ち、卒業後も仕事や暮らしの中に折り込んできた「二〇代後半グループ」、三番目は、近くの国際基督教大学の学生や卒業生による「一〇代後半～二〇代前半グループ」です。今から振り返ってみれば、一番目のグループが長年の社会的経験や地域活動という大きな「幹」であったとすれば、フィリピンの先住民族アエタの人々との出会いや交流の仕方は二〇代後半の人々が「枝」として伸ばし、続く若者たちがたくさんの「葉」をつけていく、という具合でしょうか。結果的には、この三者の関わり合いが、お互いを示唆し合い、補い合い、対等な横の関係を作り、その融合された視点が、フィリピンの人々との関係の持ち方や「援助」のあり方などに反映されたように思います。

二　ピナツボ・アエタの人々との交流・協力

ピナツボ火山とアエタの人々

ピナツボ火山はフィリピン・ルソン島中部のサンバレス州、パンパンガ州、タルラック州の三州にまたがってそびえる活火山で、一九九一年六月に「二〇世紀最大」といわれる大爆発を起こしました。山の上部は吹き飛ばされ、かつての面影はみられず、雨期になると、噴火した灰の堆積が「ラハール」と呼ばれる土石流となって低地の町を繰り返し襲い、いまだに人々の生活を脅かしています。

私たちが訪れたときは、噴火からちょうど四カ月後でしたが、まるで日本の豪雪地帯のように、道路の両脇や各家の入口に雪ならぬ灰がうず高く寄せ集められていました。学校は屋根に達するほどの灰で埋まり、すきまからつぶれた教室をのぞくと、教科書やノートがごみとともに水たまりの中に浮いている光景に痛々しい思いをしたことを覚えています。

ピナツボ火山噴火で一番大きな被害を被ったのは先住民族アエタの人々でした。フィリピンの先住民族とは、マレー系の人々がやって来る以前から住んでいた人たちのことを指しますが、彼らはその後、スペイン人や華僑の人々

ルソン島中部ピナツボ山周辺地図（■印は再定住地）

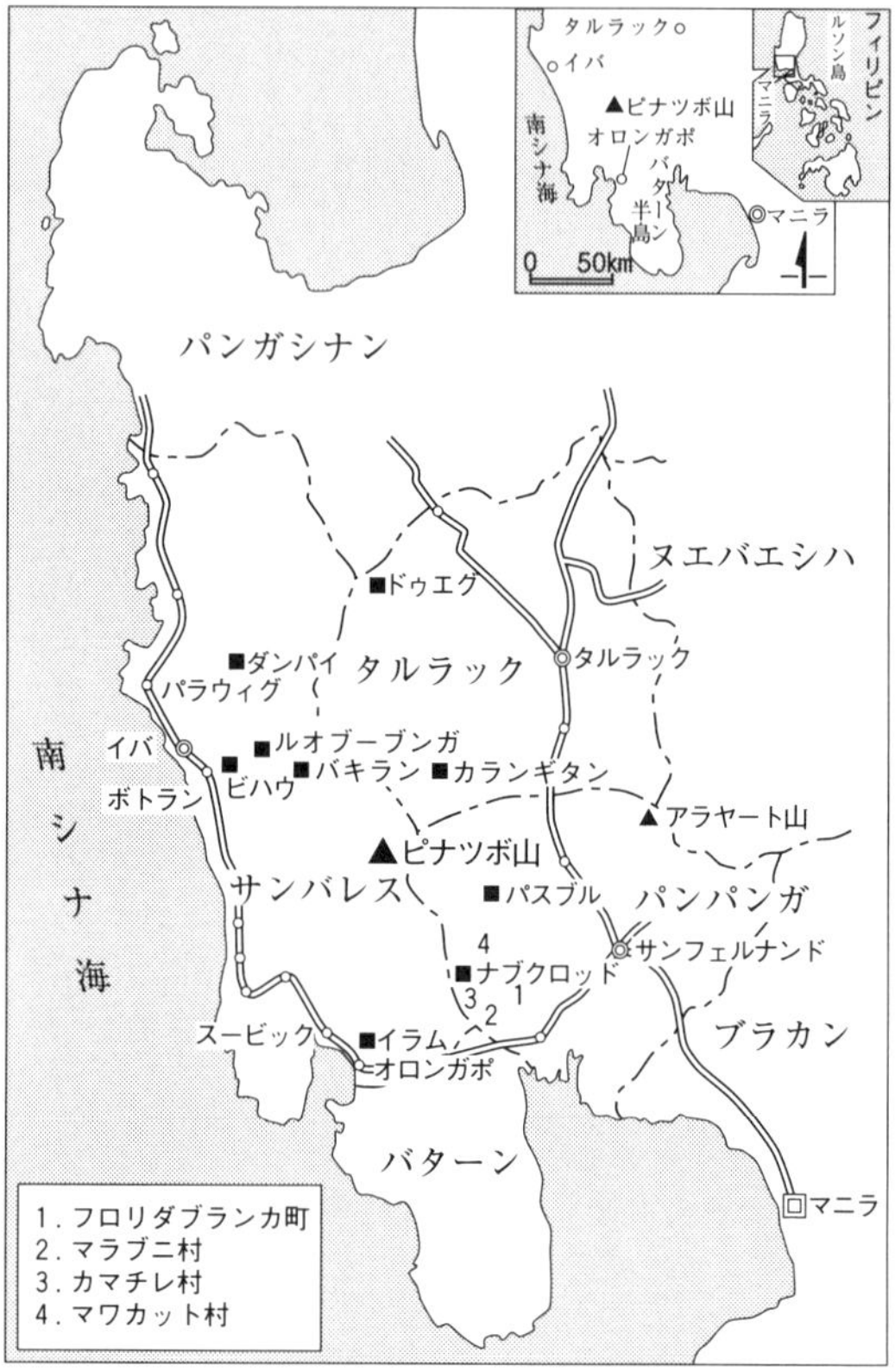

が入ってくるにつれて、山岳部へと追いやられていきました。今回の被害にあったアエタの人々は、正確な数はわかりませんが、四〜五万人といわれているようです。

彼らは、火山噴火前は山の中腹で焼畑や狩猟などで生活し、たまにバナナや竹、つるやコゴン草などで作った籠やほうき等を売りに町に降りる以外は、ほとんど低地の人と接触せず、自然と共に暮らしていました。背は低く、髪は縮れ、肌は浅黒く、眼光鋭く、男の人はとくにしなやかな体つきで、村で会うとたいてい腰にはナタをさげています。女の人は子どもを抱いている姿に出会います。村には広い土地に小さな竹の家が点在し、家々の間には自生のバナナやマンゴの木、畑にはキャッサバなどのイモ類やオクラ、家の周りには鶏や豚が闊歩しています。そんなのどかな暮らしが、噴火によって一変させられたのです。

噴火直後の避難テントの中は人々が密集し、老人や幼児など体力の弱い者が次々と風邪やはしかなどの伝染病にかかり、命を落としました。アエタの人々の場合、噴火での死亡者よりも、このような二次災害での犠牲者の方が多かったと聞きました。

避難所での生活は人々のストレスを増幅させていきました。政府が用意した再定住地と称される場所は、地味がやせ、農業に適さない所が多く、ある者は出稼ぎに、またある者は危険を承知で灰に埋まった元の村へと戻っていきました。私たちがその後に支援するようになった二つのグループも、一つは再定住地に、一つは元の村に戻って村の復興をめざしたところでした。

「自分たちのことは自分たちで」

噴火直後、被災者への援助が世界各国から殺到しましたが、なかにはトイレやコンクリートの家、教会やヘルスセンターなどの建物など、アエタの人々の生活習慣にない、先進国側の価値の押しつけが、とくに比較的交通の便利なところに集中したようでした。

そんな折り、アエタの自治組織、アカイ（ＡＫＡＹ、Aguman Dareng Katutubong AYta keng Florida Blanca, フロリダブランカ・アエタ先住民連合）の当時の代表、ダビッド・アパン氏と出会ったのです。

「何が必要で、どう使うのか、外国やＮＧＯから何もかも指図されないで、自分たちで決め、自分たちで村を復興させたい。自分たちにはその力がある。ただ、今はちょっと力を貸してほしいのだ」。〝援助公害〟に辟易した、とばかりに主張する彼と出会って、私は自分たちの仲間や地域づくりのときの〝心意気〟に似たものを、そこに感じました。

村に戻ったアエタの人々の住民組織づくりへの支援

アカイは、パンパンガ州フロリダブランカ町の四つの村（カマチレ、マラブニ、マワカット、ナブクロッド）に暮らすアエタ自身による住民組織です。四つの村のうち、一つの村を除いて交通の便が非常に悪く、町から灰に埋まったデコボコ道をジプニーで小一時間ほど揺られ、途中からは徒歩で川を渡り、山道を登り、広い丘陵地にたどり着くとようやく村、という具合です。

噴火直後はバナナの木のてっぺんの葉がやっと顔をのぞかせているほどの灰の積もりようで、まずは農地の回復が急務でした。私たちはまず、農業復興の一助にと、フィリピンのＮＧＯ、プロディブ（ＰＲＯＤＥＶ、Partnership for Research and Organization towards Development, 開発のための調査と組織のパートナーシップ、本部マニラ）を通して水牛や種、苗、農具、簡易水道の設置などを支援したのでした。

その後、前述のアパン氏らの要請を受け入れ、アカイの組織づくりへの支援を三年間の約束で（後に一年延長）一九九四年七月に開始しました。

アパン氏ら噴火当時のアカイの役員は、農業復興を主体的にすすめて力をつけ、共同組合的な要素も折り込んで、先住民族としての自立をめざす、という長期構想を持っていました。実際、目の前には、海外企業や観光業者、鉱山開発などによる環境破壊や土地立ち退き問題など、立ち向かっていかねばならない問題がいくつも山積しており、村人の意識化や組織化は重要な課題なのでした。

関係づくりの試行錯誤

私たちは、アカイへの支援を通してたくさんの発見や学びをさせてもらいました。

一つは、文字に対する意識の違いに関することです。彼らの〝心意気〟に感動して支援を約束したものの、事業計画書がなかなか届かず、支援開始までに予想以上の時間がかかってしまいました。アパン氏は、言葉ではいろいろな構想を語り、文字も書ける人なので、私たちは勝手に「計画書作成もこなせる」と予想していたのです。しかし私たちの文字に対する感覚や常識、そこからの抽象化、文章作成などは、先住民の生活や文化とはなじまなかったようで、とても手間取ったということでした。活動報告や会計報告なども同様でした。そこで最初の二年間は、プロディブのサポートやトレーニングを受け、プロジェクト三年目には彼ら自身で報告書を作成することができるようになりました。

二つ目は、村の人間関係に関することです。私たちと数多く話してきたアパン氏の村の中での位置や、四つの村の間の微妙な関係が次第にわかってきたのです。

アパン氏は、以前、クラーク米軍基地（パンパンガ州アンヘレス市）で働いたこともあり、英語が話せ、また彼の住むカマチレ村はアカイの四つの村の中でも比較的外部からのアクセスがしやすいところでした。カマチレ村は、マルコス政権時代（一九六五～八六年）からバナナの共同組合が作られ、アカイの前身となった小さな民衆組織発祥の地でもありました。このような要素が作用し合って、カマチレ村は他の三つの村よりも格段に問題意識の高い人が多く住んでいました。そしてアパン氏はその村の中でも優れたリーダー性を発揮している人だったのです。

一方、他の三つの村は前述したようにさらに山奥に位置するため、外からの訪問者も少なく、飛び抜けたリーダーがいるわけでもなく、その点でいえば、ごくふつうのアエタの村だったため、カマチレ村の人々と比べ、問題意識にも差があったわけです。

私たちは、アパン氏を通じてしかアカイの四つの村の様子を見ていなかったため、このあたりの違いがわからず、なぜ他の村人たちはピナットに無関心なのか、などと疑問を抱いたりしたものでした。

噴火直後の数年間、アカイは必然的にカマチレ村出身者の多い役員構成で難局を乗り切ってきましたが、長期的にこれからの生活復興や課題克服の活動を考えると、他の村も次代を担う若手リーダーを育成し、力をつけていかねばなりません。アパン氏はじめ、役員は次代のリーダー育成や、他の村から出てきた不公平感の意味するところの検討や対策にまわることが望まれていました。このことに関して、ピナットとアカイ、またアカイ内部で率直なやりとりが二年ほど続けられました。

そして大幅な組織改革が行われ、またアカイの上部団体でもあるクラア（ＣＬＡＡ、Central Luzon Aeta Association、中部ルソンアエタ協会）によるトレーニングなどを経て、今では四つの村から平等に役員が選出されるようになったのです。そして、私たちが会員やボランティアたちと共に村を訪問するときの交流内容にもその充実度が反映されるようになりました。

この組織づくりへの支援金は、役員の人件費や会議費、事務所賃料、研修費用、またマニラやフロリダブランカの町に先住民族としての思いを行動に移すデモ・集会に参加する際の交通費や食費などにも充てられました。当初の約束であった三年間の支援終了時の評価会で、役員の一人が「あなたたちの支援の結果は目に見えにくいが、私たちがこのようにリーダーとして育っていることを成果と考えてほしい」と話してくれました。一般のフィリピン人との接触すら少なく、はにかみ屋のアエタの人々が外国人である私たちを前にこのように話し、また今までの研修内容などを堂々と発表したことには、とても驚かされました。また、アカイのリーダー育成を担当したクアから
も、「ピナットの支援によって、アカイの四つの村の自治組織が強化され、新しいリーダーが育成され、村全体で土地収奪問題に取り組むことができた。アエタの自己差別感を払拭し、自尊心を高めることができたことが何よりも大きな成果だった」という手紙が届き、とても嬉しい思いをしたものです。

再定住地に住むアエタの人々への支援

私たちがもう一つの支援先として選んだのは、ピナツボ火山の西側（海側）に位置するサンバレス州ボトラン町のビハウという再定住地でした。ハイウェイ沿いのボトランの町からトライシクル（バイクの脇にサイドカーをつけたものでタクシーのように利用する）で二〇分ほど奥に入ったところです。ここでも、アカイのアパン氏とも通じるような心意気の若手リーダー、パイロット・カバーリック氏に出会いました。

サンバレス州の小さなＮＧＯ、サンバレス災害対策ネットワーク（ＺＤＲＮ、Zambales Disaster Response Network）との交流を通して何度かビハウ村に通ううちに親しくなっていったのですが、ここで私たちは女性たちによる収入向上事業（養豚事業）をＺＤＲＮと共に実施することとなりました。

もともと女性の地位が低いアエタ社会の中で、女性たちだけで集まり、共同で豚を買い、現金収入にするということ自体、珍しいことです。農地が十分にない再定住地での養豚事業では、経済的な成功をそれほど望めないにしろ、私たちはこの事業に取り組む過程こそが、何よりも女性たちにとって意義深いものになるのではないかと思い、身を乗り出すこととなりました。

事業の進展の詳細は省きますが、最初の集まりのときこそ、皆、けげんな顔をしていましたが、回を重ねるうち

に、それはもうお祭りのようなハッスルで、老いも若きも子どもを抱いて参加し、「餌はどうする？」「豚の世話の当番は？」などと夜遅くまで集い、男性たちはうらやましそうに垣根越しに眺める、という光景が繰り返されたものでした。

ビハウ村は政府の指定した再定住地ではなく、個人所有の土地に〝好意〟でアエタの人々は再定住させてもらっていたのですが、養豚事業開始から程なくして、その土地の所有者が住民に移住を促すことがあり、定住の見通しのなさに不安を抱く人は別の土地に移っていったりと、組織は急激に求心性を欠くこととなりました。それに加え、いろいろな小さな出来事が重なって、住民の間のバランスがとれなくなり、養豚事業は一年で終了することとなりました。共同で飼育していた豚は小グループごとに分配し、各グループで現金化したり、子豚を増やしたり、食べたり、と判断は任されました。

サンバレス州ビハウ村の養豚プロジェクトに集う女性たち。

私たちは長期的に女性組織づくりを支援するという意気込みでいましたので、その意味ではこの事業は失敗したといえるのかもしれません。しかし短い期間だったとはいえ、養豚事業は女性リーダーたちにとっては多くの学びや成果をもたらしました。女性リーダーたちは、共同性の作り方や資金管理、会議進行などを学び、何よりも日頃からフィリピンの低地人から差別されて小さくなりがちな彼女たちの中に、外国人と対等に話し、交流することで、誇りのようなものが芽生え、自信ともなった様子でした。私たちにとっても、彼女たちの子育てや人間に対する信頼感、無駄のない暮らし方など、行くたびごとに新鮮な刺激を与えられたものでした。

体験の共有——多世代組織の利点

私たちがグループで現地を訪問するとき、たいてい参加メンバーは多世代で構成されています。そしてそのために交流がふくらんだことがたくさんありました。

たとえば、一九九二年のカマチレ村訪問のとき、戦争責任の問題に関わっていた参加者の一人が、第二次世界大戦時にフィリピンの山奥にも日本軍が侵攻したことにふれ、この村ではどうだったのかと質問したことがありました。村人たちはそれまでの穏やかな対応から一変し、自分の家族が刀に突き刺され、赤ん坊が放り投げられ……と当時の状況を身を乗り出して話し出したのです。戦争責任の問題は、日本人とフィリピン人が出会うとき、常に見えない「壁」を作り、また被害者側から言い出すにはとてもエネルギーのいることです。若い世代だけの訪問では話題になりにくいものが、「団塊世代」の参加者がいたことで、話すことができ、お互いにわだかまりを表現できたことで、結果的に私たちに対する安心感につながったのではないでしょうか。

また、ある参加者が交流会で一九六〇年の三池炭坑で歌われていた唄を歌い、言葉は通じなくとも闘いの唄であることが伝わり、村人がシーンと静まり返る場面があり、唄った彼はそれ以後「タタイ」（お父さん）と親しみを込めて呼ばれるようになりました。一九九七年一月にマラブニ村を訪問したときには、当時アエタの人々にとって深刻だった鉱山開発による立ち退き問題や、採掘の際の廃棄物による川や農地の汚染などが話題となり、話は水俣での出来事や具体的な対策へと展開しました。このような交流は、アエタの人々にとって、細かい状況は異なっても経験や情報の交換ができ、また若い参加者にとっては、第二次世界大戦の戦争責任や日本国内の公害、炭坑の問題などを知るきっかけともなりました。

体験の交流

前節では、アカイの住民組織づくりが大幅に改善されたことにふれましたが、その結果、私たちは、アカイの若手リーダーたちと意見を交換し合うこともできるようになりました。

一九九七年八月にマラブニ村を訪問したときのことです。アカイメンバーの一人からピナットの活動内容を尋ねられ、「日本語教室」のことに話題が集中しました。私たちは日本語だけでなく、外国人が抱える職や住居、選挙権の問題などにも取り組んでいきたいと話したのですが、それに対してアカイメンバーたちは「外国人に規制があって当然」「選挙権を与えないのは正しい」などと反論してきたのです。彼らにとって「外国人」は、フィリピンの労働者や土地を利用して利益を独占する「抑圧者」で、私たちのいう「在日外国人」との違いが浮き彫りになり、興味深い議論となったのでした。この他、社会変革における選挙の有効性や多国籍企業のバナナ貿易など、さまざまな課題での意見交換が深夜まで続きました。

また、一九九八年一一月に訪問したナブクロッド村では、村の青年たちが文化紹介を担当しました。後の評価会のときに役員の一人が「この機会を利用して村の青年グループを組織化できたことが大きな成果だった」と嬉しそうに語ってくれたのが印象的でした。

三　出会いと学びの場づくり――三鷹・むさしの地域での取り組み

独自性を発揮しながら互いにつながる

振り返ってみれば私たちは、大きな組織やフィリピンの低地人たちに従属しないで自分たちらしく生きたい、自分たちで決定権を持ちたい、というアエタの人々の思いを大事に受けとめようとしてきました。この精神は、そのまま国内での活動の作り方にも共通しているといえます。それは、新しいメンバーが、ピナットの「下請け」や「従属」という形で活動に参加するのではなく、自立性、独自性を発揮しながら、同時に横の連携も大切にしていく、というスタイルとして現れていると思います。

前述したビハウ村の女性組織による養豚事業への支援では、主に行動力ある若い学生メンバーたちが担当し、彼らは日本国内の養豚事業を見学したり、周りに呼びかけ仲間を増やし、支援金を自分たちで創り出し、また事業のモニタリングも自ら主体的に取り組みました。もちろんその過程には、活動経験の豊富な世代が距離を置きながらもさまざまな面で相談にのり、サポートしましたが、若いメンバーの自主的な取り組みによって、事業の進捗状況

1999年秋から開設のアカイ識字教室。アエタの人がアエタの人々を教えるという独自運営ができるようになった。

や会計、村の人間関係などにまで思いを馳せ、共に考え、学び合うことが可能となったのです。

またアカイ組織づくり支援終了後、アエタ独自で運営開設することになった識字教室を一九九九年度から支援することになりました。それも養豚事業チームの方法を引き継ぎ、学生や若いメンバーを中心に運営していくこととなりました。その他、フィリピン訪問に同行した「はちのこ保育園」の園児の母親が、帰国後、子どもたちにフィリピンに親しみを持ってほしいと願い、他の母親たちと人形劇グループを結成したこともありました。このグループは、フィリピンの民話や人々の暮らしをテーマにした創作人形劇を数年にわたって制作し、年に一度の「ピナット・イベント」で上演を重ねました。彼女たちはこれをきっかけにフィリピンや国際理解教育に関心を高めただけでなく、いろいろなことを親密に話し合える関係へと発展していきました。

「出会いと学び」のためのさまざまな場

ピナットの周辺にも多くの展開がありました。フィリピン訪問に参加したメンバーによって一九九五年二月に「ピナット日本語教室」が開設され、また一九九七年には、「はちのこ保育園」の建物の一角にランチと喫茶の店「はちのこいこっと」が開店し、保育園児のお母さんとピナットスタッフの二人によって安心な食と憩いの場が提供されるようになりました。

また一九九九年には、念願かなって「ピナット〝体験〟学校」がスタートしました。フィリピンへの現地訪問で、若い参加者は、相手の話や経験にただ聞きほれて感心するばかりで〝交流〟に至らないことがよくあります。また刺激を受けて帰国しても何をしたらいいかわからない。そんな人たちのために「自分と社会との接点」や「地域との関わり」を発見できるようなプログラムを地域の中で持てないだろうか、と思っていました。そこで、三鷹・むさしの地域のさまざまなグループ――「障害」者の作業所や、学童保育、自然食レストラン、日本語教室等で、日頃の生活の中ではなかなかできない体験を通して、自分自身を再発見し、また地域を見つめ直すことをねらいとした「ピナット〝体験〟学校」を一九九九年秋に実験的に開設してみたのです。これは参加者や協力団体双方にとって貴重な経験となり、今後も継続していきたいことの一つです。

〈私を発見・地域を発見〉ピナット体験学校プログラムでのワークショップ

おわりに――第二期ピナットの課題

ピナットは開発の専門家も現地駐在員もいない中で、アエタの人々の生活復興や民族文化の自立への支援をめざし、試行錯誤を重ねてきました。三鷹での出会いや学びの場づくりも、フィリピンの人々の自治や自立、地域開発を共に考えることとつながり、私たち自身のまちづくりへのヒントともなってきました。

しかし、グローバル化の波が私たちをはじめ、アジアや先住民族にはより暴力的に押し寄せている現在、自分たち自身の位置をこの構造の中で再認識することが迫られているように思います。

これからの一〇年間は、ピナットの第二期として、今まで築いてきたさまざまな場が、フィリピンの人々と共により良い社会を築くパートナーシップの場となれるよう取り組んでいきたいと思います。

コラム⑥

アジア井戸ばた会

★人々のニーズとは何だったのか

アジア井戸ばた会
前代表・現運営委員　香山　由人

アジア井戸ばた会が、上総掘《かずさぼ》りという古い日本の井戸掘り技術に注目し、フィリピンの農村で適正技術になるのではないかと考え、ミンダナオ島で技術者養成のためのプログラムを開始したのは一九八二年のことである。

私たちが上総掘りをフィリピンに紹介しようと思ったのは、この井戸掘り技術を習得すれば、援助に頼ることなく住民自らの手で井戸掘りができるようになると考えたからであった。地元の多くの実習生が、道具づくりを含めてこの技術を習得した。しかし、一八年経った現在でも、上総掘りは、地元のＮＧＯによる援助事業の中でしか活用されていない。

私たちは、日本の上総掘りをそのまま持って行って、通用すると考えていたわけではない。これをヒントにして、その土地に合ったものに作り直す共同作業をやろうと考えていたのだ。その結果、現地に優秀な技術者も生まれ、ミンダナオ独自の深井戸掘り技術として発展し、私たちが技術面で協力する必要がほとんどない状態になっていった。あとは、地域での定着をめざして、当面の資金協力を続けるというのが、私たちのやることだと考えていたのだが、どこで区切りをつけるかが問題だった。

井戸掘りは結果が出やすいプロジェクトだ。水が出れば誰もが間違いなく喜ぶ。しかし、井戸掘り技術に注目するのは、地元のＮＧＯ活動に関わるような人が中心だった。上総掘りは、先進国の技術に依存しない、民衆のためのもう一つの（オルタナティブな）技術を開発し、人々の自立に役に立てようと考える地元のＮＧＯの活動家たちに大いに支持された。しかし、ふつうに生活している人々にとっては、良い水が手に入りさえすれば、それは井戸水でも雨水でも湧き水でもかまわないのだ。

もちろん、井戸掘り技術に興味を示し、優秀な職人になれそうな人はどの村にもいた。だが、NGOのプログラム以外に、一般の業者に伍してこの井戸掘りで商売する見通しは立てられなかった。それは、選挙前になると井戸をプレゼントして歩く政治家という強敵の存在や、地域の人々の水に対する考え方という基本的な問題もあった。

人々が定住している土地には、不便であったり、汚染されていたりという問題はあっても必ず水はある。上総掘りが提供できるのは、深い地下から湧き出る質の良い安定した水だ。深井戸は、最低限の生活を確保した上で、より良い暮らしを求める場合に必要になってくるものだ。しかし、最低の生活ができる農民にとって必要なものは水だけではない。むしろ、最低レベルの飲み水さえあれば、水の質を向上させるよりは、他方面での生活の向上を求めているのだということがわかってきた。

アジア井戸ばた会は、活動の対象を井戸掘り技術に絞り込んだことで、直接的な成果である技術者の養成という目標は比較的短期間に達成できた。私たちは、地域の中でこの井戸掘りをどのように定着させるかという課題は地元のNGOの仕事であるととらえていた。たしかに、地元のNGOにとって、上総掘りは活動の一つのメニューとして定着した。しかし、一方で採算を考えないプロジェクト運営が目立ち始め、最適とはいえない場所に井戸を掘って、工期が極端に長期化し、失敗するケースも出てきた。プロジェクトが活動を維持するための手段になり始めていたのだ。

上総掘りの現場、フィリピン・ミンダナオ島。

現在、アジア井戸ばた会はミンダナオの上総掘りプロジェクトへの資金提供を中断している。そして、地元のNGOに対して援助からの自立に向けた見通しを建てることを求めている。その一方で私たちは、たとえそこで何のプロジェクトも行われていないとしても、交流を続け、もう一度お互いが学び合うことからやり直すことを考えている。

第15章　民間助成財団とＮＧＯ

トヨタ財団
プログラム・オフィサー　牧田東一

はじめに――本章の構成

本章は日本の民間助成財団（以下、財団と略す）とＮＧＯとのこれまでの協力の現状について概観し、今後の可能性について展望するものである。第一節では寄付、事業収入などのＮＧＯの財源の中で財団の助成金の特徴や占める割合などについて述べ、第二節ではロックフェラー財団などのアメリカの財団が「緑の革命」など国際協力に深く関与している例をあげ、第三節ではそれに対して日本の財団はこの分野で助成を行っているところが少なく、その理由として寄付者に免税の恩恵を与える公益法人税法が「ＮＧＯ活動を助成する」法人を対象外にするなど法律体系そのものが民間財団のＮＧＯ支援活動を促進するよう規定されていない問題点を指摘している。さらに第四節では、今後、財団がＮＧＯとの連携を強化する上で改善すべき問題点として、ＮＧＯの国内基盤および地域との関係の弱さや、実績以上にイメージが先行していること、説明責任（アカウンタビリティ）能力が不十分であることをあげている。最後にＮＧＯの発展の方向として、国内活動グループとアジアのグループとのネットワーキングや、ＮＧＯと国内の市民運動団体との連携、国内の開発問題と国際開発とをリンクさせることの重要性を強調している。

一　ＮＧＯの財源のあり方

ＮＧＯの財源の割合

近年欧米を中心に盛んな市民社会論では、ＮＧＯは（１）市民社会、（２）市場、（３）国家という三つの異なる領域と関わって活動しており、ＮＧＯ自体は市民社会に属するとされる。こうした観点から、ＮＧＯの活動の資金源を大きく分類すると、（１）会費・寄付金などの個人・団体寄付、民間助成財団の助成金（フィランソロピー[1]資金）、（２）講演会・物品販売・出版などの事業収入、（３）政府・自治体からの補助金・委託・助成金からなっていると考えられる。

（１）人々の福祉を増進させようとする積極的努力を意味する。語源はギリシャ語で愛を意味するフィロス、人間を意味するアンソロピアに由来。（編者）

たとえば、事業収入が大半を占めてしまえば営利企業との区分が不明確になり、政府資金が大半になれば政府機関との区別がなくなってしまう。つまり、ＮＧＯは本来市民社会の一部であり、市民社会によって支えられていることが重要なのであり、ＮＧＯの掲げる理念や目的にどれだけ多くの市民が賛同しているのかが、直接的に前述の活動財源の（１）に現れてくると見ることができる。ＮＧＯは、国家や市場との関係では批判的な緊張関係を保ち、チェック機能を果たすことが期待されており、市場や国家への過度の経済的な依存はＮＧＯの存在意義自体を危うくしかねない。もちろん、そうは言っても活動内容によって資金源のあり方は変わってくるであろう。開発協力や緊急援助の現場の仕事を政府の委託などで実施することが中心のＮＧＯの場合には、政府からの資金が比較的多くなる傾向がある。アドヴォカシー（政策提言）中心のＮＧＯの場合には、政府資金に依存することは自分の手足を縛る危険性が高い。

ＮＧＯの独立性

寄付金・民間助成金が多ければ多いほど、ＮＧＯを含む市民社会組織（Civil Society Organizations）は財源を政府や市場に頼らずに済み、その分政府や市場から自立して独自の機能を果たせると考えられる。しかし、現実には市民社会の伝統が強い米国においてすら、フィランソロピー資金は平均で市民社会セクター全体の収入の一九％程度しかない。(2) 米国の非営利組織（ＮＰＯ）の間で理想的な資金構成といわれるのは、四九％を連邦政府と州政府の資金で半分ずつ賄い、残りを事業収入と寄付金・民間助成金から充当するという構成だとされる。どこにも偏らずに四分の一ずつという構成は財源の安定性の上では好ましいであろうが、ぎりぎりのところまで政府に頼らざるを得なくなってしまう。

（2）Ｌ・Ｍ・サラモン他『台頭する非営利セクター』今田忠監訳、ダイヤモンド社、一九九六、八五頁。

民間助成金の特徴

こうした全般的なＮＧＯ財源の状況の中で、そのごくごく一部しか担っていない民間助成財団の助成金はどのような意味を持っているのだろうか。他の資金源と比較してその特徴をまとめると次の三点に集約できる。第一に、政府資金と比較すると、政府のひも付きになってしまう危険性の問題は別として、税金につきものの煩雑な経理手続きや会計年度の制約などから比較的自由で、「使いやすい」とされている。民間財団でも監督官庁の指導の強い一部の財団では、非常に細かい会計処理を要求するところもあるが、全般的には助成金の「使いやすさ」を心がけている民間財団が多いと思われる。第二に、事業収入には損失リスクがある上に、またそもそもＮＧＯは利益追求の組織ではないので、収益事業に人材を多く投入するわけにはいかない。民間助成財団の助成金はそうした事業リスクのない、純粋にＮＧＯ活動につぎ込める資金である。第三に、会費や個人寄付と比べると、手間をかけずにまとまった自由な資金が得られることである。つまり、ＮＧＯがその本来の目的のためにある程度の規模の資金を必要とする場合には、プロポーザルだけで得られる可能性のある民間財団の助成金は魅力的な存在なのである。当然、民間財団の助成金は競争率が高くなり、簡単には得られないがうまく獲得できれば非常に有効な資金源となる。たとえば、トヨタ財団の助成プログラムの場合、倍率は一〇～二〇倍になることはふつうであるが、筆者の知る限り自治体系の助成金などの倍率は二倍程度である。

二　民間助成財団とは何か――財団の歴史

民間財団とは何かということはあまり知られていないので、簡単に説明したい。財団という制度は、個人の意思（しばしば遺志）を実現させるために財産に法人格を認めた制度で、歴史的には古くローマ時代にさかのぼる。しかし、現代的な財団が登場したのは二〇世紀の初め頃の米国で、カーネギー、ロックフェラーなどの大富豪が個人財産を寄付して作ったのが近代的な財団時代の始まりである。あまり知られていないが、大正時代の日本でも同時代のロックフェラー財団などの影響を受けて、規模でも米国にひけをとらない大型の財団が財閥などによって設立された[3]。つまり、米国でも日本でも独占資本主義の登場とともに一部の企業家への莫大な富の集中が起こり、同時に貧富の格差の拡大と社会主義思想の潮流の中で、富める者がその富を社会的に再配分する活動が始まった。二〇世紀に登場した近代的な財団は、主として貧しい人々や被災者の救済、医療、科学技術振興などのために富豪が個人資産を提供するという、国家による再配分とは異なったもう一つの富の再配分制度なのである。

（3）林雄二郎、山岡義典『日本の財団――その系譜と展望』中公新書、一九八四。川添登、山岡義典『日本の企業家と社会文化活動――大正期のフィランソロピー』東洋経済新報社、一九八七。

二〇世紀初め頃にできた米国の大型財団は今日に至るまで活発に活動しているが、戦前の日本の財団は戦後の超インフレによって資産価値が急落し、今日では小規模なものになっている。また、戦後の日本では非常に高い累進課税などの福祉国家的政策がとられたために、個人の富豪が生まれる余地がなくなり、戦後は個人財団ではなく企業財団が主流となった。

民間財団に関して、もう一つふれておかなければならないことは、ＮＧＯが深く関与している国際開発（開発協力）の起源と米国の大型財団の関係である。戦後の国際開発は、一九四九年のトルーマン大統領のポイント・フォー計画（米国政府による発展途上国への技術協力プログラム）に始まるとされるが、この前後からロックフェラー財団とフォード財団に代表される米国の大型財団は、国際開発の形成と発展に大きな貢献を果たした。例をあげれば、さまざまな議論はあるにせよ国際開発に多大な影響を与えた「緑の革命」を生み出した多収量品種米は、両財団が作ったフィリピンの国際稲作研究所（ＩＲＲＩ）[4]によって品種改良されたものである。また、これも賛否両論であるが、戦後国際開発の有力な理論であるロストウ[5]の近代化論もフォード財団などの助成によって生まれた。同財団は人口問題・家族計画を強力に推しすすめてきたし、その過程でリプロダクティブ・ヘルス（性と生殖に関する健康）の考え方も生まれてきた。

（4）ＩＲＲＩ、International Rice Research Center. 一九六〇年にフィリピンに設立された民間研究機関。（編者）
（5）一九一六年生まれの米国の経済学者で、マルクス理論に対抗する経済発展学説を提示した。（編者）

こうした米国の大型財団の国際開発への深い関与に比べると、日本の民間財団の国際開発への関与は極めて限られている。なぜそうなのか、次にその現状と限界について述べたい。

三　日本の財団とＮＧＯ

日本の財団の中でＮＧＯに対する助成を行っているところは非常に少ない。アジア・コミュニティ・トラスト、国際開発救援財団、さくら銀行国際協力財団、トヨタ財団、日本国際協力財団、庭野平和財団、松下国際財団などである。自治体系の財団としては、神奈川県国際交流協会、東京国際交流財団などがある。（助成財団センター『助成団体要覧二〇〇〇』二〇〇〇）

民間財団に対する政府による規制の変遷

なぜ少ないのだろうか。第一の理由は財団の規模が米国に比べて小さく、資金的にもスタッフの面でも対応できないという一般的状況にある。第二に、それと同様に重要なのは民間財団の事業内容は設立時に定める寄付行為に規定されており、それを容易には変更できないこともあげられる。財団法人の設立は中央官庁もしくは地方自治体の許可制度であるが、事業内容によって許可省庁が異なる。許可官庁がそのまま監督官庁となり、事業内容、財務などを監督官庁に報告する義務があり、監督を受けなければならない。

開発協力ＮＧＯの支援を行いたい場合には、ＯＤＡ官庁が具体的な主務官庁となると思われる。仮に、外務省の管轄となれば、外務省の守備範囲におさまる活動でなければ財団の助成は行えない。二つ以上の官庁の守備範囲を助成したければ、複数の官庁の監督を受けることになり煩雑である。つまり、現状では官庁の縦割りを越えて自由に助成分野を自ら決めること、また時代に応じて変えることが困難なのである。

もう一つ政府規制に関連する問題がある。日本政府のＮＧＯ認識を歴史的に振り返ってみればわかるように、一九八〇年代末頃を境に政府のＮＧＯ認識はほぼ一八〇度変化した。それまでは、ＮＧＯの評価は低く、素人集団でありアカウンタビリティがないという否定的なものであった。一九八〇年代末頃を境に、政府のＮＧＯに対する認識は一変し、一九八九年には外務省のＮＧＯ事業補助金が、そして一九九一年には直接政府の補助金ではないが、郵政省のボランティア貯金が始まった（第16章参照）。さらに、近年では世界的なＮＧＯ評価の高まりもあって、政府はＮＧＯをパートナーとして積極的に活用する方向に変わってきている。

こうした状況を考えると、おそらく政府のＮＧＯに対する認識が変化する以前には、開発ＮＧＯ支援を目的に財団設立を申請しても認められなかった可能性が高いと思われる。実際には、一九八〇年代はバブル景気や一九八五年のプラザ合意後の急速な日本の国際化にともなって、多くの民間財団が設立され、そのかなりの部分が国際的な活動を目的としていた。八〇年代には約三三〇の財団が新設され、その資産合計は九六七億円に達している。(6)これらの国際〇〇〇財団と名のつく財団は、留学生や国際交流、国際的な研究活動などへの助成を主にしており、ＮＧＯ支援を積極的に行っているとはいえない。政府のＮＧＯ認識が変わった一九九〇年代になるとバブル崩壊とともに民間財団の設立は急減してしまい、ＮＧＯ支援を主な目的とする財団の設立はあまりみられていない。

(6) 文化交流研究会『日本・アセアン国際文化交流・文化協力事業の歴史的経緯、現状、課題』国際交流基金アジアセンター、一九九九。

特定公益増進法人制度とＮＰＯ法

民間財団の助成内容が政府の政策によって影響を受けることを示す、もう一つの事例が特定公益増進法人制度である。一般的に財団法人は非課税団体であるが、それは基金の利子収入が課税されないことを意味している（収益事業については軽減税率）。これに加えて、特定の事業目的を持つ財団法人は、その財団への寄付が出捐者の損金として認められ、免税の恩恵が寄付者にもおよぶ。当然、財団の設立時あるいは設立後の寄付の際に、寄付者は免税の恩恵を希望するので、特定公益増進法人の資格をとること、つまり政府の定めた「特定の」公益に限って助成するというように、財団活動が誘導されるのは当然である。法人税法施行令第七七条には、この特定の公益が列挙されているが、第三号のイからエの三四の規定の中で、ヨでは「開発途上にある海外の地域に対する経済協力（技術協力を含む）を主たる目的とする法人」とされ、一九九八年四月一日現在で三三の財団が特定公益増進法人の認定を受けている。これらの法人は、すべて自らが開発協力に関わる財団法人で、ＮＧＯ活動への「助成」を行う財団はヨの規定の範囲には含まれない。（財団法人公益法人協会『特定公益増進法人一覧』一九九八）

いわば、民間財団は設立時点から政府の規制によって、政府の定める「公益」以外には助成しにくいような制度になっているのである。ＮＧＯのようにある時期から政府の評価が一八〇度変わった事例は、まさに政府が民間団体の「公益」観を縛ることの問題性をよく示している。特定非営利活動促進法（通称、ＮＰＯ法。序章、第1章参照）制定の際にも、民間団体の行う活動の公益性を政府が判断することの問題性が市民活動団体の側から出されて、認可よりは、さらに行政の判断の入りにくい認証という制度に落ち着いた。財団法人の公益性判断も本質的には同じ問題に属するはずであるが、この問題は手つかずに残されている。ＮＧＯ、ＮＰＯにとって民間財団の公益性判断への政府による介入の問題は、自らの財源問題であり、決して対岸の火事ではないのである。

四　ＮＧＯ活動の問題点と提言

筆者は直接の担当ではないが、簡単にトヨタ財団のＮＧＯへの助成を説明したい。トヨタ財団の市民活動助成ではＮＧＯも助成の対象になっている（同助成は、年間助成件数三〇件、助成金額合計三〇八〇万円。一九九九年度実績）。財団では、市民活動の一分野として国際協力をとらえている。国際協力は市民が行う自発的な活動のさまざまな分野の一つであり、他の国内的・国際的な活動に比べて「何か特別」であるという認識は持っていない。つまり、ＮＧＯは国際的に活動はしていても、究極的には「日本の」市民社会組織であると考えているのである。したがってＮＧＯ支援は、日本の市民社会全体の発展の中で考えるべきであり、なかでもＮＧＯと国内の市民社会組織が連携を深め、それによってＮＧＯの国内基盤強化がなされると同時に、ＮＧＯによる海外での経験が国内の市民社会組織の活動活性化にもつながることを最も重要な側面と考えている。

筆者は自治体系財団や生協のＮＧＯ助成の選考にも関わってきた。自治体系の財団が助成する場合には、どうしても自治体のある地域とＮＧＯ活動との関連が大きな判断材料にならざるをえない。生協であれば、募金に応じた生協組合員の考えや希望が重要な要素となってくる。このようなさまざまな立場からのＮＧＯ支援への関わりの経験を通じて感じる日本のＮＧＯの現状の「問題点」についての私見をまとめてみたい。筆者はＮＧＯ活動全般が問題だと言いたいわけではなく、むしろ今後ますますＮＧＯ活動の重要性が増すであろうという前提に立って、日本のＮＧＯ活動の発展のためにはこういう点は改善されるべきではないかということがらに絞って、述べていると理解していただきたい。

国内基盤および「地域」との関係

すでに述べたように、ＮＧＯもまた日本の市民社会組織であり、ほとんどが日本人の会員によって成り立っている組織である。つまり、ＮＧＯを支えているのは日本の市民社会である。他方、欧米のＮＧＯの歴史を見ると、二つの流れ、すなわちキリスト教会の社会事業が国境を越えて展開したものと、労働運動・女性解放運動・公民権運動などの社会運動が国際化したものがＮＧＯの起源であることがわかる。つまり、いずれの場合も国内での活動が国際化したのであり、国内に強固な組織基盤を持っているのがふつうである。欧州の場合であれば、カトリックもしくはプロテスタントの教会系か、あるいは社会民主主義的な労働組合が活動の社会的、政治的な基盤となっている。

日本の場合には、いくつかの先駆的な事例はあるものの、一九七九年の「インドシナ」難民問題が日本のＮＧＯ元年といわれるように、タイの難民キャンプでの難民救援活動に集まった市民たちの活動として、つまり初めから海外での活動としてＮＧＯ活動が始まった。日本国内での活動の延長として海外での活動が始まったわけではない。ＮＧＯという用語が、日本では慣用的に開発協力、緊急支援などもっぱら海外で活動する市民社会組織に対してのみ使われることが多く、国内活動の組織には使われることが少ないのは、こうした歴史的経緯を背景にしている。

その結果、日本のＮＧＯは欧米のＮＧＯに比べて多くの場合国内基盤が非常に弱い。第一に、一部の新興宗教を基盤とするＮＧＯを除くと、会員数が少なく、また政治的資源もほとんどない。ヨーロッパの大きなＮＧＯの場合には、国内の教会活動や社会運動を基盤としているだけに、支持者の数も多く、また同じ宗教や運動を背景とする特定の政党とのつながりが深いため、それらの政党を通した政治的な影響力が大きい。社民勢力の例では、イギリスのオクスファム（第12章参照）とイギリス労働党、オランダのＮＯＶＩＢ（Netherlands Organisation for International

Development Cooperation）とオランダ労働党などが典型例である。欧州のＮＧＯが政府との関係において相対的に強い立場を保っているのは、こうした政党との関係を抜きにしては理解できない。日本の場合には、こうした政治勢力との関係が全般的に希薄であることは言うまでもないであろう。

日本のＮＧＯが今後大きく発展する条件を考えると、一つの可能性として欧米のように国内活動を行っている宗教的あるいは世俗的な市民社会組織が、既存のＮＧＯとは別に新たなＮＧＯを作っていくことが考えられる。もう一つの可能性は、既存のＮＧＯが国内の市民社会組織と連携を深めることによる国内基盤の強化である。従来は、ＮＧＯが独力で国内基盤を作るという戦略をとってきたように見えるが、現実が示しているようにそれは容易なことではない。

国内活動から発展したのではないために、国内での地域活動の積み重ねの上に海外での開発に関わることになったわけではない。つまり、活動の原型が日本ではなく発展途上国にあるために、初めからＮＧＯは「外から」地域に関わる形で活動せざるをえなかった。したがって、外部の人間が地域の開発にどこまで、どのように関わるのか、という微妙な問題について組織としての経験知が欠ける傾向があるように思われる。また、ＮＧＯは初めから緊急支援、開発協力という専門的ではあるが狭い分野の活動グループとして始まった。そのため、市民的常識と市民の参加を通して「専門」知識に疑問を投げかけるという、市民社会組織の最も特徴的な性格にやや欠ける面があるようにも思えるのである。ＮＧＯは日本の市民に対して組織をより大きく開いていく必要がある。ＮＧＯが市民社会組織である限り、狭い意味での「専門特化」を遂げていくことだけに意を用いることには大きな危険がともなう。幅広い市民参加の中で、そうした「専門」知識を疑っていくこと、開発の意味を根源的に問い続けていくことこそが、政府や開発の専門家集団の役割との対比の中で、ＮＧＯが果たせる最も重要な独自の役割であると思われる。

イメージあるいは期待と実態とのギャップ

一九九〇年代に入って、国際的に活躍するＮＧＯへの評価は少なくとも日本では高まるばかりである。とくにマスメディアは、ＮＧＯの良い面ばかりを報道しているように見える。しかし、このようなＮＧＯ活動一般に対するマスメディアの高い評価の多くは、欧米のＮＧＯ活動への評価によるものであることを認識すべきであろう。日本のＮＧＯも多くの努力を重ねて、一定の成果をあげてきたことは否定するものではないが、その現実を知る者にとっては、今日でも厳しい状況にあることは否定できない。前述のような組織的な脆弱性、専門性の不足、市民参加の不足は、大きな課題の一部にすぎない。

一般的なイメージと実態のギャップは、どのような問題を引き起こす危険性があるだろうか。第一の危険性は、背伸びをしてしまい、自らの能力の限界を超えて実現性のない事業に乗り出してしまうことである。第二は、国内の地味な活動を軽視してしまう危険性である。一般的に、ＮＧＯ活動に関わる人々には高学歴者が多いため、それが国内の市民社会組織との協力の際の敷居の高さになっていないか、エリート主義に陥っていないかという問題である。一般的に、発展途上国の市民社会組織におけるＰＯ（People's Organization）とＮＧＯの関係にも似た問題が、日本国内での市民活動組織とＮＧＯの間にも見出されるように思われてならない。

第三は、アカウンタビリティの危機である（序章、第7章参照）。アカウンタビリティとは、支援者や助成者に対して、あるいは広く社会全体に対して、ＮＧＯの事業実施に関する事実をありのままに説明することである。失敗は失敗として、その原因や過程が正確に報告されれば、成功に勝るとも劣らない価値がある。なぜならば、後に続く者が同じ間違いをしなくて済むからである。こうして社会に知恵と知識が蓄積され、進歩が可能になる。しかし現実は、実力不相応の期待を背負ったＮＧＯは、失敗を失敗といえない状況に陥ってはいないだろうか。ＮＧＯは勇気を持って、成功だけでなく失敗をも支援者や助成者に対して報告・説明し、なおかつその失敗の意義を理解してもらうよう努めてほしい。それがアカウンタビリティであり、長期的に見てＮＧＯ自身を育てるだけでなく、支援者、助成者をも育て、ひいては社会全体のＮＧＯ活動や開発問題全般への理解を深めることになるのである。

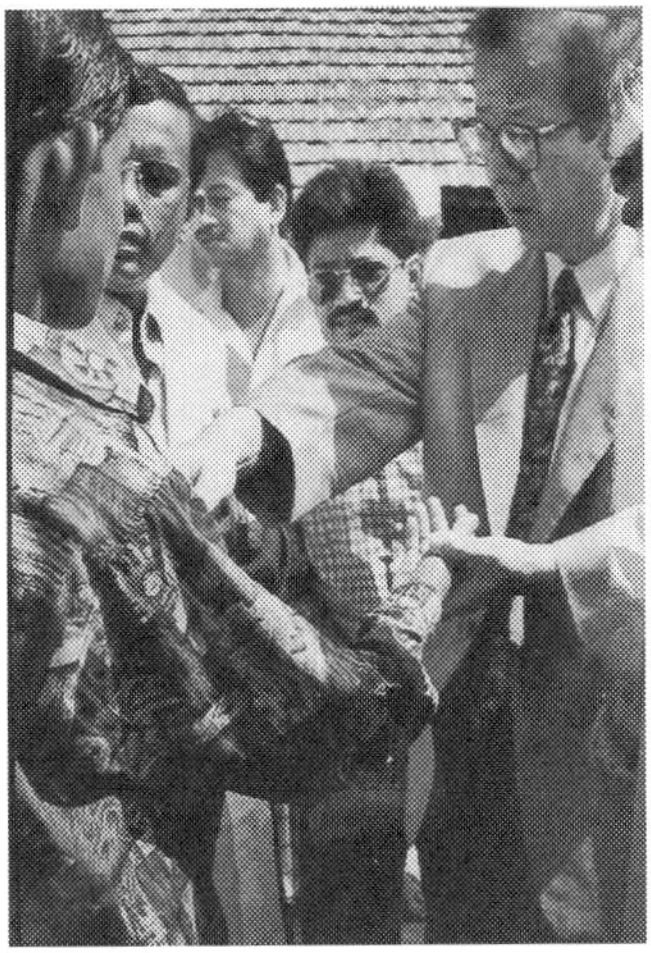

村人を診る日本人医師。バングラデシュ・ジョソール県シャムタ村にて（写真提供：アジア砒素ネットワーク）。

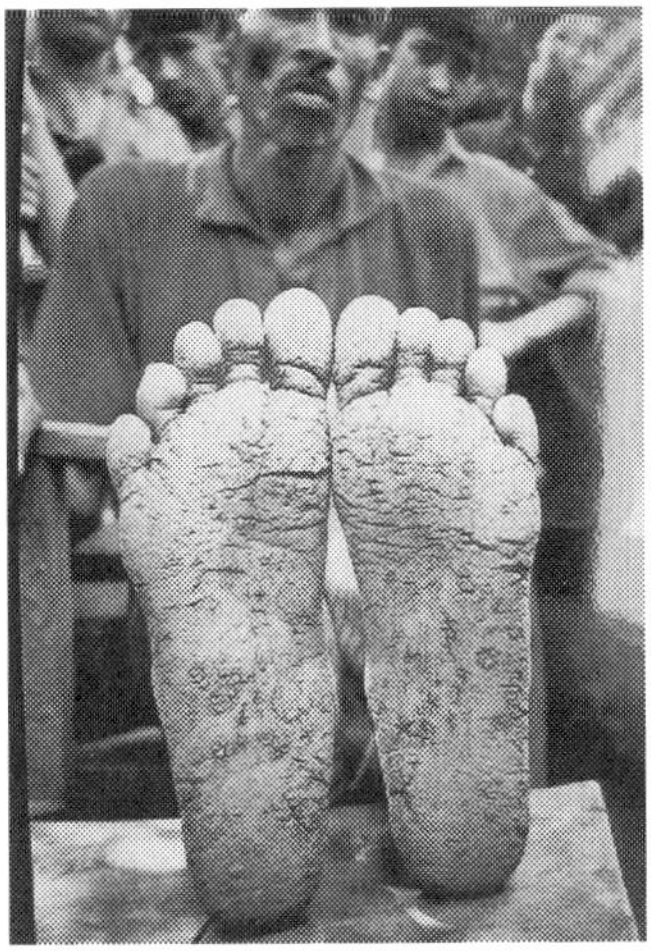

砒素中毒のため角化症（皮膚が硬くなってがさがさになる）になった患者（写真提供：アジア砒素ネットワーク）。

おわりに――ＮＧＯの発展の可能性と期待

最後に、多くの潜在的能力を秘めている日本のＮＧＯの発展の可能性と期待について述べたい。

（1）国内活動グループが国際的な活動に乗り出していく可能性

近年、国内活動を中心としてきた障碍者福祉や環境・公害問題などの市民社会組織が発展途上国との国際交流を通じて、それぞれの専門分野での国際協力に乗り出してきている。具体的には、エイブル・アート[7]（Able Art）などの障碍者福祉の分野で長い経験のある「たんぽぽの家」が東南アジアへ活動を広げていることや、宮崎県土呂久の砒素汚染に取り組んできたグループが、バングラデシュなどのガンジス川下流域の砒素汚染の問題に取り組んでいる「アジア砒素ネットワーク」などがあげられる。これらのグループは国内での活動実績、経験、専門性、組織基盤を持っているため、特定の分野に限られているとはいえ、従来の発展途上国の現場しか持たないＮＧＯとはやや違った強みを持っている。これらが独自に発展したり、あるいは既存のＮＧＯと連携を組むことによって、ＮＧＯが相乗的に強化されることも期待される。

（7）可能性の芸術、とくに、障碍を持つ人たちの生み出す作品。（編者）

（2）国内市民社会組織と既存ＮＧＯの提携深化の可能性　日本のＮＧＯが発展するために、戦略的に最も重要なのは、既存のＮＧＯが労働組合や生協運動などの社会民主主義勢力やＮＰＯ、宗教をベースとした市民社会組織と連携を組み、協力関係を作っていくことである。こうした具体的な事例として、日産労連などの労働組合の助成活動や神奈川と東京の生活クラブ生協によるＮＧＯ助成の取り組みなどがあげられる。宗教をベースとした市民社会組織としては、立正佼成会による一食基金などの活動がある。ＮＰＯ法制定の際には、市民社会組織による大きな連携の中で、ＮＧＯグループは他の国内市民社会組織と協力して、一定の力を発揮した。日常レベルの活動の中でもこうした提携が拡大、深化していくことが望まれる。

（3）国内の開発問題と国際開発のリンク　国際開発の現場で、ＮＧＯは開発の影響を受ける人々の開発計画への参加など、さまざまのオルタナティブな（もう一つの）開発パラダイムを提言してきた。日本の国内においてもさまざまな開発の問題とオルタナティブの必要性がいわれており、またそうした問題に取り組む市民社会組織も存在する。しかし、これまでのところ発展途上国の開発に取り組むＮＧＯと国内の開発問題に取り組む市民社会組織との間の対話や協力は必ずしも多くはなかった。国内のさまざまな「開発」問題、すなわち補助金漬けの沖縄の開発問題、農村の過疎問題、干拓によって失われた干潟、コンクリート化する河川、土砂で埋まっていくダムなどは、ＮＧＯの関わる発展途上国での開発を考える際にさまざまな示唆を与える。発展途上国の開発問題を考えることと、国内の開発問題を考えることは本質的には同じことなのである。日本の国内の開発問題を通して、国際開発のオルタナティブを探ることは、日本のＮＧＯにしかできない国際的に意義のある仕事ではないだろうか。また同時に、国際開発でのさまざまな試みは国内の開発問題にも大きな示唆を与える可能性を持っている。

本来、民間助成財団の助成金は自由な社会的実験を許す性質の資金である。日本のＮＧＯには、日本の財団に限らず、米国の財団なども含めて幅広くアプローチし、新しい協力の可能性を探ってほしいと思う。そのことがまた、日本の財団だけでなく、国際的にも民間財団の活性化につながると思われるのである。

（日本の助成財団についての詳細は、助成財団センター　http://www.jfc.or.jp, 米国の助成団体については、The Foundation Center　http://www.foundationcenter.org）。

第16章　郵政省国際ボランティア貯金助成団体から見たＮＧＯ

前歯科保健医療国際協力協議会（ＪＡＩＣＯＨ）事務局長
松商学園短期大学教員
白戸　洋

はじめに——国際ボランティア貯金から見えるＮＧＯセクター

一九九〇年代に入って国際協力について一般の関心が高まる中で、郵政省の「ボランティア貯金」がスタートし、ＮＧＯの活動は急速に拡大した。国際ボランティア貯金はＮＧＯを広く社会に認知させる大きなきっかけとなった。しかし、多くの資金を得て活動が膨張する中で、ＮＧＯはさまざまな問題をも抱え込むことになった。したがって、国際ボランティア貯金とそれを基にした活動の拡大がＮＧＯに何をもたらしたか、さらにＮＧＯ活動が社会的な認知を受けたことで何が変わったのかを検証する必要がある。本章ではこのような問題意識に基づいて、国際ボランティア貯金がもたらしたＮＧＯの活動の変化を切り口にして、これからのＮＧＯのあり方を考えてみたい。

一　国際ボランティア貯金に揺れ動くＮＧＯ

雨後の竹の子のごとく

国際ボランティア貯金は発展途上国の人々の福祉の向上を目的とし、郵便局の通常貯金・通常貯蓄貯金の受取利子の一部（預金者の希望によって寄付割合を二〇％から一〇〇％の間で一〇％単位で選択できる）を寄付する貯金で、一九九一年一月から開始され、二〇〇〇年度分までの累計で約一六九億円余りの寄付金がＮＧＯに配分されている。二〇〇〇年度には五一カ国で一九八団体のＮＧＯが実施する、保健医療、教育、職業訓練、農業、環境などの二二五事業に六億五〇四一万円が配分されている。

国際ボランティア貯金はスタートから一〇年を経て、日本のＮＧＯの国際協力活動を支援するシステムとして定着しつつある。そして開始から数年間は高金利に支えられ順調に規模を拡大し、初年度の一九九一年度には約一〇億一〇〇〇万円であった配分総額が、二年目の一九九二年度には約二五億九〇〇〇万円に急増し、一九九五年度には約二八億一〇〇〇万円に達した。さらに一九九一年度は一〇三団体が受け取っており、一団体の平均配分額は九八四万円であったが、一九九五年度には二三五団体に平均一二六〇万円が配分された。最初の四年間で総額で二・八倍、配分団体数で二・四倍、さらに一団体あたりの配分額でも約三〇％増となり、ＮＧＯへの資金の流れは急激に膨張することになった。国際ボランティア貯金と前後して開始された外務省のＮＧＯ事業補助金やその他各省庁の補助金や委託金も増加し、九〇年代前半はいわばＮＧＯにとって「バブル」といっても過言ではない状況となったのである。

国際ボランティア貯金が創設された一九九〇年代の前半は、国際協力に対する社会的な関心が大きく高まった時期でもある。とくに一九九一年の湾岸戦争は、その対応をめぐって日本が国際的にどのような役割を果たすべきかという議論をまき起こすきっかけともなった。そして国際協力への関心は社会的な現象となり、国際ボランティア貯金の創設と前後し、相次いでＮＧＯが誕生した。その中で国際ボランティア貯金などによる財政面でのＮＧＯへの公的な支援制度の充実は、同時にＮＧＯが社会的にも認知される結果をもたらした。ＮＧＯが郵便局という半ば公的な機関を通じて一般市民の寄付金を配分されることで、ＮＧＯそのものに対する認知もすすんだといえる。とくに国際ボランティア貯金はごく身近な郵便局で貯金をするという、生活の延長線上で国際協力に関与できることから、それまで「国際協力」や「ＮＧＯ」とは無縁だった多くの市民に国際協力活動を浸透させることとなった。ＮＧＯが本拠地の近くの郵便局から申請を行うというシステムも、ＮＧＯと地域の交流を促し、より国際協力を身近にさせる効果をもたらした。一方でＮＧＯにとって国際ボランティア貯金は格好の財政基盤として受けとめられ、長年活動を積み重ねてきたＮＧＯから設立まもないＮＧＯまで国際ボランティア貯金の配分を受けて事業を拡大していったのである。

「宴のあと」に問われるもの

一九九八年度版の「国際協力ＮＧＯダイレクトリー一九九八――国際協力に携わる日本の市民組織要覧」（ＮＧＯ活動推進センター、一九九八）に掲載されているＮＧＯで収入の構成が把握できる二一七団体のうち、一九九七年度において国際ボランティア貯金の配分を受けているＮＧＯは一〇七団体である。これはこの年度にボランティア貯金の配分を受けた全二〇九団体の約半数にあたるが、これらのＮＧＯの総収入に占める国際ボランティア貯金の比率は約二五％に達する。外務省のＮＧＯ事業補助金や環境庁の補助金、その他の政府補助金をそれぞれ受け取っているＮＧＯについては、その収入に占める各補助金の比率が一〇％程度であることを考えると、ＮＧＯにとって国際ボランティア貯金が重要な財源であることは明らかである。

さらに国際ボランティア貯金を配分されている一〇七団体を設立時期別に見ると、一九八〇年以前に発足しているＮＧＯが一六団体、一九八一年から一九八五年までが二二団体、一九八六年から一九九〇年までが三六団体、一九九一年以降が三四団体となっており、国際ボランティア貯金と前後して活動が開始されていることがわかる。とくに国際ボランティア貯金の配分額の収入に占める割合が三〇％以上と高い三四団体のＮＧＯを見ると、一九八〇年以前に発足しているＮＧＯが四団体、一九八一年から一九八五年までが五団体、一九八六年から一九九〇年までが一三団体、一九九一年以降が一二団体となっており、発足時期が遅いＮＧＯほど国際ボランティア貯金への依存度が高いと考えられる。

しかし、国際ボランティア貯金の曲がり角は意外とすぐにやってきた。日本経済の行き詰まりを背景とした金利の低下が原因となり、国際ボランティア貯金の配分金額は一九九六年度から減少に転じることになったからである。一九九六年度には配分総額が一五億円と前年の半分近くまで落ち込み、その後一九九七年度が一〇億六〇〇〇万円、一九九八年度が一二億四〇〇〇万円、一九九九年度が一一億八〇〇〇万円、そして二〇〇〇年度が六億五〇四一万円と低い水準で推移している。一方で配分額ほど配分団体数は減少しなかったため、一団体あたりの配分額は、一九九五年度の一二六〇万円から一九九六年度には一気に四割減の七〇七万円となり、以降五〇八万円（一九九七年度）、六〇九万円（一九九八年度）、五八四万円（一九九九年度）、三一八万円（二〇〇〇年度）と減少傾向にあって、一団体あたりの配分額ではスタート時を大きくを下回っている。このように短期間に膨張し、その後急激に縮小した国際ボランティア貯金は、日本のＮＧＯにさまざまな意味で大きなインパクトを与えることとなった。急激な配分金の縮小は、国際ボランティア貯金の配分額を財源とした活動に大きな影響を与え、多くのＮＧＯは、海外での事業からの撤退あるいは規模縮小を余儀なくされた。国際ボランティア貯金の配分金の変動は、ＮＧＯの財政的な脆弱さをあぶり出す結果となったのである。

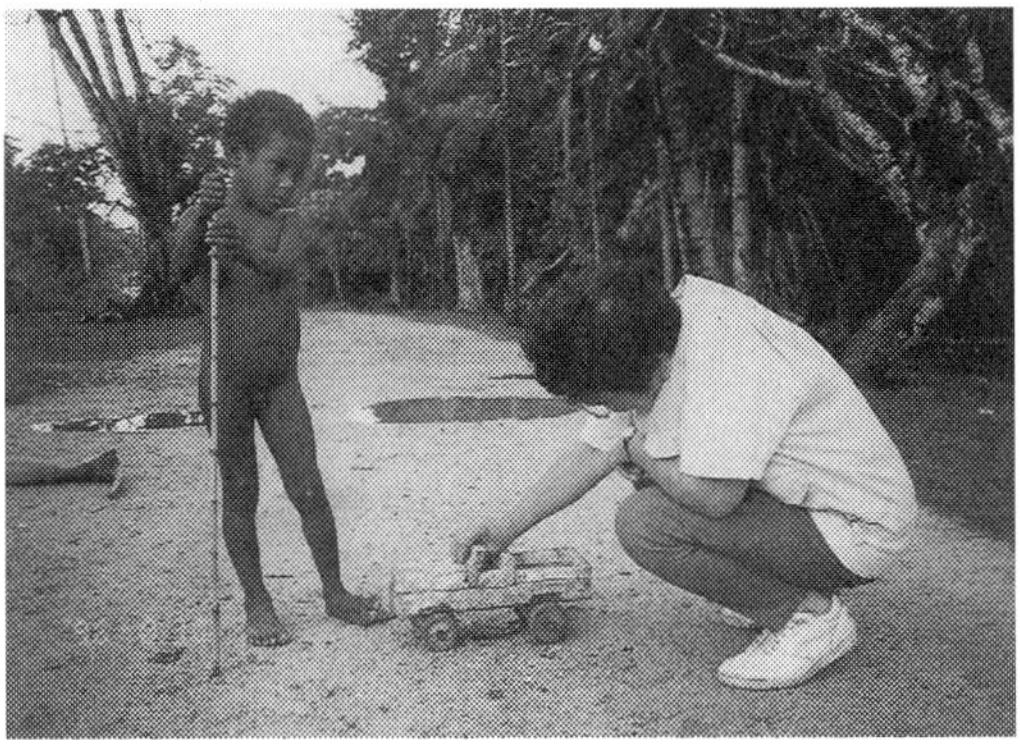

ソロモン諸島の農村の子どもが作った手づくりおもちゃ。歯科保健医療国際協力協議会の生活交流プログラムにて。

ＮＧＯの姿勢と活動の質が問われている

国際ボランティア貯金はそれまでの補助金や助成金に比較して、受け取る側のＮＧＯの事情に比較的配慮した制度としてスタートした。制度がスタートする以前から準備に携わる郵政省の担当者が、ＮＧＯの現状を把握するために、しばしばさまざまなＮＧＯに関わるイベントや集会にも参加し、創設当時は新しい市民による国際協力のシステムを創り出そうという意気込みや熱意が感じられた。その結果、たとえば申請の資格条件をあまり厳しくせず、実績の比較的少ないNGOに対しても門戸を広げたり、申請時や事業の終了時に提出する書類も他の制度に比べて簡素化するなど、NGOの実状への配慮が見受けられた。

当時、国際ボランティア貯金は政府開発援助（ODA）に批判的なNGOにも実際に配分を行い、ODAとは異なるNGOに対してそのスタンスを明確にしていた。しかしスタートから一〇年を経て、年々提出する書類が増え、国際ボランティア貯金の柔軟さが小さくなっているという見方もNGO関係者の中には多い。これは配分金が減少するにしたがって審査基準が厳しくなってきたり、郵政省の担当者が変わって必ずしも当初の「意気込み」が伝わらないなどの理由が考えられるが、一方でNGO自体にも一因があると思われる。国際ボランティア貯金が海外での市民レベルでの協力活動の裾野を広げた結果、それまで市民活動には関わりがないさまざまな個人、団体がNGOを設立して国際協力を開始した。その中には「資金もあることだし海外でやってみるか」程度の発想で、明らかに相手のニーズよりも自分たちの事情を優先させているNGOもある。この背景には、容易に資金にアクセスできることで、多くの支援者もなく活動の経験を経ずとも、国際協力の事業実施が可能となったことがある。したがって国際ボランティア貯金の配分が大きく減少したことは、NGOに大きな影響を与えているが、NGOの姿勢や活動の質をNGO自身が問い直す機会ともなっている。

二　NGOは信頼できるのか

規模の拡大でNGOが信頼されるか

筆者が事務局を担当していた歯科保健医療国際協力協議会（JAICOH）は、一九九〇年に設立された会員数約二〇〇名のNGOで、会費収入と寄付金を合わせた自己資金はほぼ五〇〇万円程度である。しかし、設立からの五年間は国際ボランティア貯金の配分金を受けながら事業を拡大し、配分金は最大で自己資金の三倍近い一五〇〇万円近くとなっていた。設立当初ボランティアで分担してきた組織の運営や海外事業の事務管理作業は、やがてボランティアだけで行うことが困難となり、一九九六年からは専従のスタッフを設置した。スタッフを設置したことで事務管理については比較的スムーズに行われることとなったものの、今度はその財源を確保することに追われることにもなった。

しかし拡大した事業は、会員が二〇〇名程度の規模の団体である協議会の財政的な能力を超えてしまい、率直にいえば「国際ボランティア貯金に追われている」という状況となった。このような状況を踏まえた議論の末、協議会は配分金の受け取りを意図的に徐々に縮小して、自らの「身の丈」に合った組織とすることを決めた。「身の丈」とは、会費や寄付金など自己資金によって実施可能な事業や国内での活動を基本とし、外部の資金に過剰に頼らないことである。これは、本来ＮＧＯは活動の規模や量ではなくその姿勢と質によって社会的な信頼を確立することができると考えたからである。その結果、約五年間で国際ボランティア貯金の配分を五分の一程度にし、専従のスタッフも廃止した。一方、それまで手薄になっていた広報活動や学生への開発教育などに力を入れた結果、会員数も減少せず組織のエネルギーも落ちることはなかった。

口の中から「生活」が見える。歯科衛生士による歯ブラシ指導（カンボジアにて）。

ＮＧＯも企業や行政のように、組織的な効率性やマネージメント能力を身につけながら規模を大きくすることがＮＧＯに対する社会的な認知を深めることだという意識はＮＧＯ関係者の中に強い。しかし、規模の拡大によって過去一部のＮＧＯについては組織としての安定性や信頼性が確立されたものの、多くは必ずしもそうなっていないことも事実である。多くのＮＧＯが活動を開始し始めた一九八〇年代の予算規模は、少ないところで数十万円、ごく一部の大規模なＮＧＯが数千万円、ほとんどは数百万円の単位であった。収入は会費と寄付、それにバザーの売上などで、家計簿をつけるのと変わらない作業で済み、その処理を行う事務スタッフもボランティアが担当することが多かった。しかし、国際ボランティア貯金や政府、財団による補助金などが整備されるにしたがって収入が一気に膨らんだものの、事務管理作業の体制面でこれに対応することができない団体が出てきた。とくに国際ボランティア貯金への依存度が高いＮＧＯは、比較的財政規模の小さなＮＧＯが多く、時には基本的な会計帳簿さえ満足につけられていないような団体もあった。

そもそもＮＧＯが自分のマネージメント能力を考えずに、財源を外部に依存して規模を拡大することには無理がある。ＮＧＯは背伸びせずにどうすれば社会的な認知を受けることができるのかを真剣に考える時期にきているのではないか。

草の根のニーズに根ざしているか

配分金を受け取ったＮＧＯの中には、「草の根のニーズに根ざした市民による協力事業」という国際ボランティア貯金の趣旨に照らしてふさわしい事業内容かと首を傾げたくなる団体もみられる。たとえばあるＮＧＯは、配分金をすべて協力国の地元の団体に送ってしまい、その使途や事業の経過などを把握していないので、事実上「申請代行機関」としての役割しか果たしていない。配分金を使っていつ何を実施したかについては地元の団体に任せ、自らは詳細な実施状況をほとんど把握せず、いわば資金の丸投げとなっている。また、医療水準が極度に低い地域に高度な先端医療の技術を持ち込んだある団体は、その技術開発に関わる政府機関や企業から支援を受けながらも、かなり多額な配分金を受け取っていた。しかし内容から言っても援助というよりは、研究といった方が適切な事業で、しかもガーゼや消毒薬にも事欠く状況の対象地域のニーズとはかけ離れた、日本でもあまり普及していない技術を利用しており、「草の根」には程遠い事業である。こうした事業は本来、政府や企業のリスクと資金で行うべきものであり、規模から言ってむしろＯＤＡ事業としてもおかしくない。

特定のイデオロギーや宗教活動に利用している団体などもあって、本来の市民による海外協力活動という趣旨にそぐわない事業もみられる。配分金を目当てにして急に設立したと思われるＮＧＯもある。これは「金先にありき」でずさんな計画や甘い見通しで事業を開始し、途中で頓挫して事業を中止したり計画を変更するような団体である。なかには、配分金が受け取れるよう申請時に国会議員などに口添えを依頼したり、予算を余さぬよう無理に消化するために他の活動に流用する団体もある。このように、一気に膨らんだ資金によってモラルの面でも課題を残すこととなった。

通信分野の専門化として、かつてカンボジアでＯＤＡ事業を行っていた人たちが自発的に始めたＮＧＯは、自分たちの専門性にこだわることなく、あくまで地元におけるニーズを優先して、義足の製作と技術者の養成に取り組んでいる。こうした草の根の人々のニーズにきめ細かく対応した事業がＮＧＯの特徴だが、活動が拡大するにつれて、地元のニーズとは関係なくＮＧＯ側の都合で事業が展開されるケースも多い。たとえば、ある特定の専門的な日本の伝統技術を持つ団体が、地元でその技術に対する条件が整わなかったり、ニーズが低いにもかかわらず、その技術の普及にこだわって失敗したケースや、特定の専門分野の医療系ＮＧＯが全体の優先順位と関係なく、自分たちの専門分野の医療プロジェクトを盛んに展開しているケースがそれである。ＮＧＯが広く市民社会から受け入れられるのは、草の根のニーズを的確にとらえ、その理念が信頼できるからである。したがって活動資金の増大による事業の拡大は、結果としてその信頼性を揺るがしかねない危険性をもはらんでいる。

社会的に開かれた活動になっているか

国際ボランティア貯金をはじめ、さまざまな補助金や助成金が整備され、ＮＧＯが社会的に認知されるにしたがって奇妙な現象も目につくようになる。たとえば、あるＮＧＯは地元でのすべての活動を主宰者が一人で行っている。日本ではその家族が資金集めや主宰者との連絡を行い、活動のほとんどは地元で主宰者が決定していくというものである。地元にもカウンターパートはなく、個人的に動いて活動をすすめている。いわば個人的な活動を友人知人が支援している「一人ＮＧＯ」ともいうべき活動形態である。しかしこの「一人ＮＧＯ」はしばしばその個人的な素行について「地元では何をしているかわからない」とか、「貴重な歴史的な資料を持ち出している」など批判されることが多く、また活動自体にも問題がある。もともと個人の思いつきから始まっていることもあって、事業の十分な検討もなされておらず計画性もない。そのうえカウンターパートがいないことで、地元の事情も把握できず技術移転もすすまない。したがって地域のニーズに合わない事業となってしまう。

また別のＮＧＯは、ある国とたまたま交流をしていたが、いろいろな助成金を利用して何か事業を起こそうといった理由で「金先にありき」の活動を開始した。このように、資金が得られるというだけで、個人的活動がＮＧＯという「容れ物」に移し変えられることさえある。さらに、これらの中には、情報を公開したり社会に働きかけることに消極的な閉鎖的ＮＧＯも多い（第7章参照）。時には郵政省の評価事業に対してさえ、「これっぽちの金でうるさいことを言う」といって、これを否定的にとらえるＮＧＯもある。

もちろんＮＧＯ活動は個人の思いからスタートしている場合が多く、それ自体否定されるべきものではない。もともとその国が好きだとか、旅行先で個人的に友人となってその人間関係から援助を開始することはよくある。しかし対外的には、それは個人的な活動ではなく社会的な活動として受けとめられる。仮にその活動が個人の趣味や個人的欲求を満たすにすぎないものであっても、ＮＧＯという名がつくことで募金が集まり助成金を受け取ることさえできるのである（このため一方では、活動の責任が個人を離れ、ＮＧＯという「組織」に帰せられることで、個人の責任が回避されてしまうこともある（第17章参照））。

とくに国際ボランティア貯金などの公的に認知された資金を受け取ることは、社会的にも認知された活動として受けとめられる。したがって個人の思いや人間関係を大切にしながらも、ＮＧＯには社会的な責任を果たすことが強く求められている。そのためには一般の人たちが参加しやすい活動のあり方や、広報などの情報の提供に加え、自ら事業を評価しその成果や課題を内部にとどめず共有していく情報公開も必要となる。このような努力を通してＮＧＯの社会性を確立していくことが重要である。

三　社会を問い直すためにＮＧＯに求められるもの

下からの「近代化」の危険性

前出の歯科保健医療国際協力協議会は、「援助で歯医者が増えると虫歯も増える」という皮肉な事実に直面している。発展途上国では歯の疾患（虫歯）は通常、食生活の変化に関係しており、伝統的な食生活を維持している地域ではあまりみられず、逆に開発がすすみ、先進国からの食文化、たとえば清涼飲料水や嗜好品などが浸透するにしたがって増える傾向にある。農村部ではきれいな歯をしている子どもが多いのに対して都市部では虫歯を持つ子どもが目につき、年齢で比較しても近代的な食生活の影響を受けている若年層ほど歯科疾患がみられる。日本でも一九五〇年代から六〇年代にかけて、食生活が洋風化し贅沢になっていく過程で歯科疾患が飛躍的に増えていった。歯科に限らず、近代化は人々の生活を変化させることでさまざまな影響をもたらすのである。

近代化とともに虫歯が増える（カンボジアにて）。

外国からの援助もしばしば先進国の「近代化」を発展途上国に持ち込むことが多い。発展途上国が先進国のさまざまな経済・社会システムを取り入れ、経済発展を遂げることが援助の目的とされてきたからである。ＯＤＡの多くがそうした目的をもって行われている。一方、日本のＮＧＯの「近代化」に対する姿勢は次のように大きく三つのグループに分かれている。

（１）積極的に近代化を推しすすめようという趣旨で活動を行っているＮＧＯ、（２）近代化の是非を問わないまま活動を行っているＮＧＯ、

（3）近代化に疑問を投げかけ、その背景にある従来の経済社会構造を含めて変革していこうというＮＧＯの三つである。第一のグループはもちろんのこと、第二のグループも近代化した日本の思考パターンや生活様式の影響を受けざるをえず、必然的にその活動は近代化をすすめる傾向を持つ。これらのグループがある意味で「近代化」に無批判であるのに対して、第三のグループは「近代化」の問題点を積極的に意識しているところが異なっている。

たとえば第三のグループの多くが取り組んでいる開発教育は、自らの生活のあり方を見直そうという意図によるもので、近代化や豊かさ、世界の生産・消費構造などに目を向けている。しかし第三のグループでさえも、実際の活動においてよほど具体的な「近代化」へのオルタナティブを持たない限り、結果として「近代化」を持ち込むことになる危険性が強い。理念や理論においては「近代化」に距離をとっていても、その組織や人材の基盤を先進国の都市部に置いていることもあって、実際の活動のレベルではともすれば結果として「近代化」を無意識のうちにすすめることになるからである。

しかしＮＧＯが援助活動に「近代化」を持ち込む場合、ある意味では規模の大きいＯＤＡ以上に深刻な影響をもたらしかねない。草の根のレベルで活動するＮＧＯは、地域の人々に直接的な影響力を持つからである。農村におけるＮＧＯの活動は、その地域の人々の考え方をしばしば直接的に変えてしまうきっかけを作る。外部から持ち込まれた「近代化」がその地域の人々の文化や価値観を直接的に変えることも多い。たとえば以前訪れたソロモン諸島のある村では、子どもたちが草や木の葉で器用に首飾りや冠を作って伝統的な遊びを楽しんでいたが、そこを訪れる日本人には見せたことがなかった。それは訪れる日本人が必ず持参して作ってみせる折り紙のせいである。金や銀、赤、青、緑といったきらびやかな折り紙に比べれば、自分たちの作る素朴なおもちゃはみすぼらしく見えたに違いない。子どもたちに対する悪気のない日本人からのプレゼントが、時に地域の文化を破壊してしまうことがあるのだと思い知らされた。

このようにＮＧＯのスタッフが何を食べ、何を着て、何を持っているか、その一つ一つが、地元の人たちの価値観を変化させていく。地元の人たちにとっては、ＯＤＡがしばしば「遠い都会の一部の人々の出来事」であるのに対して、ＮＧＯの活動は「草の根」に近い分、日々の生活に関わる身近な出来事となる。したがって、地元の人々の個人レベルではＮＧＯの活動の影響はより大きく、ともすれば「下からの近代化」の推進者としての役割をＮＧＯが担うことになりかねない。とくに情報の乏しい草の根のレベルでは、「近代化」に対して無防備でより影響を受けやすい。ＮＧＯにとって必要なのは、自分たちの存在が地域の人々の未来を大きく変えかねない影響力を持っているということを常に意識することだといえる。

ＮＧＯは時代の先駆者となっているか

ＮＧＯを論じる際、ＮＧＯは従来のＯＤＡを補完する組織であるべきだとの議論がしばしば行われる。両者の関係は「分担」や「連携」という用語で表現されることも多く、ＮＧＯはＯＤＡとの対立関係から脱皮し、公的な活動を行うべきだという論調も多い。たしかに、ＮＧＯを住民のニーズに根ざす組織、ＯＤＡを政府や企業の利益によってすすめられる援助、という単純な区別は非現実的である。しかし、本来ＮＧＯの特徴は、現実の社会や経済の仕組み、さらに個人の生き方や価値観などを人々の立場から問い直し、未来に向けて変革していくという方向性にあるはずである。一方ＯＤＡは、政府の政策である以上、経済性や効率性を重視し、これまで日本社会が追求してきた豊かさや経済成長を促進させるという性格を持つ。したがって、人々や政府が自分たちの社会の基本的な原理の抜本的な変革に取り組まない限り、ＯＤＡは一人一人の幸せよりも国家経済の発展や近代化を優先させ続けることになり、ＯＤＡが社会の変革まで踏み込むことは困難となる。

本来、ＮＧＯは新しい社会システムの理念を多様な活動によって具体的に実現していく営みであり、したがって現状のさまざまなシステムを補完したり維持するものではない。ＮＧＯは時代の先駆者として、新しい未来像を提起していくべき役割を担っているのである。しかし実際には、「ＯＤＡでうまくいかない部分をＮＧＯに肩代わりさせる」ことで、結果としてＯＤＡの現状維持的な方向性を補完しているＮＧＯもある。仮にＯＤＡのめざす未来像がＮＧＯのめざす未来像と合致するならば、「補完」であっても「連携」であってもＮＧＯが積極的にこれに関与していくことは必要であろうが、現状では既成の社会システムの矛盾をＮＧＯが部分的な対症療法でしのぎながら延命させているにすぎない。したがって、ＮＧＯは今後もその活動を通じて、新しい価値観や世界観を提起する活動に力をそそいでいかなければならないだろう。

おわりに――市民が育てるＮＧＯ、市民に見えるＮＧＯ

市民との関係を構築していくことは、ＮＧＯの発展にとって欠かせないことである。しかしそこでの市民は、ＮＧＯを重要な社会システムの一つととらえ、自らも関わりつつＮＧＯを積極的に育てていこうという主体的な市民である。単なる傍観者としての市民ではなく、世界の中に自分を位置づけ、日常の中から自分の問題としてＮＧＯを育てる意識ある市民ともいえよう。すなわち、ＮＧＯが活躍できる新しい市民社会を確立することが必要なのである。ＮＧＯを育てる意識を定着させることは、本来国際ボランティア貯金の理念でもある。しかし現実には育てるという意識は市民に浸透しているとは言いがたい。ＮＧＯの活動成果が十分に公表されていないなど、市民社会の中でＮＧＯの存在価値を認めてもらうための判断材料が情報として開示されていないことが、その大きな要因ともいわれている。

郵政省は一九九一年度より国際ボランティア貯金の寄付金の配分を受けた海外事業について、その評価を目的とした調査研究を行っており、計画の妥当性や事業の実施体制、配分金の使途、カウンターパートとの関係、事業の効果や課題、地元の評価などを調査している。しかし、その調査結果は一般には公表されておらず、どのようにその成果が活かされているかは不明で、情報公開は不十分であるといえる。評価に関わったＮＧＯ団体や関係者はことあるごとに評価内容の公開を主張したが、成功した事業についての報告は行われるものの、失敗したり課題を残した事業についての十分な情報の開示は行われていない。これは一部のＮＧＯの不適切な事業が国際ボランティア貯金のイメージダウンを招くという懸念や、ＮＧＯ自身による情報開示への反発、そしてお役所特有の「秘密主義」などさまざまな理由によると考えられる。当然、こうした考え方は改められなければならない。

とはいえ、ＮＧＯの事業を評価する預金者（ドナー）の姿勢にも問題がないとはいえない。ドナーの側は、事業の成果への関心の方が強く、失敗に対しては厳しく問う傾向が強い。たしかにＯＤＡなどは、国民の税金を有効に使うという点から、その成果が厳しく問われることが多い。しかし、ＮＧＯは本来試行錯誤の中から活動の質を向上させる性格を持っており、むしろ成果より過程を重視すべきである。ところが、新しいことに取り組んで成功してもあまり評価しない反面、失敗をより問題視するといういわゆる「バッドマークシステム」（減点主義）は、日本社会全体に深く浸透しており、しばしばＮＧＯへの評価にも反映されることが多い。そのためＮＧＯの側にも、新しいことを行って失敗するより何も変化させずに無難にこなそうという姿勢が生まれやすくなる。

しかしもともと国際ボランティア貯金の趣旨からいえば、草の根レベルの協力関係を構築することが目的で、必ずしも事業の効率や効果が評価のすべてではない。むしろ、井戸を何本掘ったかという「結果」以上に、どのような関係を作りながら事業をすすめたかとか、誰がどのように参画したかなどの「過程」を評価する方がふさわしいのではないか。そして今後の事業評価においては、とくに監査という性格ではなく、問題点や課題を抽出しＮＧＯと共にその改善を考えたり将来にフィードバックすることが重視されるべきではなかろうか。ＮＧＯの活動の歴史はまだまだ浅く、多くのＮＧＯは発展途上にある。市民の側にもＮＧＯを積極的に育てることの意義が求められている。

また、何よりもＮＧＯには市民に対する透明性が求められている。歯科保健医療国際協力協議会では、国際ボランティア貯金の配分を受けて実施してきたカンボジアにおける事業について一年間かけて事後評価を実施した（一九九八～九九年）。その結果、いくつもの問題点や課題が明らかになったが、これを公開することにした。たとえば、協議会はフィールドとなった農村で住民参加による計画の実施を目的に、ＰＣＭ手法[(1)]（Project Cycle Management）を用いて地域母子保健の計画づくりを試みた。しかし実際には会議を数多く持ったというだけで、協議会側も住民もどこか消化不良で終わってしまい、成果はあまり得られなかった。そして事後評価で明らかになったのは、その失敗の原因が手法に対する理解の不足以上に、「住民の参画による計画づくり」や「地域医療」という日本でも実績の乏しい分野を経験の乏しいＮＧＯが手がけたところにあったということである。

（1）開発援助プロジェクトの計画、実施、評価という一連のサイクルを「プロジェクト・デザイン・マトリックス」（ＰＤＭ）と呼ばれるプロジェクト概要表を用いて運営管理する手法。この手法は、ドイツのＯＤＡで広く用いられている参加型目的志向型プロジェクト立案手法である。日本では国際開発高等教育機構（ＦＡＳＩＤ）が初めて日本に導入し普及を図っている。（編者）

協議会ではこのような失敗事例を含め、事後評価の結果を報告書にまとめ公開しているが、すべてのＮＧＯが自らの課題や失敗を開示しているわけではない。そして現在多くのＮＧＯがこのＰＣＭ手法を取り入れて事業をすすめている。もし協議会のこうした失敗が他のＮＧＯにも教訓として共有され生かされるならば、ＮＧＯ活動全体のレベルアップにつながるだろう。市民の理解を得る上でも、ＮＧＯは積極的に自らの活動を多くの人々に開示していかなければならない。

第17章　「協力主体」としての個人の責任性

――心情倫理と責任倫理

若井　晋

『「わたし」のせいでわれわれは必然のなかに幽閉されている。「わたし」を放棄するなら必然の向こう側に達することができる。世界という卵を穿つことができるのだ。そうなると、われわれは従順という様相のもとにある必然をみることになる。』

（シモーヌ・ヴェーユ『カイエ四』冨原眞弓訳、みすず書房、一九九二）

はじめに――NGOに倫理が問われる?

本章では、先人たちの生き方や考え方、そして筆者の経験を紹介しながら、NGOに携わる人々に最も求められる「人間としてのあり方」、「個人の心情と責任性」について、とくに倫理的な側面から論じてみたい。

NGOの活動においては、さまざまな地域、状況下で、さまざまな信条を持って生きる人々と生身の接触をすることが多くなる。しかも、人々とじかに向き合いながら、ときにはその激しさに、ときにはその声なき声に、同じ人間として心を揺さぶられる場面が少なくない。このようなとき、私たちは、人が生き、死んでいくこととは何なのか、どうしたら人が人として、より人間らしく生きられるのかという根本的な問いの前に立たされる。このとき問われるのが倫理の問題である。

一　「心情倫理」――「責任倫理」

「倫理」の二側面

倫理には、後述するように「心情倫理」（Gesinnungsethik）と「責任倫理」（Verantwortungsethik）（マックス・ウェーバー）という、緊張と葛藤に満ちた二つの側面がある。「心情倫理」では、善意に基づいた行動ならばその結果は問わず、むしろその心情自体に重きを置く。これに対して「責任倫理」では、善意に基づいて行われた行動の結果に対して、あくまで責任を負おうとする。ＮＧＯ、そしてそこに関わる個々人が行動するとき、こうした二つの倫理的態度の間には常に緊張関係が生じることになる。この倫理的緊張関係を説明するために、まず冒頭でその言葉を引用したフランスの哲学者・社会活動家シモーヌ・ヴェーユを取り上げてみよう。

シモーヌ・ヴェーユ。一九〇九年生まれのユダヤ系フランス人。哲学教師を務めた後、一工場労働者としての職に就く。一九三六年のスペイン市民戦争時には多くの「知識人」と共に反フランコ義勇軍の一人として参戦。その後ナチスドイツのフランス占領に対して、避難先のイギリスからパルチザンに参加しようとしたが、一九四三年に病のため三四歳の若さで客死する。冒頭の引用は、彼女がナチスから逃れて過ごした米国、イギリス滞在中、その死に至るまで書きつづったメモ（フランス語でカイエ、雑記帳の意）に書き記された文章である。彼女をはじめ、スペイン市民戦争に参戦した多くの人々がとった行動は、「心情倫理」と「責任倫理」の緊張した関係を示す最も先鋭化した形である。社会の問題や矛盾を説くだけで、自らは安全地帯に身を置いて何も行動を起こさなかった多くの「学者たち」がいた一方で、ヴェーユらはその信念（心情）に対して自ら行動（責任）をもって応えたのである。当時、反フランコ義勇軍に参加することは、ヴェーユらにとっては人間としてとるべき倫理的行動であったのである。

次に、最近の例からこの「倫理的緊張関係」を見てみよう。一九九四年、ルワンダの内戦で五〇万以上の人々が虐殺された。虐殺の調査を行ったイギリスの人権ＮＧＯアフリカン・ライツ（Rwanda. Death, Despair and Defiance）によれば、この殺戮は旧政権が権力維持のためにかなり以前から計画していたもので、決して自然発生的な部族抗争ではなかった。それは、政府、軍、行政組織、インターハムエと呼ばれる過激民兵組織を通して、綿密かつ系統的に計画されたばかりか、これには恐るべきことに、一部の医師、教師、弁護士、国際機関の職員、司祭なども関与していた。彼らは、逃げまどう人々の中から「彼らだ」といって虐殺に荷担したのだ。しかし一方で、苦しむ人々を助けようとして逆に殺されていった人々も多数いたのである。彼らがとった行動も「責任倫理」に基づく行動であったといえる。「心情倫理」を昇華して「責任倫理」へと転化し、自らの死を代償に（「『わたし』を放棄」）、人々を助けようとしたのである。

人間としてこうした不条理に立ち向かおうとした彼らの行動は、ＮＧＯ活動に携わる私たちの倫理的態度にも厳しい問いを投げかけている。すなわち、私たちは「人々について語ること」（心情倫理）を昇華して、「人々とともに歩むこと」（責任倫理）へと本当に転化できているのかと。

では、ＮＧＯ活動に携わるとき私たちに問われる倫理とは、具体的にはどのようなことを意味しているのだろうか。

ＮＧＯに問われる個人の責任性

協力主体としてのＮＧＯに常に問われることは、「善意」や「心情」に基づいた行為の先に待ちかまえる結果に対する「責任」である。

政府開発援助（ＯＤＡ）の場合、その責任は「官僚制」によって形式的には公的に支えられている。いわば「責任」もしくは「責任倫理」の制度化である。ここでは協力行為の動機となる「心情倫理」あるいは「善意の倫理」（ethics of good-will）は制度上ほとんど問われることはない。その理由は「官僚制」そのものにある。

すなわち、マックス・ウェーバーによれば、官僚制の特徴は、（1）専門的勤務の範囲、すなわち責任の範囲が機能的に明確に限定されていること（権限の原則）、（2）職務上の指揮系統が階段状に確立されていること、（3）勤務者が給与所得者であること、すなわち、「勤務者」と「勤務に必要な物的手段」とが分離するとともに、報酬はあらかじめ一定した貨幣給であること、（4）すべて事務は文書で行われること（文書主義の原則）、（5）原則的に勤務者は自由な雇用関係に立つこと、などである（青山秀夫『マックス・ウェーバー』岩波新書、一九六七）。このように、ここでは制度上、個々人の「心情倫理」や「善意の倫理」が介在する余地はない。この制度下においては、人間のとる一つの行動が人を救うことにもなるし殺すことにもなる。先述のルワンダでの戦慄的出来事は、私たちにそのことを示している。

一方ＮＧＯにおいては、結果に対する「責任」よりも、協力行為の動機となる「心情」の方を問題にする傾向が強い。つまり、極端にいえば、善意の行為であればその結果がどうなってもその責任は行為者にはないというとらえ方である。しかし、善意の行為であれ、その結果が本来の善意の意図とは異なった方向へ向かってしまったときには、その結果に対する倫理的な責任、すなわち「責任倫理」が常に問われてくるのだ。

たとえば日本のあるＮＧＯは、「善意」によってカンボジアで計画された病院建設に資金提供を行った。地元に古くからある、熱帯の気候風土に合ったニッパ椰子製の建物を壊し、通気性の悪い、冷房がなければとても居られないようなコンクリート製の立派な「近代的」病院を建てるというプロジェクトである。その結果、さまざまな問題が生じてしまった。何よりも、遠方からわざわざバスに乗ってプノンペンの冷房のきいた「近代的」病院まで直接足を運ばざるをえなくなったため、病院の利用率が以前よりも逆に減ってしまった。このような「結果」に対して、資金を提供したＮＧＯは倫理的責任をとるべきであろう。しかし、このＮＧＯは病院の完成を見に来ただけで、その後何の音沙汰もない。

「心情倫理」では、ことがらの成否は「神」に委ねられる。したがって責任放棄の可能性が高くなる。一方、「責任倫理」では、周到な準備と計画によって目的を実行し、その結果に対して「人間」が責任を負う。協力行為の動機である心情ではなく、その行為による結果を問題にする。ＯＤＡの場合、この「責任倫理」を制度的に支えるのは前述したように「官僚制」である。この制度化された責任性は、逆に「心情」なき責任性となり、「精神なき専門人」と化する。そして、まさにこの制度化された「責任性」ゆえに、「人間」としては誰も責任を負わないという構造が出来上がってしまう。ＯＤＡのみならずＮＧＯにとっても、このことは厳しく問われなくてはならない。

　また、ＮＧＯの場合、集団・組織としての責任が問われると同時に、そこに関わる個人の責任もとくに厳しく問われる。政府組織、なかんずく官僚組織では個人の責任は背後にしりぞき、そこに犯罪性がない限り個人の責任が問われることはまずない。本来の官僚（Civil servant）は市民に仕えるという意味でその責任を市民、民衆に負うものであるが、現実の官僚（Bureaucrat）はその責任を上司や所属「官公庁」「政治家」に負っているのが実状である。とくにＯＤＡの場合、責任者となるキャリア組は二～三年で交代するため、またノンキャリア組はキャリア組に対してのみ責任を負うため、結局は誰も「結果責任」を問われない場合が多い。それはたとえ責任感のある個人がトップにいたとしても同様である。これに対し、ＮＧＯにおいては、すべての活動が代表者を含めた個々人の責任として常に問われているといってよい。なぜなら、ＮＧＯ活動はこれに参加する一人一人の自発的、主体的な行為であることが前提となるからである。

「心情倫理」の暴走

　一九六八年の大学闘争のさなか、学生たちの間ではクラス討論が盛んに行われ、激しい議論が夜を徹して繰り返された。当時の「全共闘」や「クラス連合」の中でたたかわされた議論の一つは、自分たちのとった行動に対して責任をとるべきか否かというものであった。正しい主張であれば結果は問わない（心情倫理）とする側と、自分たちのとった行動の結果には責任を持つべきだ（責任倫理）とする側が大きく二つに分かれ、徹底的に議論されたのである。

このときの「全共闘」の行動理念は、「善意」あるいは「正義」の行為であればその手段の是非は問わないというものであった。したがって暴力的手段は必然的にエスカレートせざるをえなかったし、事実エスカレートしていった。

大学闘争が収束してからしばらくして、一九七〇年三月三一日、「世界同時革命」を掲げた「日本赤軍」による「よど号」ハイジャック事件が起きた。あれからすでに三〇年の月日が流れたが、朝鮮民主主義人民共和国（北朝鮮）に渡った彼ら九人の中には筆者の一年上級の医学生も加わっていた。

彼ら赤軍派によるあの行動は法的に「犯罪」として裁かれるべき行動であった。「心情倫理」のみによってつき動かされた暴走であったといえる。しかし、今、世界で起こっているさまざまな出来事、とくに戦争、内乱、民族浄化の渦中で「善意」と「正義」を掲げてたたかう人々に対して、誰が彼らを本当に裁けるであろうか？　イスラミックジハード（イスラムの聖戦）は自らのいのちと引き替えにその「信念」「信仰」を貫徹する。しかし彼らに武器を提供するのは米国をはじめとする国連の常任理事国である（現在、世界の武器輸出の五〇％以上は米国で生産されている）。「責任倫理」をかざし、自ら手を下さず、武器を生産、輸出し、その利益で自らの身を太らせる側の「正統主義者」に彼らを裁くことはできない。

筆者は北朝鮮に渡ったその先輩のことを忘れたことはない。当時、「よど号」にはたまたま九州で行われていた内科学会総会に参加した多くの重鎮が乗り合わせていた。その中には彼を知る同じ大学の教授も何人か同乗していた。しかしその後私たちは、教授たちからあの事件のことを聞かされたことは一度もない。あの状況下で教授たちは何を考えていたのだろうか。その人たちのほとんどは故人となってしまった。

どこまで責任がとれるか

自分の発言、行動に対して、人間としてどこまで責任がとれるのか。この究極的な問いに対する答えは、人間の歴史が続く限り、得られないのかもしれない。しかし、「心情倫理」と「責任倫理」の間にある緊張と葛藤を失ってしまった現代の倫理的あり方に対して、ＮＧＯは発言しなければならないし、行動によっても示さなければならない。なぜなら、それを問うこと自体がＮＧＯの存在意義の一つであるからだ。

「合理的行為それ自体には、個々の場合における行為の倫理的価値が何によって決められるべきか、成果によってか、それともその行為自体の——なんらかの倫理的規定をもつ——固有な価値によってか、そうした原初的な問題をさえ判定する手段があたえられていない。つまり、行為者の結果に対する責任が手段を神聖化するのかどうか、また、どこまで神聖化するとしてよいのか、あるいは反対に、行為を支える心情の価値が結果に対する行為者の責任を拒否し、責任を神に、あるいは神によって見過ごされている現世の堕落と愚昧に転嫁する、そうしたことが正当化されるのかどうか、またどこまで正当化されてよいのか、そうした問題を判定する手段を合理的行為はもっていないのである。宗教倫理が心情倫理として昇華されていくと、二者択一は後者、つまり『キリスト者は正しきを行い、成否は神にゆだねる』という方向に傾く」。（マックス・ウェーバー『宗教社会学論選』大塚久雄・生松敬三訳、みすず書房、一九七二）

マックス・ウェーバーのこの発言はキリスト教徒に限ったことではない。イスラム原理主義者、ヒンドゥー過激派などの他の宗教にもみられることである。しかし、現代の問題はこれとは逆に「責任倫理」をかざした「正統主義者」が、「心情倫理」をかざしてその目的（cause）のためにたたかう人々を殺戮しているとはいえないだろうか。北大西洋条約機構（ＮＡＴＯ）軍によるサラエボへの空爆、ロシア軍によるチェチェンへの侵攻、国連によるイラクへの経済制裁、などがそれである。[1] こうした中、文字通り「生死」をかけて実際の戦場で平和と傷つけられた人々のために活動するＮＧＯも数多くある（第３章第一節参照）。「心情倫理」や「責任倫理」を論ずるゆえんはここにある。

（1）筆者による論稿、"Physicians for peace," *Lancet* 355, pp. 1365–1366, 2000, "Sanctions against Iraq," *Lancet* 347, p. 200, 1996 参照）

二　先人に学ぶ

「白バラは散らず」

「責任倫理」と「心情倫理」の間にある緊張と葛藤の中で、みごとにたたかった一群の人々がいる。ナチス・ヒトラー支配下にあったドイツの医学生たちである。医学生ハンス・ショルとその妹ゾフィー・ショル、そしてその友人たちは、一九四三年、大逆罪の名のもとにナチスによって処刑された。他の多くのドイツ市民と同様、はじめは彼らもナチスによる虚偽の宣伝と隠ぺい工作によって、ヒトラーに対して何の疑念も抱くことはなかった。しかし、ハンスがヒトラー・ユーゲントのキャンプに出かけたときに体験したものは、期待していた自由、理想、情熱、平和とは正反対の、統制と禁止、ヒトラーへの忠誠であった。ちょうどその頃、ハンスの学校の若い教師が強制収容所に入れられ行方不明となった。ハンスの心は大きく揺さぶられ、ナチスに対する疑惑が彼の魂の中を渦巻いた。そしてそれは、ナチスの虚偽を突き破り、隠された事実の探求へと向かわせた。彼がそこに見たものは、「自分の民族の中で、戦争があるのだ。無防備で孤立した人、その子どもたちの幸福と自由を滅ぼす戦争。恐ろしい犯罪だよ」と彼の父がかつて語っていたことそのままの光景であった。もはや彼の良心はこの事実に対して黙していることはできなかった。ハンスは数人の友人とともに『白バラ通信』を発行し、ドイツ人同朋に対してこう訴えた。「われわれは沈黙しない、われわれは諸君のやましき良心である。白バラ通信は諸君の安静を奪う！」わずか数号発行の後、彼らは逮捕され処刑された。「おそらく流行的熱狂や、偉大な理想や、高遠な目標や、組織という避難所や、義務の拘束なしに、ある善いことのために立ち上がり孤立無援で生命を捨てることの方がむずかしいでしょう。おそらく真の英雄的行為とは他ならぬ日常の些細な身近なことを辛抱づよく守って大げさなことばかり言いはやす世間にかかわらないことにあるのでしょう」。（インゲ・ショル『白バラは散らず』内垣啓一訳、未来社、一九六四）

「閉ざせ　目と耳を　しばし
騒乱の　この時代から、
救わんとても　救いなからん
君のこころの　清むときまで。
君のつとめは　守り耐え
永遠を　時に見ること、
君すでに　世界のさなか
囚われてあり　放たれてあり。
時きたり　君を欲せば
敢然として　立ち上がれ、
けむりまく　炎のさなか
最後のたきぎ　君をなげうて」

筆者はこの『白バラは散らず』を幾度となく読んだ。最初の日付は一九六五年、大学入学の年である。筆者にとってＮＧＯ活動とは、つきつめるとこの本に出てくる彼らの心根《こころね》（心情）と責任性の、静かな、しかし強固な自覚と人間としての価値意識に基づいているといえるかもしれない。

「心情」の品性――責任性の動機

ハンスたちが示した人間としての行動は、内村鑑三（一八六一―一九三〇）が示したダンテとゲーテにみられる責任性の決定的な違いからも読みとることができよう。

「今日の大学を責むるは其の学問の不足なるが故に非ず、主義なく気骨なきが故なり。彼等は寧ろ智識をのみ是れ求めて、主義節操の重んずべきを忘却し、事宜によりては猫の尾にても之を拝するを恥じざるに至る。ゲーテの短所を指摘せんか〔すれば〕、其の最も甚だしきは実に此点に在り。ナポレヲンの勢力正に天下を席巻せんとする時に当り、兵を進めて独逸《ドイツ》に攻め入りしかば、ゲーテは日頃仏国の非行を責め居りしにも拘らず、前説を翻して奈翁〔ナポレオン〕の足下に跪き、其の勲章を領せる事あり。哲学者フィフィテが大学に於て講演し、今や正に其の佳境に入らんとするに当り、敵襲来すとの急報に接し、『残余の講義は自由国に於て継続せん』と、猛然出でて戦に臨めるものと日を同《おなじく》して論ず可らず(2)。

ダンテは学問、智識を尊重したりしかども、苟《いやしく》も之を以て主義に代へ、信仰を左右するが如き人物にはあらざりき。彼よりして見る時は、ゲーテは変節者なり、寧ろ道に悖《もと》れる者と言ふて可なり。ダンテのゲーテよりも一層優れたる点は、彼の品性に在り。主義に立って動かざりしに在り」。（『内村鑑三全集』第五巻、岩波書店、一九八二）

（2）フランス占領下でのこの講演「ドイツ国民に告ぐ」は国民の抵抗の意志を呼びさました。

ゲーテのごとく矮小化された「責任性」の中に逃げ込み、「心情」の品性を失うとき、「責任性」の動機はその影を失う。

けだしこの内村の発言は約一〇〇年前に書かれた一八九八（明治三一）年のものとは思われない。まさに、今日的問いである。学生時代に内村の影響を受けた大塚久雄（一九〇七―九六）は、その著『宗教改革と近代社会』（みすず書房、一九七六）でマックス・ウェーバーを引用しながら、プロテスタントの禁欲的生活態度が生み出した「職業」倫理が次第にその宗教的外被を脱ぎ捨てて「資本主義の精神」を生み出すに至った過程を論じている。その「職業」倫理と「資本主義の精神」のさらにその行き着くところを、次のウェーバーの言葉を引用しながら見てみよう。「精神のない専門人、心情のない享楽人。この無のものは、かつて達せられたことのない人間性の段階にまですでに登りつめた、と自惚れるのだ」。大塚は、「それでは、われわれが生きる歴史的現実のただ中で、こうした主観的意図と客観的成果との惨ましい乖離を避けて、可能なかぎりで理想に近い状態を実現しうるためには、どうしたらよいのか」と問いつつ、再びウェーバーを引用し、こう述べている。「われわれは、宗教的にせよ、その他にせよ、あらゆる価値判断を一応停止して、すなわち社会科学の立場にたって、客観的に、まず歴史的現実そのものにおける複雑な因果関連を可能なかぎり忠実にとらえてみなければならぬ。その上で、はじめて、理想にできるだけ近い状態を実現しうるような目的と手段の系列を見定めることができるであろう」と。つまり、「究極的な価値への『信念』と同時に、社会科学的『知識』が必要であり、前者と後者は緊密に結合される必要がある」（一六一～六三頁）、というのである。

根拠に基づいた活動・行動

これは「根拠」（evidence）に基づいて、ある行動（医療では治療法）や政策などを決めていくという姿勢の大切さを意味している。保健医療の領域ではこの数年、「根拠に基づいた医学、保健医療」（Evidenced-based medicine/health care）が叫ばれている。これは何も保健医療に限ったことではない。たとえばＯＤＡなど国の政策決定にあたっても、また、ＮＧＯの活動計画を決めるにあたっても、同じことがいえる（Evidence-based ODA, evidenced-based NGO activities）。しかし「心情」を昇華して「責任性」へと転化するには、ある方針と行動によって生じた結果を絶えず評価し、その「意味」を往復運動的（pivotal）に問い続けることが必要となる。しかり、矢内原忠雄（一八九三―一九六一）はその古典的名著『植民及植民政策』（一九二六）の序文で、この研究の意義について次のように結んでいる。「何となれば客観的分析に基づく事実関係の把握は、あらゆる実際的政策の基礎たるべきものであるから」（『矢内原忠雄全集』第一巻、岩波書店、一九六三）。矢内原はその後、日本の中国に対する侵略戦争を痛烈に批判した講演「神の国」（一九三七年一〇月）の最後で、「……日本の理想を生かす為めに、一先づ此の国を葬って下さい」（『矢内原忠雄全集』第一八巻、岩波書店、一九六四）と発言したことが直接の原因となり、軍部の支配する政府によって東京大学を追放される。矢内原はこの講演を決死の覚悟で行うことによって、まさに「心情」を昇華して「責任性」へと転化したのである。

こうした理念と現実のはざまにある問題を、丸山真男（一九一四―九六）は政治学者が立ち向かわなければならない客観性への道の困難として次のように述べている。「理念としての客観性と事実としての存在制約性との二元のたたかいを不断に克服せねばならぬ」（『丸山真男集』第三巻、岩波書店、一九九五、一五一頁）。さらに丸山は、「彼（政治家）の動機の善悪は少なくとも第一義的な問題とならない。政治家の責任は徹頭徹尾結果責任である」（同、二〇九頁）と述べた上で、次のように警告している。「素朴な性善説やヒューマニズムの立場は、人間関係のなかで現実的に行動する段になると、万人に内在すると信じられた『善』を押しつけることによって、かえって客観的には非常に残酷で非人間的な結果をもたらすことが少なくない」（同、二一一頁）。一九四八年に書かれたこれらの記述は当時の政治家たちの戦争責任を問うたものではあるが、五〇年後の現在、ＮＧＯに携わる私たちにとっても真実だといえないだろうか。

「協力主体」としての個人の責任性――「心情倫理」と「責任倫理」。これは政治家やＮＧＯのみならず、社会的存在としての人間一人一人に、実に重い、苦しい、緊張と葛藤に満ちた問いを投げかけている。なぜならこの問いは一人一人の生き様、生き方そのものに関わる問題であるからだ。しかも私たちは好むと好まざるとにかかわらず、社会的な活動を続ける限り、この緊張と葛藤に満ちた「心情」と「責任」の只中を歩んでいかなければならないのである。

おわりに――「蝶はせまってくる死にいささかもうろたえない」

最後にアメリカの作家、フォレスト・カーターが書いた『リトル・トリー』（和田穹男訳、メルクマール出版、一九九一）を引用して本章の締めくくりとしたい。この書には、ネイティブ・アメリカンによるネイティブ・アメリカンへの鎮魂歌ともいえる童話のような澄みきった描写とともに、彼らの生き方、世界観がみごとに描かれている。そして次の一節は、ＮＧＯに携わる人々への強烈なメッセージとして私たちの心に深く刻まれるであろう。

「ある人たちはずっと与えつづけることを好む。なぜなら、そうすることによって自分の見栄と優越感を満たすことができるからだ」。(二四八頁)

「国家の権力者たちが最初からもくろんでいるのは、相手国の民衆に彼らへの依存心を植え付けて骨抜きにすることなのだ」。(二四九頁)

「蝶はせまってくる死にいささかもうろたえない。自分が生まれてきた目的ははたし終わった。そして今やただひとつの目的は死ぬことにある。だから、トウモロコシの茎の上で、太陽の最後のぬくもりを浴びながら待っているのだ」。(二六八頁)

終章　人々の誇りと力の発見
——二一世紀のNGOが切り開く新たなパラダイム

生江　明

一　グローバリゼーションと国境を越える人々の公益

東西冷戦の時代が終わり、グローバリゼーションの急速な進展とともに「国民国家」が相対的な地位を失いつつある今、国境を越えた地球規模の「公共性、公益性」を実現していく一つの主体としてNGOが脚光を浴びている。**第1章**で述べている通り、現在、日本のNGOに対しては日本政府から政府開発援助（ODA）との協力を求める傾向が強まっている。しかし、そのことをNGOの社会的地位の向上として諸手を上げて歓迎するわけにはいかない。NGOが自らを開発協力の一種の万能薬として過大評価するなら、NGOは自らの存在を権威化し、さらにはNGOのためのNGO活動という自己目的化に陥る危険すらはらんでいる。もし、こうした誤った「自負」と「自信」によって、「草の根のことは自分たちがよく知っている」と語るならば、それはNGOが自らを無謬の位置へと祭り上げてしまうことになるだろう。今回、私たちは本書を通じ、NGOの存在意義を高く評価するがゆえに、NGOのあり方をリアルに厳しく再検証しようと試みた。終章にあたり、NGOの活動を、「国境を越える『人間としての公益』を明らかにし、それを擁護、促進する場」と定め、この観点に基づいて二一世紀のNGOへの希望を語ることとしたい。

序章において私たちは、「公正と社会正義」をめざした「下からのグローバル化」を求める非権力的な運動体としてNGOを定義した。それは言葉を変えれば、人間としての良心に基づき、人間としての尊厳を重視する運動体であることを意味する。

それがなぜ「非政府組織」＝NGOなのかは、その歴史が如実に示している。序章や第12章で登場したイギリスのオクスファムはドイツ軍占領下のギリシャの人々に衣類を送ることから始まった国際NGOだが、その行動は当時のイギリス政府からは利敵行為として非難された。同様に、JOCSの前史を創った人々も、日本軍の侵略地域であえて医療活動を展開した（第5章参照）。また、ユーゴ内戦においては、JVCなどいくつかの国際NGOがNATO軍に攻撃を受けたセルビア地域に救援活動を行ったことは第3章でふれた通りである。一九七九年のポルポト政権崩壊後のカンボジアではプノンペン政権が登場したが、国連に承認されていなかったために、各国政府は援助を行うことはできなかった。このとき、率先してカンボジアで活動を展開したのも各国のNGOだったのである（ただし、イギリスとオーストラリア政府がNGOを通して巨額の援助を行ったことも事実である）。

こうした事例が物語るように「非政府」とはその行動の根拠を国家ではなく、あくまで国境を越える『人間としての公益性』に置いていることを表す言葉だといえる。それが今日に至りNGOが脚光を浴びている理由の一つである。このNGOの特質を踏みにじる政府が現れたときには、NGOは「反政府」的な主張や政府批判を行い政治的に先鋭化することもあるだろう。

NGOの社会・政治的役割として、「地球規模の公益性」の追求は、すなわち冷戦崩壊後の経済のグローバル化に翻弄される世界に対し、基本的人権を軸に国境を越えて連帯していく世界のセーフティネットを形成すること、そして「グローバル化」を人々の側から推進していくことに他ならない。

しかし、それだけではNGOの存在意義を満たしているとはいえない。なぜなら、「非政府」を名乗るにしろ、国境を越える『人間としての公益性』に根拠を置くにしろ、あくまでそれは自称であって、そこに「不断の検証」

がなければ真実性に欠けるからである。

ここでいう「不断の検証」とは、ＮＧＯ活動の年間目標や年間課題をどれだけ達成したかというような成果評価を意味するものではない。たしかに最近の傾向として第三者評価やプロジェクト評価の重要性がＯＤＡに限らずＮＧＯにおいても指摘されてはいるが、筆者の意味する「不断の検証」とは、仕事評価の話ではなく、開発協力の一つ一つが、その根底において人々を取り巻く社会、経済、歴史、文化全般について、どれほど深い理解に基づいてなされたのかを見る検証である。それはとりもなおさず「私たち自身」の自己認識の深さを測る作業でもある。

これからＮＧＯに関わろうとしている人々、あるいはすでに参加している人々を想定して編まれた本書には、今後のＮＧＯにおけるさまざまな課題が埋め込まれている。その個別の課題ごとにさっそく取り組もうとする読者もあるかもしれない。しかし、それは本書の意図するところではない。ＮＧＯが開発協力の一方の旗頭としてもてはやされる今だからこそ、性急にその課題の解決へと走り出すのではなく、「ＮＧＯは、いったい何のために、何をめざそうとしているのか」について、しばし立ち止まって考えることを読者諸氏には望みたい。

二　近代的手法の落とし穴

「早く助けたい」症候群——その危険性

「貧困に苦しむ人々を一刻も早くそこから脱出させて助けたい」という気持ちを「誠意」とするならば、フィールドで働く人々の中にその「誠意」を持たない人は一人もいないはずである。しかし、それを実践するとき注意すべきことは、「手早く助ける」ことの危うさである。

緊急医療や緊急救援のように、戦争や災害などによって生命の危機に瀕している人々をすみやかに助けるといった、ごく限られた場合には「手早く助けること」は当然、重要である。「国境なき医師団」（ＭＳＦ）のように自ら空輸チームを持つほど機動力に優れたＮＧＯが、相手国政府の要請を待たずに人々のもとへ駆けつけるやり方は、極めて先進的な取り組みとさえいえる。また、こうした現場での救援活動の様子をマスメディアを通じて世界中に知らせることで、救援を必要とする多くの人々を世界から孤立させないようにする意義は大きい。

一方、日常的な困難・苦しみの中で暮らす人々を「手早く助けること」は緊急救援とはまったく異なる文脈で論じられなければならない。政府や国際機関による開発は、従来、相当の年月が経過すれば最下層の人々にも次第に開発の恩恵がいきわたるはずだという前提で行われてきた。浸透理論（トリクルダウン・セオリー）に基づいた大規模な経済開発や社会インフラなどの開発がそれである。それに対して、多くのＮＧＯは「貧困層」を直接的な対象とする生計向上（福祉＝Well-being, Welfare）プログラムを「草の根」ですすめてきた。小学校建設、識字教育、収入向上、衛生教育を含むプライマリ・ヘルス・ケア（ＰＨＣ）などのプロジェクトがそれである。しかし、それらの事業はパッケージとしてＮＧＯ側であらかじめ用意されたものである場合が多いという意味で、政府や国際機関による開発と同じ問題性を抱え持っているということができる。しかも、それがきめ細かく計画され、よくできたものであればあるほど、そこにはＮＧＯが「配ることの専門家」集団となっていく危険性が生じる。

外部者のとらえる「人々のニーズ」の問題性

援助を前提として、「貧困地域」と呼ばれる地域の調査をする際、一般的には、栄養、教育程度、収入、保健衛生、職業、死亡率、出生率など、項目別にそれぞれの問題の洗い出しが行われる。しかし、このようなニーズ調査は、しばしば「自分たちにはあって、相手には無いか不足しているもの」、つまりＮＧＯ側の援助の出番を探す御用聞き型の調査になりやすい。「問題矯正型」アプローチ、「トレーニング型」アプローチ、「補充型」アプローチと呼ばれるものがそれである。そしてこうしたアプローチはいずれも、「lack of～」（～が不足している）という視点で一致している。その結果得られた、「これが無い！」という問題項目こそ相手が必要としている「ニーズ」とされるのである。相手の「欠陥、欠点、不足」にのみ着目するこうしたアプローチは共通の特徴を持ちやすい。つまり相手に与えたこちら側の便益の量でそのプロジェクトを評価してしまう傾向である。こうして、「もっと助けるために」は「もっと資金が必要」となり、「相手に無いもの」を配ることに自分たちの存在理由を求める「配給依存症」NGOが誕生することになる。

「私たちはあなたたちのことを心配しているし、あなたたちに何が不足し、何が必要かを知っている。あなたたちは私たちを必要としている」。こう言ってモノを配り始めることからその地域の人々との関係が始まるなら、それは相手との関係を一方的に成立させようとする、いわばストーカー的な行為といっても大げさではない。このように「与えること」が正当化されるならば、第17章で取り上げられた「倫理的妥当性」の根拠が問われる余地はない。

もちろん、日本のNGOすべてが「配給依存症」にかかっているわけではない。しかし、多くのNGOが性急に相手を助けようとするあまり、人々の「欠陥・欠点・不足という問題点」を追及するという手法に陥りがちなのも事実である。こうした開発協力のアプローチが、かえって、そこに住む人々が長年かかって積み重ねてきた生存のためのシステムを破壊する原因になっていることさえある。第8章の神戸の事例が示すように、調査票の上で詳細に相手を分類し調べ上げるより、人々の話によく耳を傾けることが決定的に重要なのである。それは、人々の喜び、誇り、夢や希望を知ることである。それらを理解して初めて、人々が子どもたちに残したい社会のありようを互いに物語ることができる。

画一的な配色は誰の欠点であったのか？

こうした「欠陥」を「人々が抱える問題」として危うくとらえそうになった筆者自身の体験を示したい。

一九八〇年代後半、筆者はバングラデシュのあちこちの地元NGOで手工芸品の製作・デザインアドバイザーとして働きながら暮らしていた。あるとき、受講者の村の女性たちが作った家庭用の刺繍作品が、デザイン・技法はとても個性的であるのに、配色だけはどの女性も同じ四、五色を使った画一的なパターンであることに気がついた。なぜみんな同じ配色を選んでしまうのかと訊いたが、彼女たちは「質問の意味がわからない」というふうに戸惑うばかりだった。彼女たちには配色トレーニングが必要かなと考えていた筆者は、その晩に出かけた村のバザール

（市場）で、その謎が解けた。バザールの糸屋で売っていた色糸は、なんとあの四、五色だけだったのである。「私は貧乏な糸屋ですよ。お客もそれに輪をかけて貧乏なんです。たくさんの色数なんて置けませんよ！」それが筆者の質問に答えてくれた糸屋の主人の返事だった。

後日、町の染屋で三二色の色糸を染めてもらい、再び村を訪れ、彼女たちにこれを自由に使ってもらった。するとそこには筆者の予想と期待をはるかに超える多彩な色の世界が現れた。明るい原色使いのものから同系色でシックにまとめたものまで、それはみごとな配色があふれるように次々と生まれていった。通常、日本の手芸品店には何百色もの刺繍糸が揃っている。しかし、三二色の色糸を手にするまで彼女たちにはそのような選択の余地はなかった。そして選択の幅が広まったとき、彼女たちは自分たちのそれぞれの個性を多様に表現し始めたのである。

筆者が初めに気がついた「画一的な配色」とは、実は彼女たちの欠点ではなかったのである。むしろ欠点は、彼女たちのセンスに応えようとせず、その多様性を描き出すキャンバスを用意できない社会の側にあった。わずか二〇〇年ほど前のムガール朝の時代まで、この地に栄えた藍や紅殻（ベンガラ）などを使う伝統的染色産業はイギリスによって全面禁止となり、その後彼らは、産業革命が産み出す工業製品の消費者として生きる他なくなった。多様なバリエーションの色を自然に手に入れていた自然染色（草木染め）の時代は去り、以後人々は工場から提供される合成染料の色しか与えられない時代を生きることになる。こうして近代化は色の世界をも画一的に固定化してしまうことになった。人々の潜在的可能性は、発揮されることなく埋もれたままだ。こうした歴史的経緯を認識せず、単調な配色を人々の能力や力のなさととらえるとき、人々の隠された多様性はますます見えなくなっていく。開発協力の現場である地域の社会全体への理解に乏しい「教えたがりの外部者」は、えてして人々からの強烈な反発を招きがちだ（第3、4、5章参照）。

「正解探し」という近代的手法

発展途上国の人々の貧困をどのように理解し、その解決への支援協力をどのように行うかについて、本書の各章でさまざまな角度から検討してきた。先に見たような、「欠陥・欠点・不足」として位置づけてきた相手を「素早く助けよう」とすることで陥った家父長的な、相手との一方通行的関係（相手を庇護すべきものとしてとらえる関係）は、私たち日本社会がたどってきた欧米近代モデルへの接近方法でもある。

日本の近代化とは、与えられた目標を追うことであり、習うことであった。そしてアジアの東の果てでそれに「成功」した。ちょうど子どもたちを入学試験に合格させるやり方に似ている。合格を目標地点として、日本の教育は子どもたちにひたすら正解を憶えさせることに集中してきた。しかし、そのことが或る思い込みを生じさせたのではなかろうか。一つは、正解は一つであるとみなすこと、もう一つは、正解は与えられるものであるととらえ、自らの外に用意されている正解を探す傾向である。つまり、無駄を排して直線的に正解に至る効率が高まるほど、社会的生産性が高まるとする考え方である。

この「正解探し」志向においては、解答とは「自らが生み出すもの」ではなく、「誰もが従うべきもの」であり、「解答の個性化・多様化」ではなく「画一化」をもたらすものになる。いわゆる社会のマニュアル化・均一化（マクドナルド化とも呼ばれる）である（Werner D., "The life and death of primary health care or the McDonalization of Alma Ata", *Tambalan* 1-4, 1994 ; Wakai S., "Primary health care projects and social development", *Lancet* 354, 1995）。多様な答えではなく、正解は一つであることが技術のマニュアル化を促進する。それは正解への最短距離での到達、つまり最も効率的に目的を実現するものとして組み立てられる。工場の大量生産をモデルとして、誰がやっても間違いなく同じ物を生産するために作られたマニュアルが社会に適用されると、画一的な思考が普及することになり、それに合致しないものは一方的に排除される。こうして、自分や他者を多様にとらえる力が失われたとき、もはやそこに「相互の関係性」が生まれることはない。

次の事例は象徴的である。カンボジアのある村では、日本のあるＮＧＯが農業指導を行った結果、米の単位収量が以前の三倍に向上した。ところが、必要最低限の米の生産量が確保されたと考えた村人は、次の作付けから耕作面積を三分の一に減らしたという。そのことを向上意欲の低さととらえ、落胆した日本のＮＧＯは、やがてその村から撤退した。他方、村人たちは、その後、米の単位収量の増加とそれにともなう労働時間の減少のおかげで村の溜池堀り、お寺の再建や学校づくりを手がけるようになったという。

生産量の増加による経済成長こそが貧しい村の自立を導く正解とした日本側の理由の一つは、収入の向上によってこそ欲しいものが手に入る状態、すなわち自立が達成されると信じて疑わなかったからである。そこには、日本でかつて高度成長期以降に実現された収入向上がやがて自己目的化し、「消費者としての自立」しか生み出さなかったことへの反省はない。他方、カンボジアの村人たちは相互に助け合うことこそが自分たちの自立を意味すると考えた。村の溜池もお寺も学校も、直接的にはお金を生み出すものではないが、それは人々の共有する資源＝コモンズであり、人々にとっての公益だったのだ。「これからも、みんなでこの村で生きていく」ことのシンボルとして、それらは建設された。そしてそれを担う人々がその村の村民となるのである。人々の生活の発展は、村人が共有する基盤の充実にこそ求められた。たしかに、食糧不足は、村の再建をめざす村人たちにとっては深刻な問題であり、収量増加はＮＧＯの課題でもあったから、村人たちは、これを可能にした単位収量増加を喜んだはずである。しかし、村人にとってそれは目的ではなく、村の公益を実現するための手段であったのである。

三　コミュニティを人々の手に戻すこと

助け合う自立、コモンズを生み出す自立

前節の最後で述べたような、村人の力と知恵で公益の具体的な表現であるコモンズを作り出す動きは、現実には近年弱まりつつある。たとえば、発展途上国政府の多くは、本来はその地域で暮らす人々自身が決定すべきことがらにもかかわらず、人々の暮らしを支えてきた森や川や海という資源（コモンズの一つ）を国有化という合法的手段を駆使し、それを売り払うことによって国の財源にしてきた。独裁型社会では、「自分たちの公益は自分たちで生み出す」という自決権を許さない。それは人々が生み出す「共に生きる力」を弱め、政府に依存する選択肢しか

与えないことで支配力を強めるパトロン・クライアント関係という政治構造の現れである。政治の中枢が行う決定のプロセスや内容は公開されず、こうしたブラックボックスこそが権力の基盤となる。

しかし、経済のグローバル化は、この主権国家＝国民国家という防壁を外側から揺るがし始めた。外部からの資金流入が止まれば、屋台骨である自国の通貨自体が崩壊してしまうからである。国内の権力構造を暴力的手段を使ってでも維持してきた国々が、経済のグローバル化によってその根幹を揺るがされているのである。その結果、こうした国々の政府は自己保身へと向かうことになる。そして、教育や保健などの非生産部門に対する政府予算が削減されたとき、その影響を直接被るのが、こうした自らの資源（＝コモンズ）を奪われ続けてきた「貧困層」なのである。

ＪＶＣ（第3章参照）はラオスやベトナムで、かつての日本の里山がそうであったように、村人の生活に不可欠な森林（コモンズ）を育てるプロジェクトを村人たちと一緒に続けている。現金収入や技術がないから貧困なのではなく、収入や生活を支える糧を供給する場所が奪われてしまったから貧困に陥っていることを知ったためである。人々は森林や自然に守られ、そして人々がそれらを守ってきた。ホンジュラスの国立公園を管理運営する住民のＮＧＯ（第9章参照）やフィリピンのアエタの人々の運動（第14章参照）もこのことを伝えている。

「コモンズとは人々が生み育ててきた大地であり、人々を生み育ててきた大地でもある」（赤坂むつみ『自分たちの未来は自分たちで決めたい——ＪＶＣラオス森林保全プロジェクトの記録』日本国際ボランティアセンター、一九九七）。人々が国有財産への不法侵入者というレッテルを貼られ、コモンズから追い出されたとき、海や川や森という自然環境は守り手を失った。そして政府主導の開発が人々のコモンズを奪ったとき、人々の貧困と環境の破壊が始まったのである。

コモンズとしての銀行

コモンズを失った地域の一つとしてバングラデシュがある。この社会には森という自然のコモンズはすでにない。バングラデシュの人々の六五％を占める土地なし農民が向き合う貧困は、まさに食うや食わずの、そして生きるか死ぬかの「剝き出しの貧困」である。

この社会に、生存のための資源を必要としている人々に開かれた銀行というコモンズを作った人物がいる。貧困層への小規模融資で世界的に有名になったグラミン銀行（一九七六年設立）の創設者ムハマド・ユヌスである。彼は、担保となる土地や現預金を持たない人々に、「自分たちが必要としていて、しかも確実に返済できる額を自分たちで決め、その融資を申請する限り融資する」という原則を立てた。その結果、ごく小額の融資（一人平均一六〇ドル）を受ける人々の数は二三〇万人余り（二〇〇〇年二月現在）、その九四％が女性である。一九八三年に銀行として正式に認可されて以来の融資総額は三〇億米ドルに達し、約三万九〇〇〇余りの村々に支店を持つまでになった。これほど巨大化したグラミン銀行に対してはさまざまな懸念や批判も起きているが（第11章）、ここでは彼の提起した先の原則自体の意味をとらえてみたい。

たとえば、同銀行の株主のほとんどは融資を受けた人々自身である。これまで一般市中銀行からは融資の機会も与えられず、社会的に認知されていなかった多くの人々が、社会という舞台に登場してきた。それは、これまで社会的に弱者とみなされていた人たちが力をつけて強者へ成長したからではない。こうした人々を排除してきた融資条件そのものを変更したことにより、融資を受ける人々が増加したのである。

バングラデシュの一般市中銀行の融資原則は、（1）一定額以上の融資額であること、（2）担保となる資産があることの二つである。しかし、グラミン銀行はこの二つの前提条件を取り払ってしまった。まず、グラミン銀行は融資希望者に対して、融資の基礎単位となる五人のグループを作るように要請する。融資を受けたメンバーの借り手が返済できないときにはグループ全体が連帯して弁済することを義務づけた上で、グループ内の融資希望の審査をグループ自らが行う方式をとった。各グループは、借入希望者の申請する金額が、その人にとって確実に返済できる現実性のある額かどうかを検討し、グループとして申請融資額を決定する。この借り手の社会的信用をグラミン銀行は担保とみなした。資産の有無という通常の銀行担保の代わりに、地域の人々同士が判断する信用を担保としたのである。その結果、これまで融資を受ける可能性のなかった人々にもその可能性が広がった。二〇％ほどの利息が加算されても、借りた人々の返済率は九五％を超えるという。

このユヌスの拠って立つ原理はシンプルで明快である。「自分にできることであるなら、人はそのことを実行できる。自分が決めたことであるなら、人は責任を持つことができる」というものである（一九九九年四月、筆者との対談から）。「自分の歩む方向と速度と規模を自己決定すること」を重視し、自分たちの力量にふさわしい活動を展開するＮＧＯに通ずる戦略でもある（第15章参照）。人々がその返済責任を果たしたとき、個人としての自信と社会的信用が生まれる。このグラミン銀行というコモンズでは財力の大小ではなく、信用の有る無しが社会へのパスポートとなる。その可能性は社会の貧困層の多くの人に、とくにこれまで財産所有権をほとんど持っていなかった女性たちに開かれている。二〇〇〇年現在、銀行の理事一三人のうち、九人が融資を受けてきた女性によって占められている。ユヌスの原理は、隠されていた人々の力を引き出す場を提示し、その結果、社会の信頼に価する人々を表舞台の上に登場させたのである。所有資産の少ない人々を排除することのない「開かれた参加」という原則に立ったとき、グラミン銀行は人々にとっての新しいコモンズ（みんなのもの＝公共の場）となったのである。

エンパワーメント

「入場料を即時に払えない人には社会への入場を許可しない」、あるいは「土地所有権を登記していない人はこの土地に入ってはならない」。こうした弱者を排除する規制を張りめぐらせた従来の社会に対して、先のユヌスが提起した問題は、なぜ絶対的多数の貧困層がこの近代世界において世界の表舞台に登場することなく、マイノリティとして社会の片隅に追いやられてきたのかという「構造」と「実態」を鋭く指摘する。エンパワーメントとは「弱者」にトレーニングをして能力強化をすることでなく、社会が入場条件として採用してきた基準を変えることでその差別的社会構造を変革することである（第9章、コラム⑤参照）。逆にいえば、コモンズを人々から奪った論理は、人々の可能性を排除するディス・エンパワーメント（力の剥奪）の論理でもあったのである。

四　双方向の「関係性」を生み出すもの

双方向の交流、そして協力――ピナットの経験から学ぶ

経済のグローバル化が圧倒的な量と速さで国境を越えて広がっていく今、二一世紀のNGOの行く手には多くの重くて新たな困難が待ち受けている。このような状況を見据えて二一世紀のNGOのあるべき姿を展望するとき、**第14章**の執筆に参加してくれた「ピナット」（ピナツボ復興むさしのネット・東京三鷹市）の歩みは、私たちに多くの示唆と希望を与えてくれる。

このグループの活動は、メンバーが偶然にフィリピンへの国際交流のツアーに参加し、一九九一年のピナツボ火山の噴火によって山から降りて来たフィリピン先住民族であるアエタの人々と出会い、現地の人から「あなたたちは何をしに来たの？」と問われて立ち往生したことから始まった。この質問への答え探しは自分たちの地域での活動の中で続けられた。「のびのび泥んこ保育」をモットーとして作った無認可保育園を、地域の人たちとの協力の輪を広げていく中で維持してきた彼・彼女らは、アエタの人々と出会って以後も、地域で生活する多世代多国籍の人々と共に、多様で豊かなコミュニティ活動を地道に展開していた。自主性と独自性を互いに尊重し発揮しながら、同時に横の連帯も大切にしていくことを自分たちの生きる現場で実践しているからこそ、「大きな組織やフィリピンの低地人たちに従属しないで、自分たちらしく生きたい、自分たちで決定権を持ちたい」と考えるアエタの人々の誇りをより深く受けとめることができた。「自分と社会との接点」や「地域との関わり」を日々の日常の中で育ててきたことが、アエタの人たちの自治や自立、地域開発、そして三鷹の地でのまちづくりへのヒントとしてつながっていった。

その後のアエタの人々との試行錯誤の交流の中で、今度はアエタの人々がピナットの人々を深く理解していった。ピナットの活動にはお互いを深く知ろうとする交流を基盤とした国際協力が生きている。もちろん、そこに至るま

ではいくつもの失敗もあったであろうし、これからもさまざまな困難が待ち受けているだろう。しかし、その失敗や困難は二つのグループによって共有されていくに違いない。

また、ピナットの協力内容で特徴的なことは、その主たるものがリーダーシップ・トレーニングやセミナーに参加するための交通費など、アエタの人々の直接的な活動経費に向けられた支援であることだ。これらの経費はアエタの人々同士をつなぐ対話や討論の場を保証し、コモンズを共有する人々を生み、育てていくものとして働いている（通常、この分野の支出は成果が見えにくいとして嫌がるNGOが多い）。こうしてコモンズは地域社会の内側から作られ、そして地域社会の制度的承認として確立されていく。アエタの人々、そしてピナットのコミュニティ活動は、その生きた証として存在する。

このように、NGOとしてのピナットが協力活動の専門集団ではなく、運動としての広がりを持つ地域コミュニティのグループであることは示唆に富む。社会性、アカウンタビリティ、持続性などどれ一つ欠けても、こうした広がりは保ちえないであろう。ピナットは、アマルティア・セン言うところのエージェンシー（第9章参照）でありながら、縦方向にエリート集団化する方向を持つのではなく、ひたすらにぎやかに横へと手を広げていく運動論と組織論を持っている。これは、日本のNGOの中でも極めて稀有な発展形態である。

第二節で述べたように、強者をめざして欠点を改める画一化の方向へすすむ近代化の手法ではなく、「自分たちらしく生きる」多様な道の追求こそがコミュニティを再生させる鍵である。それぞれの地域で横へのつながりを模索することが双方向の関係性を豊かに育む。ピナットの経験はこのことを私たちに教えてくれる。日本のさまざまな住民・市民グループと積極的に連携するNGO活動（第15章）は、国境を越えて横への連帯を深め、その手をつなぎ合う精神を発見するに違いない。私たちがいかなる社会を望むのか、それなしにNGOの未来は描けないだろう。その未来の共有こそ、人々の公益を、国境を越えてつないでいくものとなる。配給係という二〇世紀型の役割から脱却し、地域の人々が共有するコモンズづくりに参加するとき、グローバリゼーションの構造的暴力を前にして、NGOはその衝撃や抑圧に負けない国境を越える柔らかなネットトとして未来を紡ぐことになるだろう。

あとがき

私の記録によれば、本書の第一回編集会議が持たれたのは一九九九年一月二八日であった。その前年の一一月に、新評論による〈開発と文化を問う〉シリーズ五作目である『いのち・開発・NGO』が出版された。その監訳に携わったのが今回の編者四名のうちの二人である池住義憲さんと私であった。新評論の山田洋さんとの間では、『いのち・開発・NGO』が出版されたあと、翻訳ではなく日本のNGO関係者に日本のNGOの現状と課題について自分たちの言葉で書いてもらおうではないかという企画がすでに芽生えていた。一方、生江明さん、三好亜矢子さんとは一九九五年にコペンハーゲンで開催された「国連社会開発サミットNGOフォーラム」（序章参照）に一緒に参加し帰国後報告を含めて、NGOに関する出版を計画したが頓挫した経緯があった。そのような流れの中でこの企画がスタートしたのであった。

日本の数あるNGOの中で、どのNGOの誰に執筆をお願いするか、また、NGOの現場で関わっている人たちに期日までに原稿を書いてもらえるだろうか？など企画当初から不安がないわけではなかった。しかし、二一世紀を迎えようとしたこの時に「団塊の世代」である私たちが次の世代へと引き継ぐために書き残しておく責任を編者一同は共通に感じとっていた。結果的に年齢は池住さん、若井、生江さんと続きこの三人がまさに団塊の世代で、少しはなれて三好さん、続いて山田さんが次世代との繋ぎ役という構成となった。三回の編集会議の後、原稿を依頼するNGOと分担執筆者のリストを作成、本企画の趣旨と執筆依頼を分担執筆者に送ったのが一九九九年九月初めであった。

同年の暮れから翌二〇〇〇年の初めにかけて原稿が集まり始めた。送っていただいた原稿は山田さんから直ちに四名の編者に送られコメントを集めた。各編者が担当した分担執筆者には必要に応じて原稿を書き直してもらう作業を依頼した。この過程で内容的にかなり踏み込んだ議論、やりとりが行われた。一回では終わらず、四、五回に及んだこともあった。私自身の「序論」原稿は小さな書き換えも含めると一一回に及んだ。編者と分担執筆者のやりとりはかなり内容的につっ込んだもので、場合によっては大幅な書き直しをお願いした。山田さんを含めた五名による編集会議（計一四回、メール、ファックス、電話などでのやりとりは数え切れない）は激しい議論になることが多かった。しかし、ゲラ刷りですべての原稿を読み直してみて、それまでの議論が決して無駄ではなかったこと、また、その過程を通して編者同士、また分担執筆者と編者の間で内容がより深まっていったことを今確信している。

本企画が途中で頓挫せず、出版にこぎ着けたのはひとえに本企画にご賛同いただいた執筆者の皆様のご理解とご協力のたまものと、編者を代表して改めて心からの謝意を表したい。また、隅谷三喜男先生（前ＪＯＣＳ〔日本キリスト教海外医療協力会〕会長）には推薦のことばを書いていただいたことを感謝申し上げたい。

本書が、「人々による、人々のための、人々と共に」活動することをめざす日本のＮＧＯの将来への更なる前進の一歩となることを心から願っている。

二〇〇一年二月

編者を代表して　若井　晋

避難所でのボランティア活動などに取り組んださまざまな市民団体が、急速にすすむ市街地などの再開発とは裏腹に避難所や仮設住宅で高齢者を中心に犠牲が相次いだことなど具体的な事例をあげて「行政災害としての震災」を告発している。

（2）『救済はいつの日か―豊かな国の居住権侵害』（近畿弁護士会編集、エピック、1996年）

HIC（Habitat International Coalition、本部メキシコシティ、世界70カ国の居住権擁護NGOの連合体）が大震災の直後に派遣した調査団報告書。郊外への大量の仮設住宅建設など従来の地域コミュニティを分断する施策は重大な居住権侵害であり、日本政府が1979年に批准した経済的、社会的、文化的権利に関する国際人権規約違反だと指摘している。

（3）『倒壊・大震災で住宅ローンはどうなったか』（島本慈子、筑摩書房、1998年）

解体、建て替えには公費を出すが、補修にはいっさい補助をしないという建設業界に有利な政策よって生まれたのが二重ローン。また保険会社は地震免責を楯に保険金の支払いを行わず人々の負担はさらに大きくなった。二重ローンが政府、ゼネコン、保険業界などの作為によって生じた問題であることが実感できるルポルタージュ。

（4）「すきなんや　この町が　ＰＡＲＴ１―1995・神戸・ある避難所の記録」「すきなんや　この町が　ＰＡＲＴ２―震災から６年・神戸の町と人を追い続けた」（ドキュメンタリー・ビデオ作品、ドキュメント・アイズ制作、ＰＡＲＴ１・115分・1996年、ＰＡＲＴ２・69分・2000年、〒164―0002　東京都中野区上高田４―19―１―201）

ＰＡＲＴ１は1995年１月17日、阪神・淡路大震災を契機に神戸市六甲小学校に突然生まれた避難所という町に生きた人々の物語。ＰＡＲＴ２は六甲小学校元避難所住民のうち、６家族のその後を６年間にわたって追跡取材したもの。２作品は「地域なくして人は生きていけないこと」、人と町＝地域とのつながりの大切さを静かに訴えている。

（5）『阪神復興と地域産業』（関満博・大塚幸雄編、新評論、2001年）

日本やアジアの地域産業とそこに住む人々の発展のために長年現場主義の研究を貫いてきた編者関満博が、神戸市長田地区とケミカルシューズ産業の復興のために支援チームを結成し、震災から６年間にわたる復興の足取りを報告した書。「人々は『人の姿の見える地域』の中で働き、暮らし、そして自らの手で『地域』を作っていく。その当然のことを私たちは、改めて、長田とケミカルシューズ産業の現在と将来に見ていかなくてはならない」との関の言葉には、協力活動に携わる者の心根がにじみ出ている。

その他

『リトル・トリー』（フォレスト・カーター／和田穹男訳、めるくまーる、1991年）

ネイティブ・アメリカンによるネイティブ・アメリカンへの鎮魂歌。童話のように澄みきった描写の中に彼らの生き方、世界観がみごとに描かれ、援助する側（強者）と援助される側（弱者）という一方通行的なあり方の誤りを鋭くついている。

初版２刷追加図書

『医者井戸を掘る――アフガン旱魃との闘い』（中村哲、石風社、2001年）

米国同時多発テロ事件直後の出版であるが、内容は2000年６月から始まったアフガニスタン大旱魃に対するPMS（ペシャワール会医療サービス、本書第６章参照）の、一年間の苦闘の記録である。この未曾有の自然災害とタリバン支配下の政治情勢の中で、医療団体PMSは早急な水源対策に迫られることになった。諸外国の協力機関が次々と撤退する中、数百万にのぼる餓死寸前の人々の命を守るPMSの「闘い」は、NGOの使命と人間活動そのものの意味を問うている。

著名な言語学者でもあるチョムスキーが、米国の中での富の不公平な分配がいかに深刻であるかを、米国の社会、経済、政治の側面から痛切に批判している。そして、他ならぬその「富める」米国による政策が「発展途上国」の人々に対してもいかに負の影響をもたらしているかを述べている。

（6）『グローバル経済という怪物―人間不在の世界から市民社会の復権へ』（デイヴィッド・コーテン／西川潤監訳、シュプリンガー・フェアラーク東京、1997年）

経済のグローバル化を現代社会のシステム全体の中でとらえて分析し、その行き着く先は何なのかを鋭く指摘している。そうした流れに対して私たちが地球規模で協力してもう一つの（オルタナティブな）社会を作るためにはどうしたらよいか、その行動計画を示している。

（7）『*Globalizing Civil Society. Reclaiming our right to power*』（Korten D., Seven Stories Press, N. Y., 1998）

D. コーテンによる上掲著作に続き、この本では「グローバル化」の進行とその負の影響を新しいデータに基づいて述べている。

（8）『*Westernizing the third world*』（Mehmet O., Routledge, London, 1995）

非西欧の国々を「西欧化」することが開発であるとする「植民地主義」の開発学説が現在もなお支配的であることを批判的に検証。そして、現在主流の開発学説は「新植民地主義」に他ならないことを実証している。

（9）『UNDP 人間開発報告　1994年』（Human Development Report, UNDP, 1994）

国連開発計画（UNDP）による年次報告で、1995年にコペンハーゲンで開催された社会開発サミットに向けていくつかの重要な提案が示されている。その中の一つでは、「OECD 各国が発展途上国に対して GDP の0.7%を ODA に割り当てる」というこれまでの約束を果たすよう訴えている。

（10）『UNDP 人間開発報告　1999年』（UNDP, 1999）

上掲（9）の5年後の報告書。世界の人口の5分の1を占める富んだ国々と発展途上国に住む貧しい5分の4の人々の収入のギャップが一層広がっていることを具体的データで示している。

（11）『市場独裁主義批判』（ピエール・ブルデュー監修／加藤晴久訳、藤原書店、2000年）

フランスの哲学者 P. ブルデューが監修した米国を中心とする「自由市場経済」中心主義に対する批判書。現在主流の「市場経済」至上主義は「市場独裁主義」であると痛烈に批判している。

ODA 関係

（1）『1999年 ODA 白書』（外務省経済協力局、1999年）

外務省経済協力局が毎年発行する日本の ODA に関する報告書で、国別・地域別に援助額およびどのようなプロジェクトが実行されたかを報告している。NGO 関係者にとっても必見の報告書。

（2）『NGO・外務省　相互学習と共同評価報告書』（NGO・外務省定期協議会、1999年）

（3）『国際協力における JICA と NGO の連携に関する基礎研究報告書』（国際協力事業団国際協力総合研修所編集・発行、1995年）

阪神・淡路大震災関連

（1）『神戸黒書　阪神大震災と神戸市政』（市民がつくる神戸市白書編集委員会編、労働旬報社、1996年）

(15)　『APEC・NGO 国際会議報告書』(APEC・NGO 連絡会、1996年)
　1995年11月の大阪での APEC（アジア太平洋経済協力会議）閣僚会議へ向けて、日本の NGO 約100団体が自主的に集まり、初の NGO 国際会議を京都で開催したが、これはそのときの報告書である。APEC が推進する貿易の自由化が途上国の草の根の人々に及ぼしている影響、それに対する NGO 声明と行動計画などが記されている。
(16)　『援助の現実―NGO からみた世界の現実』(国際開発ジャーナル社、1998年)
　経済のグローバル化が進行する中で、世界の NGO から見た援助国の ODA の実態を検証している。日本の ODA 分析の項では「〔日本〕政府は現在では人道的考慮と日本国民の長期的利益の両方を強調している。それはおそらく長引く不況と緊縮財政の下で ODA への支持を得ていくためであろう」とするなど、概略的ではあるが的確な指摘がなされている。そうした ODA 政策に対して NGO が「批判的関与」を行う必要を最後に提言している。
(17)　『ボランティア未来論―私が気づけば社会が変わる』(中田豊一、コモンズ、2000年)
　シャプラニール（本書第4章）やセーブ・ザ・チルドレン（イギリス、本書第12章参照）などの NGO に身を置き計20年間海外協力に携わった著者が、その経験を深く振り返り、なぜ海外協力に関わるのか、なぜ人は他者に関わるのかを問うた好著。これをそのまま「NGO はなぜ海外協力に関わるのか」に置き換えて考えてみると、NGO の原点、本質が見えてくる。この本の中に出てくる「ナシールウッディンの指輪」の話は NGO 関係者にとって必読の箇所。

開発関係

(1)　『世界銀行は地球を救えるか―開発帝国50年の功罪』(スーザン・ジョージ、ファブリッチオ・サベッリ／毛利良一訳、朝日選書、1996年)(原著：*Faith and Credit*, 1994)
　世界銀行設立50年にあたってその歴史を事実に即して振り返り、いまや世界の開発の「統治者」となっている世銀を痛烈に批判し、オルタナティブを提示している。余裕のある読者には是非原著で読むことを勧めたい。
(2)　『南と北　生存のための戦略』(ブラント委員会報告／森治樹監訳、日本経済新聞社、1985年)(原著：*North South. A Programme for Survival*, The Report of the Independent Commission on International Development Issues under the Chairmanship of Willy Brandt. BR 1–ICIDI. Pan, London, 1980)
　国連の三つの特別委員会のうちの一つによる報告書で、南と北の国々が生存するために有効となる戦略を提示している。やや楽観的に過ぎるきらいはあるが必読書の一つである。
(3)　『地球の未来を守るために』(環境と開発に関する世界委員会報告、福武書店、1987年)(原著：*The World Commission on Environment and Development. Our Common Future*. Oxford University Press, 1987)
　元ノルウェー首相のブルントラント（現在 WHO の事務総長で医師でもある）が主宰したもう一つの国連の特別委員会報告で、上掲のそれに比べ地球の現状、南と北の問題をより厳しくとらえている。
(4)　『*Dark Victory. The United States, Structural Adjustment and Global Poverty*』(Bello W., Pluto Press, California, 1994)
　世銀・IMF 設立50年にあたり NGO の立場から出された批判書の一つで、構造調整政策（SAP）が人々の生活にどのような負の影響をもたらしたかを、フィリピンの事例に基づいて具体的に述べている。
(5)　『*The prosperous few and the restless many*』(Chomsky N., Odonian Press, U. K., 1994)

方向から世界に問いかけている。彼の教育思想とその実践を理解するための基本となる書。不公正な社会秩序のもとで抑圧され社会の底辺に押しやられた人々が、現実世界を変え、自らと他者（抑圧者）を解放していくための理論と方法が示されている。

（7）『アジアの呼び声に応えて』（隅谷三喜男、新教出版、1990年）

日本キリスト教海外医療協力会（JOCS、本書第5章）の25年間の歴史を浩瀚な文献や報告書をもとにまとめたもので、NGO関係者にとって必読の書といえる。

（8）『ダラエ・ヌールへの道—アフガン難民とともに』（中村哲、石風社、1993年）

本書第6章の著者が、パキスタンのペシャワールからアフガンへの関わりへの自伝的叙述を含めながら、アフガン内部の渓谷、ダラエ・ヌールに診療所を開設するまでの壮絶な歩みが淡淡と語られていく。出来事、人物、自然への優れた観察と描写力は読む者を圧倒する。彼が1984年、JOCS（本書第5章）からペシャワールに派遣されてこの書物に至るまでの歩みそのものが、いわゆる「国際貢献」なるものの欺瞞性、「近代」とりわけ「西欧的近代化」への痛烈な批判である。

（9）『医は国境を越えて』（中村哲、石風社、1999年）

上掲書に続く中村哲による書。彼は次のように語る。「…ソ連崩壊からナジブラ大統領〔パキスタン〕の処刑〔1996年〕に至るまでのいきさつをつぶさに見てきた私は、人間の共通の病理をここにも見た。あらゆる権力は腐敗する。反権力も、それが自己目的化することによって、同じように腐敗する。過去の業績の所有は、それが力であれ金であれ、名誉であれ武力であれ、人の心を驕らせて目を曇らせる権力の源泉である。『力』という化け物のおぞましさを改めて知った」。

（10）『カンボジア最前線』（熊岡路矢、岩波書店、1993年）

本書第3章の著者によるカンボジアとの関わり、日本国際ボランティアセンター（JVC）との関わりをまとめたもの。

（11）『国際協力NGOダイレクトリー2000—国際協力に携わる日本の市民組織要覧』（NGO活動推進センター、2000年）

国際協力に関わる日本のNGOについてその設立年、代表者、連絡先、活動内容、規模などが網羅されており、NGO関係者のみならず国際協力関係者にとって座右において参照するのに便利。

（12）「在日—記録映画◆戦後在日50年史—過去と未来をつなぐ在日の思い」（映画『戦後在日50年史』製作委員会、〒151－0022　東京都渋谷区幡ヶ谷1－12－11コーポ101）

2巻全4時間にまとめられた在日コリアンの歴史ビデオで、本書が問うている問題の一つである日本の戦争責任を考える上で、極めて重要なドキュメンタリー。

（13）『NGO–JICA合同ワークショップ・イン・沖縄　報告書』（NGO–JICA合同ワークショップ・イン・沖縄実行委員会、2000年）

NGOがめざす国際協力の構築をテーマとして2000年1月27～29日に沖縄で開催されたワークショップの報告書。ODA改革の現状と方向性や、政府のNGO支援、さらには国際協力を行っているNGOの歩みなどがまとめられている。

（14）『アジアと共に—自立のための分かち合い』（川原啓美編、キリスト新聞社、1986年）

「モノ、金、人を送るのでなく人づくり」に焦点をあてて1980年に設立されたアジア保健研修所（AHI、本書第7章）の理念とそれに基づく活動がまとめられている。また、なぜアジアに関わるのか、アジアをどう理解するのかなどについての記述は、日本社会におけるNGOのあり方や役割を考える上で参考になる。

本書関連図書、ビデオ一覧

NGO関係

（1）『文化・開発・NGO―ルーツなくしては人も花も生きられない』（ティエリ・ヴェルヘルスト／片岡幸彦監訳、新評論、1994年）

これまでの西欧型の開発モデルがいかに破綻したか、民族のアイデンティティがいかに重要であるかを論ずる中で、西欧の危機の原因とその解決の方向性を「南」の精神性に探り求め、新しい開発プロジェクトの試みを提示している画期的な書。

（2）『市民・政府・NGO―力の剝奪からエンパワーメントへ』（ジョン・フリードマン／斉藤千宏・雨森孝悦監訳、新評論、1995年）

政府や国際機関（世銀、IMFなど）による主流の開発理論に対してNGOを中心としたオルタナティブな開発パラダイムを人々のエンパワーメントを軸に論じている。

（3）『ジェンダー・開発・NGO―私たち自身のエンパワーメント』（キャロライン・モーザ／久保田賢一・久保田真弓訳、新評論、1996年）

ジェンダーと開発、女性のエンパワーメントに関する決定版。大学だけでなく、国際開発の関係者の間で教科書として世界中で広く使われてきた。

（4）『人類・開発・NGO―「脱開発」は私たちの未来を描けるか』（片岡幸彦編、新評論、1997年）

文献（1）の著者T．ヴェルヘルストと日本のNGO関係者および各分野の識者による国際セミナーの模様と、これに応える迫真の6論文を収録し、「開発」「進歩」「文化」を軸に近代的手法による取り組みを理論・実践の両面から問い直す。「脱開発」の思想を歴史・文化・宗教・民族・政治・経済・国際関係の面から全面展開。

（5）『いのち・開発・NGO―子どもの健康が世界を変える』（デイヴィッド・ワーナー、デイヴィッド・サンダース／池住義憲・若井晋監訳、新評論、1998年）

本書は、包括的プライマリ・ヘルス・ケア（PHC）の30年以上におよぶ実践と、2年間を費やして書き上げられた、多くの同労者との協働の成果である。ワーナーはメキシコの山村で、サンダース（本書第10章の著者）はジンバブエでの地域住民主体の保健活動に関わってきた。それらの実践に裏づけられた活動を基礎に、詳細な研究と浩瀚な文献・資料の分析に基づいて、現在支配的な選択的PHC（ある特定の疾患、たとえばポリオ根絶だけに限定されたPHC）を批判的に検討し、1978年にアルマ・アタで宣言された「本来の」包括的PHC（これは保健だけではなくその背後にある文化、社会、政治的構造の問題をも視野に入れたボトムアップの公正と社会正義をめざした「総合的」な保健活動）を、草の根の人々、社会の底辺に押しやられた人々と共に、地域で、また世界的規模で推進していこうという私たちへの呼びかけでもある。

（6）『被抑圧者の教育学』（パウロ・フレイレ／小沢有作・楠原彰・柿沼秀雄・伊藤周訳、亜紀書房、1979年）

ブラジルの教育学者パウロ・フレイレによる書で、開発とは何なのかを「教育学」の新たな

BOND（British Overseas NGOs for Development）／イギリス ……………………………第12章

①Regents Whalf, 8 all Saints Street, London, N1 9RL.
Tel：+44(0)1718378344　Fax：+44(0)1718374220
E-mail：bond@gn.apc.org　ホームページ：http : //www.bond.org.uk
②会員数：約300団体
③機関誌：不定期に資金づくりやNGOの将来展望などのテーマにしたがって報告書を発表。
④特色：イギリスの主だった中小規模のNGOが会員。調査、政策提言（政府からNGOへの提言に対する回答および逆提言も含む)、セミナー開催などを専門に行うシンクタンク。

ピナツボ復興むさしのネット（ピナット） ……………………………………………………第14章

①〒181－0014　東京都三鷹市野崎３－22－16アジア出会いの会気付
Tel：0422－34－5498　Fax：0422－32－9372
E-mail： hachinoko@livedoor.com
②年間総収入（1998年度)：約370万円。会員数：100名
③機関誌：「ピナットニュース」(年４～５回)
④特色：⑴フィリピンの先住民族アエタの人々への支援（識字教室運営）および交流。⑵地域に住む外国人への支援（日本語教室など）と交流。⑶地域の青少年対象の国際理解教育活動（フィリピンBOX作成）やボランティア育成（ピナット体験学校)。⑷フィリピン元「慰安婦」裁判支援など。

アジア井戸ばた会（AWS） ……………………………………………………………………コラム⑥

①〒355－0311　埼玉県比企郡小川町下里829－３
Tel：0493－74－5472　Fax：0493－74－5472
E-mail： aws_j@hotmail　ホームページ：http : //pweb.sophia.ac.jp/~k-yamana/aws.html
②年間総収入（1998年度)：約220万円。会員数：40名
③機関誌：「井戸ばたニュース」(年４～５回)
④特色：フィリピンでの上総掘りプロジェクト。

歯科保健医療国際協力協議会（JAICOH） ……………………………………………………第16章

①〒341－0003　埼玉県三郷市彦成３－86
Tel：048－957－2268　Fax：048－957－3315
E-mail： fukaik@ka 2.so-net.ne.jp
②年間総収入（2000年度）：約150万円。会員数：245名
③機関誌：「JAICOHニュースレター」(季刊)
④特色：⑴歯科領域のNGO（国際協力活動）との連絡協議会の開催。⑵一般を対象とした研修・広報活動（JAICOHフォーラムの開催)。⑶小規模国際協力活動の育成（シーズ・プロジェクト)。⑷歯科領域国際協力活動便覧（2001年版）の発行。

中米の人びとと手をつなぐ会 ……………………………………………………………第９章

①〒135－8585　東京都江東区潮見２－10－10日本カトリック会館内
Tel：03－5632－4444　Fax：03－5632－7920
E-mail：jpj@jade.dti.ne.jp　ホームページ：http://www.ne.jp/asahi/hari/nature/sca2hp.htm
②会員数：約150人
③機関誌：「PUENTE」（年４回）
④特色：ラテンアメリカ諸国の人権状況のモニター・啓発活動、グアテマラのマヤ民族共同体の開発支援、スタディツアーなど。

SEWA（Self Employed Women's Association：自営女性労働者協会）…………コラム⑤

①SEWA Reception Centre, Opp. Victoria Garden, Bhadra, Ahmedabad-380 001. India.
Tel：+91-79-5506444, 5506477　Fax：+91-79-5506446
E-mail：mail@sewa.org　ホームページ：http://www.sewa.org/
②会員数：約21.5万人
③機関紙：「アナスーヤ」（*Ansooya*）
④特色：主たる目的は、女性を組織し女性のエンパワーメントを通して女性の完全雇用と自立を図ること。ガンジー思想に基づいている。25名で構成される理事会と393人のリーダー。共同組合に１万1610人、生産者組合に2981人、SEWA銀行に口座を持つ女性は８万7263人。その他、保険などさまざまなプログラムを運営している（1998年現在。2000年12月25日のSEWAホームページのデータより）。

OXFAM（GB）／イギリス ……………………………………………………………第12章

①274 Banbury Road, Oxford, OX2 7DZ.
Tel：+44(0)1865313600　Fax：+44(0)1865313770
E-mail：oxfam@oxfam.org.uk　ホームページ：http://www.oxfam.org.uk
②年間総収入（1998年度）：約200億円。ボランティア数：約３万人
③機関誌：*Development in Practice* など多数
⑤特色：世界70カ国以上で約2000の貧困撲滅の開発プログラムなどに取り組む一方、ハリケーンなどの自然災害やユーゴ内戦などの政治的な理由による難民救援活動でも有名。WTOなどの場で政策提言（アドヴォカシー）やロビー活動にも従事。

Save the Children Fund（SCF）／イギリス…………………………………………第12章

①17 Grove Lane, London, SE5 8RD.
Tel：+44(0)2077035400　Fax：+44(0)2077032278
ホームページ：http://www.savethechildren.org.uk
②年間総収入（1998年度）：約180億円。ボランティア数：約23万人
③機関誌：*global dialogue*（月刊）、*Voice*（ボランティア対象の季刊誌）
④特色：世界70カ国で開発、女性、保健衛生、識字などのさまざまな開発プロジェクトやそのための資金提供を実施、とくに子どもたちのプログラムを重視。29カ国に支部。

④特色：保健医療従事者の海外派遣（短期、長期）、発展途上国の保健関係者への奨学金支給、使用済み切手運動。

シェア＝国際保健協力市民の会（SHARE）……………………………………………コラム②
①〒112－0004　東京都文京区後楽２－20－18掛川ビル101
Tel：03－5800－4778　Fax：03－5800－4779
E-mail：ut 2 s-mths@asahi-net.or.jp　ホームページ：http://www.ne.jp/asahi/share/health/
②年間総収入（1998年度）：約6500万円。会員数：約600人
③機関誌：「ボンパルタージュ」（隔月）
④特色：海外では東北タイのHIV／AIDSプロジェクト、カンボジアと東チモールでの地域保健プロジェクトなど。国内では在日外国人のための医療相談、各種セミナーなど。

ペシャワール会……………………………………………………………………………第６章
①〒810－0041　福岡市中央区大名１－10－25上村第二ビル307
Tel：092－731－2372　Fax：092－725－3440
E-mail：peshawar@mxb.mesh.ne.jp　ホームページ：http://www 1.mesh.ne.jp/~peshawar/
②年間総収入（1998年度）：約8500万円。会員数：4400人
③機関誌：「ペシャワール会報」（季刊）
④特色：パキスタン北西辺境州ハンセン病根絶計画協力、人材育成。国内では中村哲医師および会についての広報活動。

佐久地域国際連帯市民の会（アイザック）…………………………………………コラム③
①〒384－1211　長野県南佐久郡南相木（みなみあいき）村中島　医師住宅
Tel：0267－91－7010　Fax：0267－78－2015
E-mail：DZR 06160@nifty.ne.jp　ホームページ：http://home.catv.ne.jp/hh/yoshio-i/Iro/01IroCover.htm
②会員数：12人
③会報なし
④特色：(1)「ムラおこし」について考える。(2)外国人の「医・職・住」の支援に取り組む。なかでも、外国人HIV／AIDS感染者・発症者への「医職住」の生活支援。(3)日本のムラとアジアのムラをつないで、交流に取り組む（帰国支援を行うNGOとして、1995年タイ政府より表彰を受けている）。

アジア保健研修財団アジア保健研修所（AHI）（財団法人）……………………第７章
①〒470－0111　愛知県日進市米野木町南山987－30
Tel：05617－３－1950　Fax：05617－３－1990
E-mail：ahi@jca.apc.org　ホームページ：http://www.jca.apc.org/ahi/
②年間総収入（1998年度）：約２億5000万円。会員数：6660人
③機関誌：「アジアの健康」（隔月）
④特色：保健に関する国際ワークショップの開催や、国内外での研修活動・開発教育。

本書に参加したNGO一覧

（①事務所所在地・連絡先②予算・規模など③機関紙誌④特色）

シャンティ国際ボランティア会（SVA）（社団法人）……………………………………第２章

①〒160－0015　東京都新宿区大京町31慈母会館２―３階

Tel：03－5360－1233　Fax：03－5360－1220

E-mail：info@sva.or.jp　ホームページ：http://www.jca.apc.org/sva/

②予算規模（2000年度）：約６億8000万円。会員数：1887人

③機関誌：「シャンティ」（年６回）

④特色：海外では教育・文化を中心とした支援、印刷、出版、学校建設など。国内ではラオス、カンボジアに絵本を届ける運動、国際交流など。

日本国際ボランティアセンター（JVC）（特定非営利活動法人）………………………第３章

①〒110－8605　東京都台東区東上野１－20－６丸幸ビル６階

Tel：03－3834－2388　Fax：03－3835－0519

E-mail：jvc@jca.apc.org　ホームページ：http://www.jca.apc.org/jvc/

②年間総収入（1998年度）：約４億2000万円。会員数：1750人

③機関誌：「トライアル＆エラー」（年10回）、「もう一つのTE」（年10回）

④特色：海外では農薬や化学肥料を用いない有機農業・複合農業の普及、「米銀行」「家畜銀行」などの運営、相互扶助の考え方・仕組みを広げる農村開発、職業訓練、緊急救援活動。国内ではアジア、アフリカの人々の声を日本政府、社会に伝えるなどの活動。

シャプラニール＝市民による海外協力の会（特定非営利活動法人）………………第４章

①〒169－8611　東京都新宿区西早稲田２－３－１早稲田奉仕園内（火曜日から日曜日10：00～18：00、月曜定休）

Tel：03－3202－7863　Fax：03－3202－4593

E-mail：info@shaplaneer.org　ホームページ：http://www.shaplaneer.org

②年間総収入（1998年度）：約２億1000万円。会員数：3713人（正会員、賛助会員の合計）

③機関誌：「南の風」（隔月）

④特色：バングラデシュとネパールの農村貧困層を対象とした生活向上活動、バングラデシュ洪水救援・復興、バングラデシュおよびネパールへのスタディツアー。

日本キリスト教海外医療協力会（JOCS）（社団法人）………………………………………第５章

①〒169－0051　東京都新宿区西早稲田２－２－18－33

Tel：03－3208－2416　Fax：03－3232－6922

E-mail：info@jocs.or.jp　ホームページ：http://www.jocs.or.jp

②年間総収入（1998年度）：約２億4000万円。会員数：約7400人

③機関誌：「みんなで生きる」（年10回）

山形洋一（やまがた・よういち） 1946年生まれ。国際協力事業団国際協力専門員。保健計画担当。東京大学大学院農学系客員教授。『おもしろく学ぶネパール語』(国際語学社、1993)。…**コラム①**

山田久仁子（やまだ・くにこ） 1946年生まれ。ピナツボ復興むさしのネット代表。すぺーすはちのこ運営委員。はちのこ保育園世話人。フィリピン元「慰安婦」支援ネット・三多摩（ロラネット）運営委員 ……………………………………………………………………………………**第14章**

山田恭稔（やまだ・やすとし） 1965年生まれ。社会開発国際調査研究センター副主任研究員。専攻、地域社会開発。"Toward Local Community Initiative in Participatory Development : Conceptual Consideration of Local Control of Development Resources and Utilization of Social Relations Analyzing a Case in Northern Thailand"（国際開発研究、Vol.2 No.2、1993)。「地方開発における自治体と中央政府機関の機能関係―フィリピン『1991年自治体法』の移行期終了時における一考察」(国際協力研究、Vol.14 No.1、国際協力事業団国際協力総合研修所、1998)。「方法論としてのPLA」(プロジェクトPLA編『続・入門社会開発―PLA：住民主体の学習と行動による開発』国際開発ジャーナル社、2000)。 ……………………………………………………**第13章**

若井晋（わかい・すすむ） 編者紹介参照。 ……………………………………………………**序章・第17章**

訳者紹介（50音順）

池住義憲（いけずみ・よしのり） 編者紹介参照。 ……………………………………………………**第10章**

田口やよい（たぐち・やよい） 1949年生まれ。ブラジル・セアラ州立大学人文センター／語学センター日本語コース講師。訳書、ナン・シュタイン他『セクシュアルハラスメントってなあに』（横浜市発行ブックレット、1996)。 ……………………………………………………………**第10章**

沢田貴志（さわだ・たかし）　1960年生まれ。シェア＝国際保健協力市民の会（SHARE）副代表。神奈川県勤労者医療生活協同組合港町診療所医師。国際地域保健・内科。「国際化をとげる社会の中で住民と行政サービスを結ぶ」（『保健婦雑誌』55、1999)。「在日外国人の保健医療に関する取り組み」（『月刊総合ケア』8、1998)。「視点　21世紀に向けての地域保健」（『公衆衛生』64、2000)。　……………………………………………………………………………**コラム②**

サンダース、デイヴィッド（Sanders,　David）　1945年生まれ。南アフリカ共和国・ウェスタン・ケープ大学公衆衛生学部教授。医学博士。邦訳、『いのち・開発・NGO』（共編著、新評論、1998)。*The Struggle for Health : Medicine and the Politics of Underdevelopment,* Macmillan, London, 1985.……………………………………………………………………………………**第10章**

庄野護（しょうの・まもる）　1950年生まれ。いぶき国際文化研究所研究員。日本福祉大学大学院院生。専攻、経営開発。『スリランカ学の冒険』（南船北馬舎、1996)。『国際協力のフィールドワーク』（南船北馬舎、1999)。 ……………………………………………………………**第11章**

白戸洋（ひらと・ひろし）　1959年生まれ。松商学園短期大学経営情報学科専任講師。(2002年4月より松本大学総合経営学部助教授。）専攻、地域開発・市民活動。前歯科保健医療国際協力協議会事務局長。「地域づくりに求められるもの」（『地方自治とまちづくり』郷土出版社、2000)。「地域コミュニティにおけるNPOの意義」（『松商学園短期大学論叢49号』2000)。 ……**第16章**

中村哲（なかむら・てつ）　1946年生まれ。ペシャワール会医療サービス（PMS）病院院長。脳神経外科馬場病院所属。熱帯医学・神経科専門医。『ペシャワールにて――らいそしてアフガン難民』（石風社、1986)。『アフガニスタンの診療所から』（筑摩書房、1992)。『ダラエ・ヌールへの道――アフガン難民と共に』（石風社、1993)。『医は国境を越えて』（石風社、2000)。……………………………………………………………………………………………**第6章**

生江明（なまえ・あきら）　編者紹介参照。 ……………………………………………………**終章**

秦辰也（はた・たつや）　1959年生まれ。(社）シャンティ国際ボランティア会（SVA）理事・国際総局長。『バンコクの熱い季節』（岩波同時代ライブラリー、1993)。『体験するアジア』（明石書店、1996)。『ボランティアの考え方』（岩波ジュニア新書、1999)。 ……………………**第2章**

牧田東一（まきた・とういち）　1955年生まれ。トヨタ財団プログラム・オフィサー。名古屋大学大学院国際開発研究科非常勤講師。専攻、国際関係論。「フォード財団と戦後国際開発知識人ネットワークの形成――1950・1960年代のインドネシア関係の活動を事例として」（東京大学大学院総合文化研究科修士論文、1999)。"The Status of Japanese NGOs in the History of Development Cooperation", in Naoaki Suzuki ed., *NGOs : Issues, Limitations, and Possibilities,* International Development Research Institute, FASID, 1999. ………………………………………**第15章**

三好亜矢子（みよし・あやこ）　編者紹介参照。 ………………………………**第8・12章・コラム④**

執筆者紹介（50音順）

池住義憲（いけずみ・よしのり） 編者紹介参照。 ……………………………………………………第1章

色平哲郎（いろひら・てつろう） 1960年生まれ。長野県厚生連佐久総合病院内科医師。南相木村国保直営診療所所長。佐久地域国際連帯市民の会（アイザック）事務局長。 …………コラム③

織田由紀子（おだ・ゆきこ） 1945年生まれ。（財）アジア女性交流・研究フォーラム主任研究員。専攻、ジェンダーと開発。『ベトナムの働く女性――ホーチミン市縫製工場の女性移住労働者』（共著、（財）アジア女性交流・研究フォーラム、1998）。「アジアの農村女性――パキスタン農村の綿摘み女性労働者」（田村慶子・篠崎正美編『アジアの社会変動とジェンダー』明石書店、1998）。「開発・環境：担い手としての女性」（村松安子・村松泰子編『エンパワーメントの女性学』有斐閣、1995）。 ……………………………………………………………コラム⑤

香山由人（かやま・よしと） 1961年生まれ。林業（山仕事創造舎）。アジア井戸ばた会運営委員・前代表。八坂の棚田を大切にする会。 ……………………………………………………………コラム⑥

熊岡路矢（くまおか・みちや） 1947年生まれ。日本国際ボランティアセンター（JVC）代表。カンボジア市民フォーラム他。専攻、国際NGO・国際ボランティア論。『カンボジア最前線』（岩波書店、1993）。『NGOの挑戦』（共著、めこん、1990）。『NGOの時代』（共著、めこん、2000）。 ……………………………………………………………………………………………………第3章

狐崎知己（こざき・ともみ） 1957年生まれ。専修大学経済学部教授。中米の人びとと手をつなぐ会代表。専攻、国際関係論・ラテンアメリカ地域研究。『国際開発の地域比較』（中央経済社、2000）。『ラテンアメリカ』（自由国民社、1999）。訳書、歴史的記憶の回復プロジェクト編『グアテマラ　虐殺の記憶』（共訳、岩波書店、2000）。 ……………………………………………第9章

小杉尅次（こすぎ・かつじ） 1942年生まれ。静岡産業大学教授。神学博士（ハンブルク大学）。専攻、地球文明学・哲学思想史。元（社）日本キリスト教海外医療協力会（JOCS）総主事。『現代青年との対話』（日本キリスト教団出版局、1999）。『現代東アジア論の視座』（御茶の水書房、1998）。訳書、白基琓『抗日民族論』（柘植書房、1975）。咸錫憲『死ぬまでこの歩みで』（新教出版社、1990）。 ……………………………………………………………………………第5章

斉藤千宏（さいとう・ちひろ） 1954年生まれ。シャプラニール＝市民による海外協力の会監事。日本福祉大学経済学部教授。専攻、NGO論。『NGOが変える南アジア』（編著、コモンズ、1998）。『NGO大国インド』（編著、明石書店、1997）。訳書、J．フリードマン『市民・政府・NGO』（共監訳、新評論、1995）。 ……………………………………………………………第4章

佐藤光（さとう・ひかる） 1953年生まれ。アジア保健研修財団アジア保健研修所（AHI）事務局長。 ……………………………………………………………………………………………………第7章

編者紹介

若井　晋（わかい・すすむ）　1947年生まれ。東京大学大学院医学系研究科教授。専攻、国際地域保健学。日本キリスト教海外医療協力会（ＪＯＣＳ）の派遣ワーカーとして台湾で働き、同総主事、獨協医科大学脳神経外科教授等を経て現職。Ｄ．ワーナー他『いのち・開発・ＮＧＯ』（共監訳、新評論、1998）。「５歳まで生きのびられない子どもたち」（共著『過酷な世界の天使たち』）同朋社、1999）。「外傷」（共著『プライマリ・ヘルスケアをよく知るために』国際協力事業団、1999）。『平和・人権・ＮＧＯ』（共編、新評論、2004）。英文論文161編、邦文原著・総説など70編、随筆など181編。

三好亜矢子（みよし・あやこ）　1956年生まれ。ドキュメント・アイズ代表。家庭通信社記者。法政大学兼任講師。専攻、社会開発。『フィリピン・レポート』（女子パウロ会、1993）。『ジャパゆきさんの現在』（編著、至文堂、1986）。近畿弁護士会編集『救済はいつの日か—豊かな国の居住権侵害』（共訳、エピック、1996）。『平和・人権・ＮＧＯ』（共編、新評論、2004）。

生江　明（なまえ・あきら）　1948年生まれ。日本福祉大学福祉経営学部教授。専攻、地域社会開発。社会開発国際調査研究センター代表。家業の手工芸品製造業に従事する傍ら、民衆政治思想史を学び、バングラデシュでＮＧＯの生計向上プログラムに関わる。ＯＤＡ、ＮＧＯの社会開発領域の専門家として現在に至る。『ジェンダー研究の現在』（共著、名古屋大学出版会、1998）。『アジア諸国の地方制度』（共著、東京大学出版会、1998）。『入門・社会開発』（共著、国際開発ジャーナル社、1995）。『住民参加型開発フロントライン』（共著、国際協力出版会、2003）。『平和・人権・ＮＧＯ』（共著、新評論、2004）。

池住義憲（いけずみ・よしのり）　1944年生まれ。国際民衆保健協議会（ＩＰＨＣ）日本連絡事務所代表。東京ＹＭＣＡおよびアジア保健研修所（ＡＨＩ）での計30年にわたるＮＧＯ経験を経て現在に至る。『バナナから人権へ』（共著、同文舘、1988）。Ｄ．ワーナー他『いのち・開発・ＮＧＯ』（共監訳、新評論、1998）。『平和・人権・ＮＧＯ』（共編、新評論、2004）。

学び・未来・ＮＧＯ——ＮＧＯに携わるとは何か　（検印廃止）

2001年４月１日　初版第１刷発行
2002年２月28日　初版第２刷発行
2004年７月31日　初版第３刷発行

編者　若井晋・三好亜矢子
　　　生江明・池住義憲

発行者　武市一幸

発行所　株式会社　新評論

〒169-0051　東京都新宿区西早稲田３-16-28
http://www.shinhyoron.co.jp
TEL 03（3202）7391
FAX 03（3202）5832
振替 00160-1-113487

定価はカバーに表示してあります
落丁・乱丁本はお取り替えします

装幀　山田英春
印刷　新栄堂
製本　河上製本

Printed in Japan
ISBN4-7948-0515-2　C0036